职业教育汽车专业“十三五”规划系列教材

QICHE FADONGJI GOUZAO YU CHAIZHUANG

汽车发动机构造与拆装

主　编　杨萌萌
副主编　徐　振　李博成　周泓杰
参　编　张　隽　马妙玲　颜其慧　李金生

重庆大学出版社

内容简介

本书根据职业教育理实一体化课程改革思想编写，以项目为单位组织内容，以工作任务活动为载体，将实际工作任务引入教材中，教学过程严格按照维修手册和4S店的作业过程，坚持"教、学、做"一体化，培养学生的职业意识，并通过学校与企业的合作，归纳精选常见车型的发动机类型，设计一定数量的教学项目，通过项目化教学使学生能通过有限的、具有代表性的典型案例，尽快掌握汽车发动机构造和拆装技巧。

本书内容包括发动机总成认知、点火系统认知与拆装、起动系统认知与拆装、润滑系统认知与拆装、燃料供给系统认知与拆装、冷却系统认知与拆装、配气机构认知与拆装和曲柄连杆机构认知与拆装8个典型项目。

图书在版编目(CIP)数据

汽车发动机构造与拆装 / 杨萌萌主编.--重庆：重庆大学出版社，2019.6
职业教育汽车专业"十三五"规划系列教材
ISBN 978-7-5689-1577-9

Ⅰ.①汽… Ⅱ.①杨… Ⅲ.①汽车—发动机—构造—中等专业学校—教材②汽车—发动机—装配(机械)—中等专业学校—教材 Ⅳ.①U464

中国版本图书馆CIP数据核字(2019)第109208号

职业教育汽车专业"十三五"规划系列教材
汽车发动机构造与拆装
主　编　杨萌萌
策划编辑：章　可
责任编辑：文　鹏　邓桂华　　版式设计：章　可
责任校对：刘志刚　　责任印制：赵　晟
*
重庆大学出版社出版发行
出版人：饶帮华
社址：重庆市沙坪坝区大学城西路21号
邮编：401331
电话：(023) 88617190　88617185(中小学)
传真：(023) 88617186　88617166
网址：http://www.cqup.com.cn
邮箱：fxk@cqup.com.cn (营销中心)
全国新华书店经销
重庆长虹印务有限公司印刷
*
开本：787mm×1092mm　1/16　印张：11　字数：247千
2019年7月第1版　2019年7月第1次印刷
ISBN 978-7-5689-1577-9　定价：49.00元

EDITORIAL BOARD 编委会

PREFACE 前　言

本书依据教育部《中等职业学校汽车运用与维修专业教学标准》，并参照《汽车修理工国家职业标准》中汽车修理工所需的专业理论知识和技能操作要点进行编写。

本书将实际工作任务引入教学中，教学过程严格按照维修厂和4S店的作业过程，坚持“教、学、做”一体化，培养学生的职业意识，并通过学校与企业的合作，归纳精选常见车型的发动机类型，设计一定数量的教学项目。学生通过有限的、具有代表性的典型案例掌握汽车发动机构造和拆装技巧。

本书特色：

1.教学内容强调以实践为主。

2.选取的教学项目贴近生产实际任务。

3.实训内容的设置以操作流程为主线，图片为主要展现形式，便于学生理解。

4.教材中配有拓展教学内容，丰富学生的学习内容。

教学建议：

1.相关教学任务，建议采用理实一体化的教学方法，通过教师示范，学生分组练习的方式开展。

2.一体化实训室建设配套要齐全，便于落实教材中相关知识要点，提升学生的学习兴趣。

本书由杨萌萌任主编，徐振、李博成、周泓杰任副主编，参与编写的老师还有张隽、马妙玲、颜其慧、李金生。本书的编写工作得到上海景格科技股份有限公司的大力支持，特别是书中需要用到的大量图片，公司技术人员投入了大量的时间和心血，保证了本书的编写进度，谨向他们致以衷心的感谢！

由于编者水平有限，书中难免有疏漏之处，请读者不吝指正。

编　者

2019年2月

CONTENTS

目录

项目一 | 发动机总成认知

发动机是汽车的心脏，为汽车的行驶提供动力。简单来说，发动机就是一个能量转换机构，能将某一种形式的能量转化为机械能。它利用燃料在气缸内燃烧所产生的热能使气体膨胀以推动曲柄连杆机构运动，并通过传动系统驱动汽车行驶。它关系着汽车的动力性、经济性和环保性。

本项目主要通过对发动机总成理论知识的学习，从整体上认识发动机总成，为后续的学习任务做铺垫。发动机总成如图 1-1 所示。

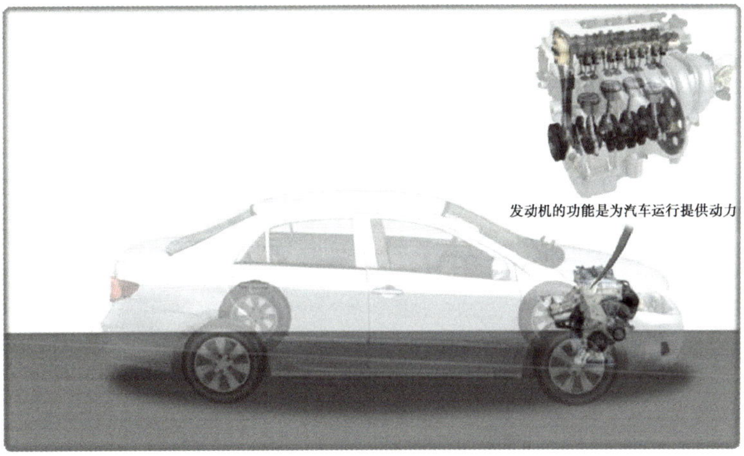

图 1-1 发动机总成

技能目标

- 能够在实车上快速准确地找到发动机各部件的位置。

知识目标

- 能够描述发动机的构造、类型、功能及工作原理。
- 了解发动机各组成部件之间相互协调的工作过程。

素养目标

- 了解安全操作要求，养成安全文明操作的习惯。
- 养成组员之间互相协作的习惯。

/学习任务一/ 认识汽车发动机总成

任务目标

①能够指出发动机在汽车上所处的位置。

②能够描述发动机的构造及类型。

③认识发动机各个组成部件，并能指出其在发动机上的位置。

学习重点

发动机的组成。

知识准备

一、什么是汽车发动机

发动机是指将某一种形式的能量转化为机械能的机器。普通汽车发动机是汽车动力的来源，是将燃料燃烧的气体所含的热能转变为机械能的装置。汽车发动机属于内燃机，具有热效率高、体积小、质量轻、便于移动、气动性能好等优点，如图 1-2 所示。

二、汽车发动机的安装位置

发动机是汽车最重要的部分，它的布置形式对汽车的性能具有重大影响。对于轿车来说，发动机的布置位置可以简单地分为前置、中置和后置 3 种。目前，市面上大多数车型都采用前置发动机，中置和后置发动机只在部分跑车上使用，如图 1-3 所示。

图 1-2　汽车发动机

图 1-3　发动机的安装位置

三、汽车发动机的组成

汽油发动机由曲柄连杆机构、配气机构两大机构和冷却系统、润滑系统、燃油供给系统、点火系统、起动系统五大系统组成。

1.曲柄连杆机构

曲柄连杆机构的作用是把燃料燃烧产生的热能转换为机械能，具体表现为使气缸内的高温高压气体推动活塞在气缸内做直线往复运动，再通过连杆带动曲轴做旋转运动。曲柄连杆机构由机体组、活塞连杆组和曲轴飞轮组3部分组成，如图1-4所示。

2.配气机构

配气机构的作用是在进气行程将可燃混合气或空气导入气缸，在排气行程将燃烧完的废气及时排出。配气机构由气门组、气门传动组和气门驱动组组成，如图1-5所示。

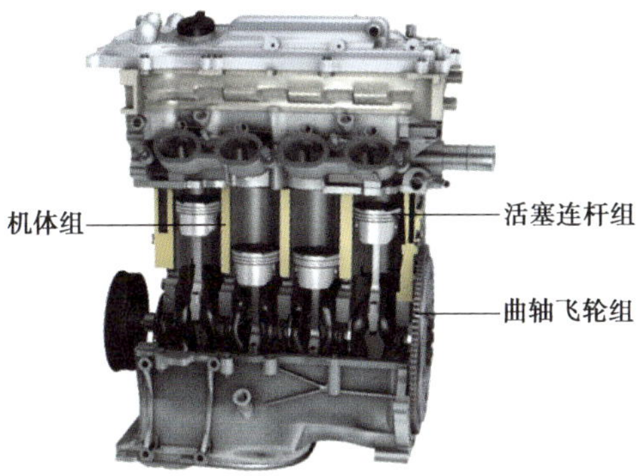

图1-4　曲柄连杆机构

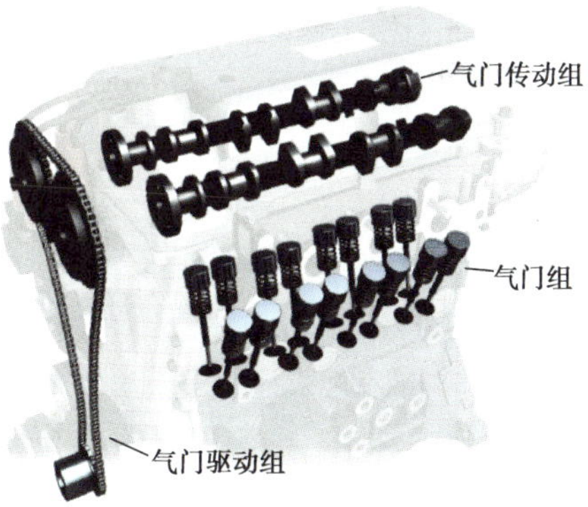

图1-5　配气机构

3.冷却系统

冷却系统使高温下工作的发动机零部件得到良好的冷却，保证发动机在正常的温度下工作，实现良好的经济性。冷却方式有水冷式和风冷式两种。现代汽车发动机多采用水冷式，水冷式冷却系统由水泵、散热器、冷却风扇、节温器、膨胀水箱等组成，如图1-6所示。

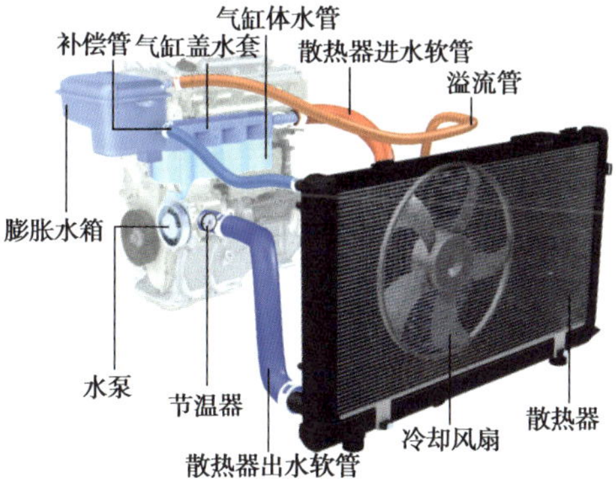

图1-6　冷却系统

4.润滑系统

润滑系统使高速相对运动的发动机内部各种摩擦副能得到有效润滑，降低摩擦力，减少磨损，带走摩擦产生的热量，清洗摩擦表面，延长发动机的寿命。润滑系统主要由机油泵、机油滤清器、机油喷嘴、油底壳等组成，如图1-7所示。

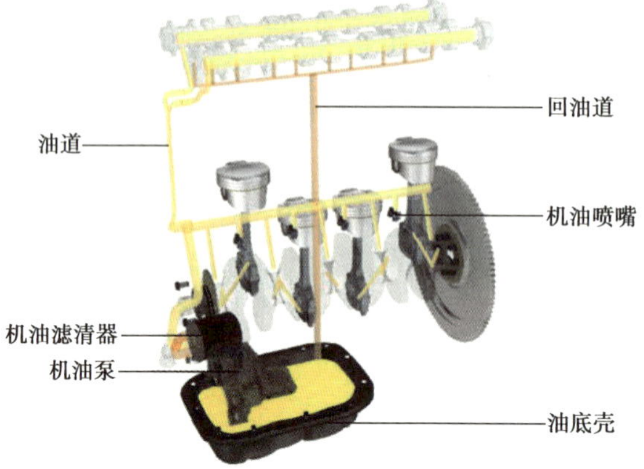

图 1-7 润滑系统

5.燃料供给系统

汽油机燃料供给系统分为化油器式和燃油直接喷射式两种,它们都是给汽油机燃烧室内提供可燃混合气;柴油机燃料供给系统是给柴油机燃烧室适时适量地提供雾化的柴油,如图 1-8 所示。

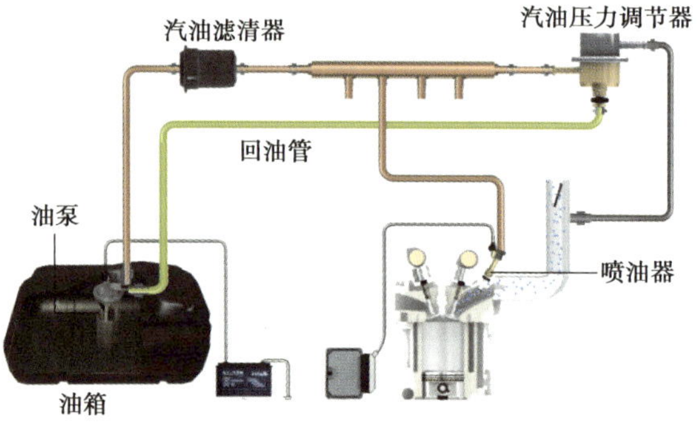

图 1-8 燃料供给系统

6.点火系统

汽油机必须经过点火才能正常工作。压缩终了时,可燃混合气由火花塞产生的电火花点燃混合气,使混合气燃烧做功。点火系统有传统点火系统、电子点火系统和微机控制点火系统等类型。点火系统由电源(蓄电池和发电机)、ECU、点火线圈、点火模块和火花塞等组成,如图 1-9 所示。

7.起动系统

起动系统使处于静止状态的发动机运转。通过起动机带动飞轮使发动机曲轴转动,达到混合气燃烧做功所需要的起动转速。起动系统由起动机和起动继电器等组成,如图 1-10 所示。

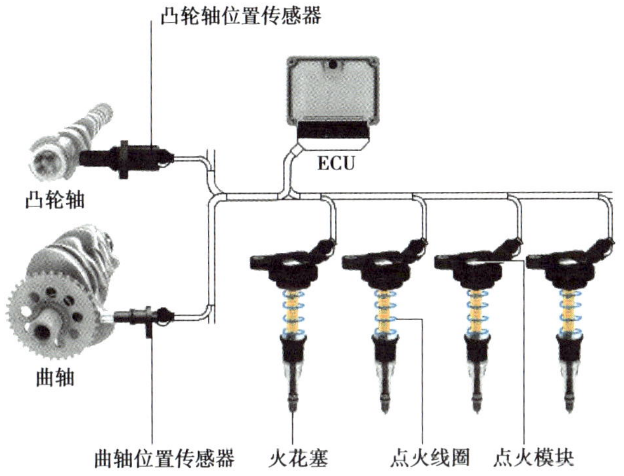

图 1-9　点火系统

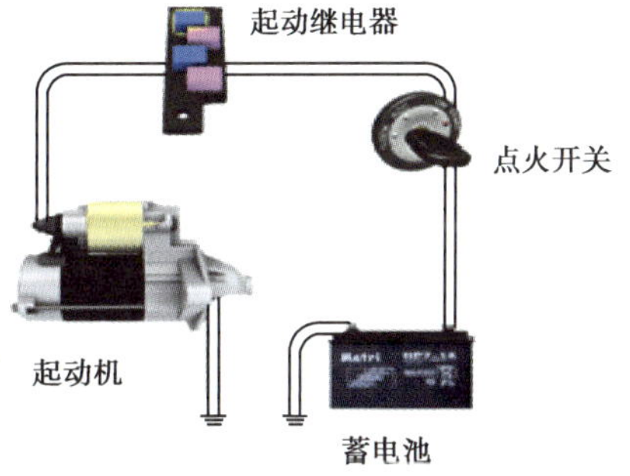

图 1-10　起动系统

四、发动机的类型

1.按照点火方式分类

发动机按照点火方式可分为点燃式发动机（汽油发动机）和压燃式发动机（柴油发动机）。

2.按照工作循环方式分类

发动机按照工作循环方式可分为四冲程发动机和二冲程发动机，如图 1-11 所示。

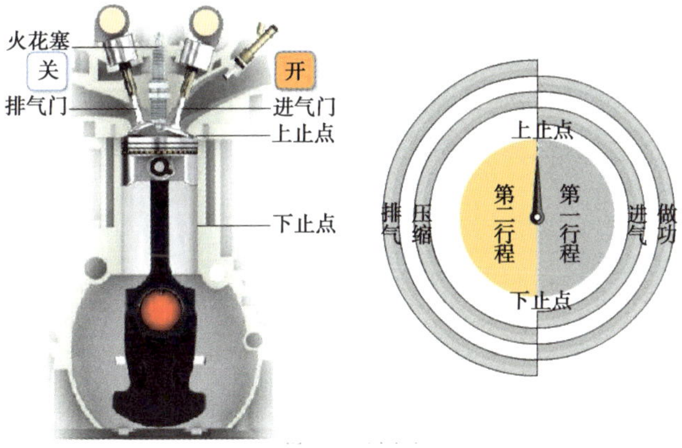

图 1-11　活塞行程

3.按照气缸的排列方式分类

发动机按照气缸的排列方式可分为直列式发动机、V 型发动机、辐射式发动机和水平对置式发动机。

4.按照冷却方式分类

发动机按照冷却方式可分为水冷式发动机和风冷式发动机，如图 1-12 所示。

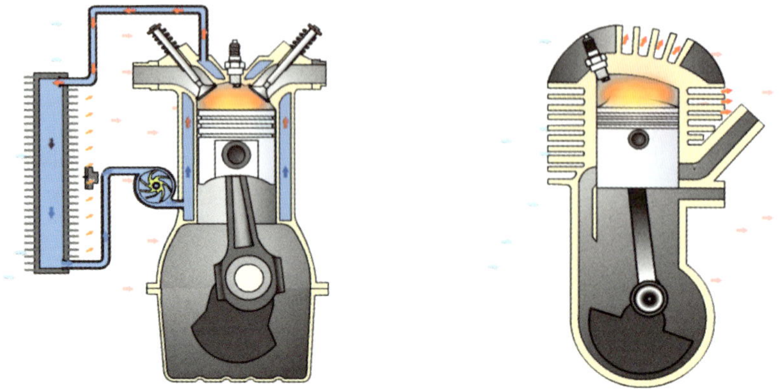

(a)水冷系统以冷却液为冷却介质　　(b)风冷系统以空气为冷却介质

图 1-12　冷却方式

任务实施

一、操作准备

1.组织方式

每 4 位同学一组,观察 2007 款卡罗拉 1.6L/AT 轿车 1ZR-FE 发动机所处的位置,认识发动机的构造,按照企业岗位操作规范进行作业。每组作业时间为 20 min。

2.作业准备

①进入场地前根据工作安全操作手册的要求穿好工衣。

②养成工具、零部件、油液“三不落地”的职业习惯,工具及拆下的零部件等应整齐地放置在工具车及零件盘中。

3.设备设施

2007 款卡罗拉 1.6L/AT 轿车、1ZR-FE 发动机台架、工具车、零件车。

二、操作过程

识别发动机两大机构和五大系统及其安装位置,操作步骤如下:

①打开车前盖,铺好“三件套”。

②找到发动机,观察其在汽车上所处的位置。

③认识曲柄连杆机构并指出其在发动机上的安装位置。

④认识配气系统并指出其在发动机上的安装位置。

⑤认识燃料供给系统并指出其在发动机上的安装位置。

⑥认识冷却系统并指出其在发动机上的安装位置。

⑦认识点火系统并指出其在发动机上的安装位置。

⑧认识起动系统并指出其在发动机上的安装位置。

任务小结

1.发动机的组成部件

汽油发动机由曲柄连杆机构、配气机构两大机构和冷却系统、润滑系统、燃料供给系统、点火系统、起动系统五大系统组成。

2.汽车维修作业安全的主要内容

汽车维修作业安全的主要内容包括汽油使用安全规则、发动机起动安全规则、车下工作安全规则和蓄电池使用安全规则。

任务检测

一、判断题

1.发动机由五大机构和两大系统组成。 ( )

2.往复活塞式内燃机完成一个工作循环活塞往复次数都是相同的。 ( )

3.发动机的作用是将化学能通过燃烧转化为热能,再通过受热气体膨胀将热能转化为机械能。 ( )

4.现代汽车常用的发动机是汽油发动机和柴油发动机。 ( )

5.装冷却风扇的发动机为风冷发动机。 ( )

6.汽油机的组成部分有点火系统,而柴油机没有点火系统。 ( )

二、单选题

1.按照活塞运动的行程数,活塞式内燃机可以分为( )。

A.水冷式和风冷式　　B.二冲程式和四冲程式

C.压燃式和点燃式　　D.增压式和非增压式

2.按照活塞的运动方式,活塞式内燃机可以分为( )。

A.水冷式和风冷式　　B.二冲程式和四冲程式

C.压燃式和点燃式　　D.往复活塞式和旋转活塞式

3.( )的功用是按照发动机要求,定时开闭进、排气门,吸入新鲜气体,排出废气。

A.配气机构　　B.燃油供给系统　　C.冷却系统　　D.曲柄连杆机构

4.发动机按照凸轮轴的位置可分为( )。

A.单凸轮轴式和双凸轮轴式　　B.二冲程式和四冲程式

C.往复活塞式和旋转活塞式　　D.凸轮轴顶置式和凸轮轴中置式

5.发动机按照气缸排列方式可分为( )。

A.单气缸发动机和多气缸发动机

B.凸轮轴顶置式发动机和凸轮轴中置式发动机

C.单凸轮轴发动机和双凸轮轴发动机

D.直列式发动机、V 型发动机等

三、填空题

1.发动机是利用燃料在气缸内燃烧所产生的________使气体膨胀以推动曲柄连杆机构运动,并通过传动系统驱动汽车行驶。

2.汽油发动机由________、________两大机构和________、________、________、________、________五大系统组成。

3.曲柄连杆机构由________、________和________ 3 部分组成。

4.冷却系统按照冷却方式可分为________和________,现代汽车多采用的是________。

5.润滑系统主要由________、________、机油喷嘴、油底壳等组成。

任务评价

表 1-1 任务评价表

序号	内 容	分值/分	得分
1	找到发动机,观察其在汽车上所处的位置	10	
2	认识曲柄连杆结构并指出其在发动机上的安装位置	10	
3	认识配气系统并指出其在发动机上的安装位置	10	
4	认识燃料供给系统并指出其在发动机上的安装位置	10	
5	认识冷却系统并指出其在发动机上的安装位置	10	
6	认识点火系统并指出其在发动机上的安装位置	10	
7	认识起动系统并指出其在发动机上的安装位置	20	
8	安全操作	20	
总 分		100	

注:操作正确即得分,操作错误或未进行操作不得分。

/学习任务二/ 计算汽车排量

任务目标

①能够掌握发动机常用术语。

②能够描述发动机的工作过程。

③会计算汽车发动机的排量及压缩比。

学习重点

四冲程汽油机发动机的工作原理。

知识准备

一、发动机常用术语

• 上止点(TDC):活塞最高位置,即活塞在气缸中向上运动所能到达的最高点,如图1-13所示。

• 下止点(BDC):活塞最低位置,即活塞在气缸中向下运动所能到达的最低点,如图1-14所示。

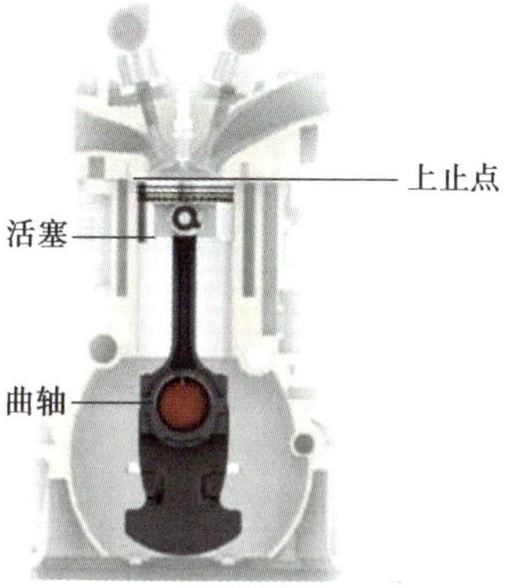

图 1-13　上止点

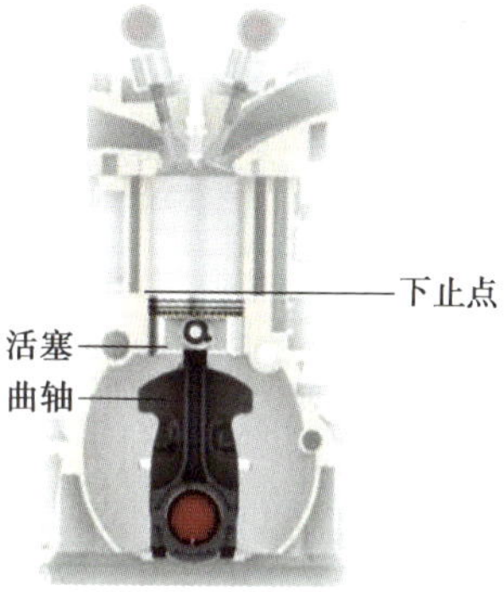

图 1-14　下止点

• 活塞行程(S):活塞往复直线运动时的路径长短,即上、下止点之间的距离,如图 1-15 所示。

• 曲柄半径(R):曲轴与连杆大端相连接的曲柄销中心线到曲轴回转中心线的距离,如图 1-16 所示。

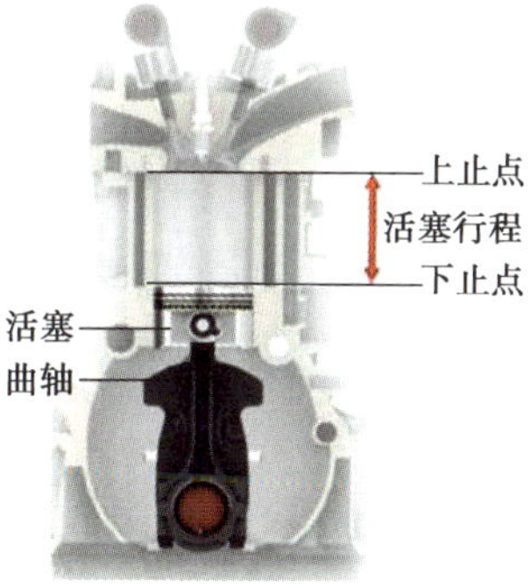

图 1-15　活塞行程

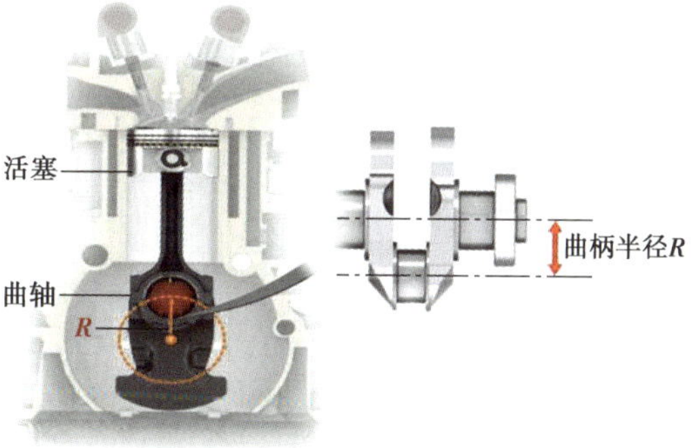

图 1-16　曲柄半径

• 气缸工作容积(V_h):也称为气缸排量,是指一个气缸中活塞从上止点到下止点所让出的空间容积,如图 1-17 所示。

- 燃烧室容积(V_c):活塞在上止点时,活塞顶上面空间的容积,如图 1-18 所示。

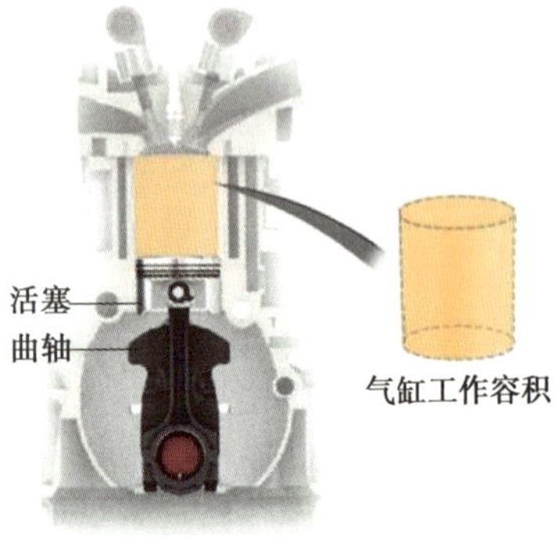

图 1-17　气缸工作容积

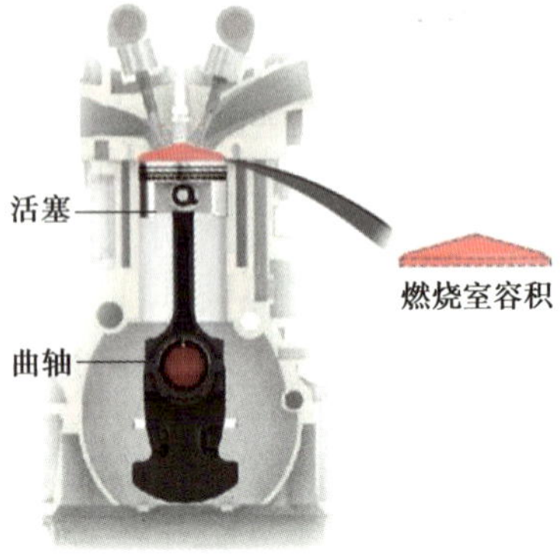

图 1-18　燃烧室容积

- 气缸总容积(V_a):活塞在下止点时,活塞顶上面空间的容积,如图 1-19 所示。
- 压缩比(ε):气缸总容积与燃烧室容积的比值,如图 1-20 所示。

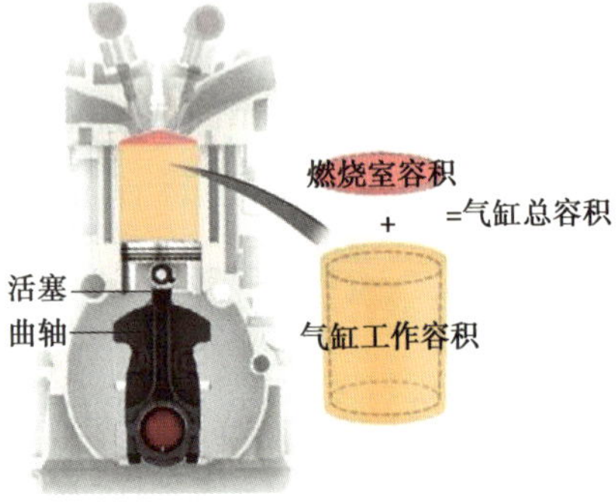

图 1-19　气缸总容积

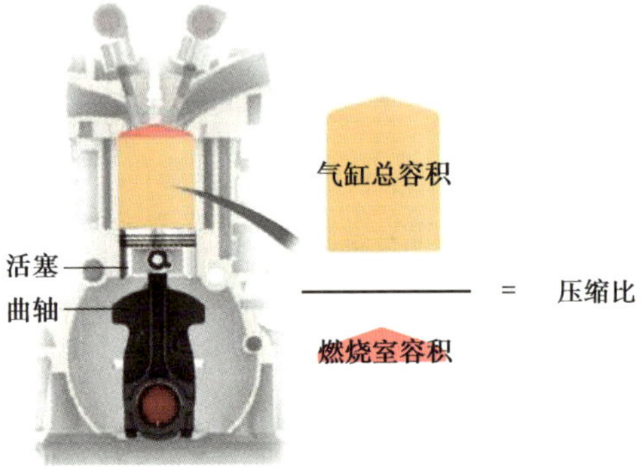

图 1-20　压缩比

- 发动机排量(V_L):气缸工作容积与气缸数的乘积,如图 1-21 所示。

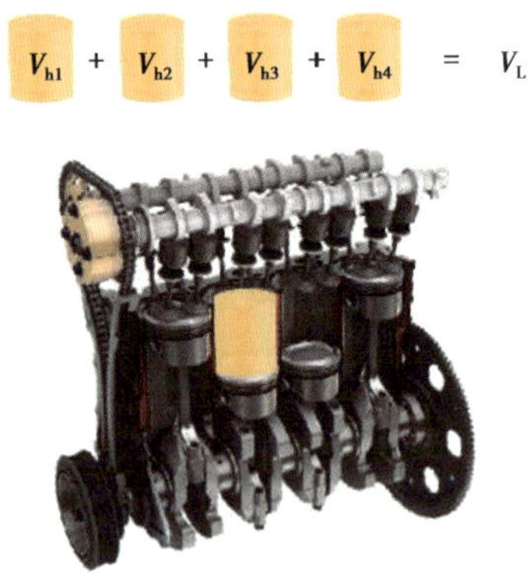

图 1-21　发动机排量

二、往复活塞式发动机的工作原理

发动机是汽车的动力装置。现代汽车一般采用往复活塞式内燃机,它将液体或气体燃料的化学能通过燃烧转化为热能,再将热能通过机械系统转换为机械能对外输出动力。对于往复活塞式发动机来说,必须经过吸入空气或可燃混合气(进气),压缩进入气缸的空气或可燃混合气,点火使可燃混合气燃烧而膨胀做功,将燃烧生成的废气排出气缸(排气)这样一个工作循环。四冲程发动机曲轴转两圈,活塞在气缸内依次往复运动经历进气、压缩、做功和排气 4 个行程完成一个工作循环,如图 1-22 所示。

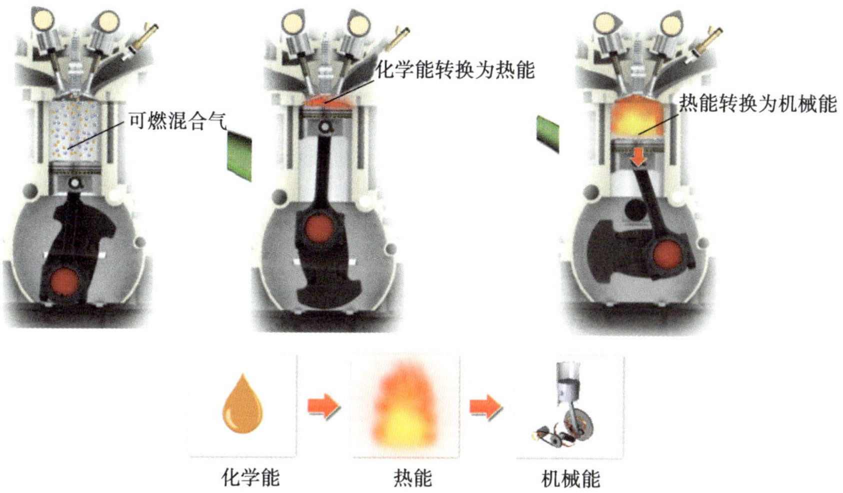

图 1-22　往复活塞式发动机的工作原理

1.四冲程汽油发动机工作原理

①进气行程:在进气过程中,进气门开启,排气门关闭,活塞从气缸上止点运动到下止点,活塞上方的气缸容积增大,气缸内的压力下降。当压力降低到低于大气压时,气缸内形成真空吸力,可燃混合气经进气门被吸入气缸,如图 1-23 所示。

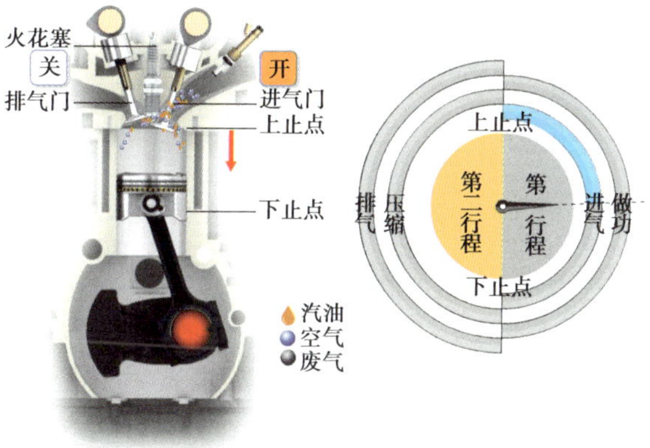

图 1-23　进气行程

②压缩行程:在压缩过程中,进、排气门全部关闭,活塞从下止点向上止点移动,将可燃混合气压缩,使其容积缩小,密度加大,温度升高,活塞到达上止点时压缩终了,混合气被压缩到燃烧室中,如图 1-24 所示。

③做功行程:在做功过程中,进、排气门仍旧关闭,当活塞接近压缩上止点时,装在气缸体上的火花塞发出电火花,点燃被压缩的可燃混合气。可燃混合气燃烧后,高温、高压燃气推动活塞从上止点迅速向下止点运动,通过连杆使曲轴旋转并输出机械能,如图 1-25 所示。

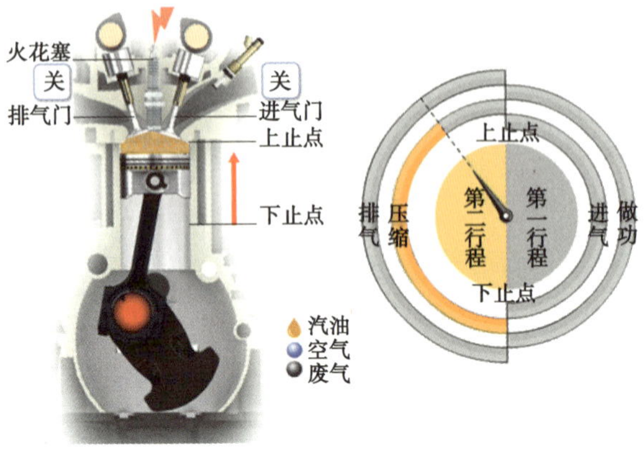

图 1-24　压缩行程

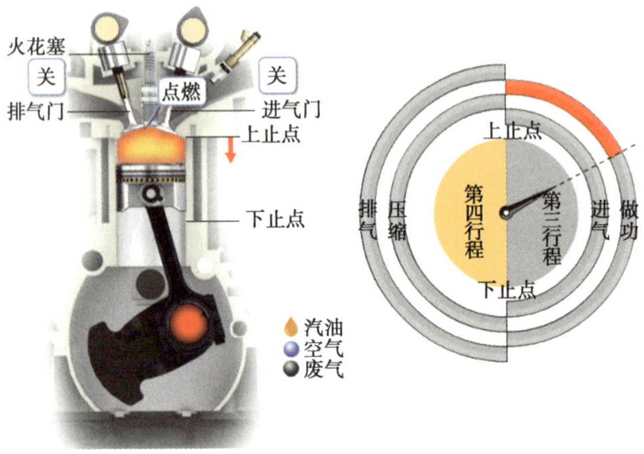

图 1-25　做功行程

④排气行程:在排气过程中,排气门开启,进气门关闭,活塞由下止点向上止点运动,将废气强制排除气缸,以便进行下一工作循环,如图 1-26 所示。

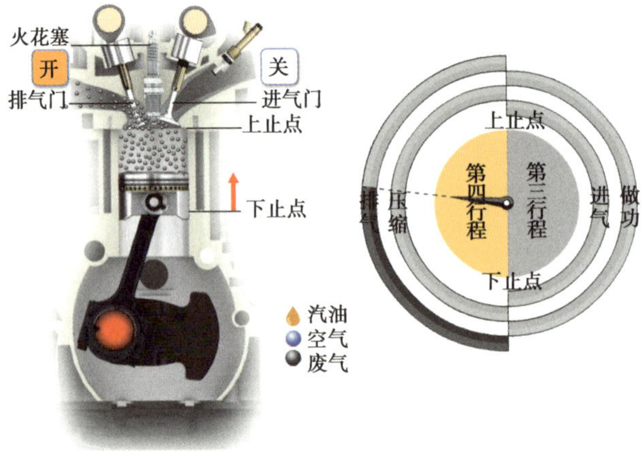

图 1-26　排气行程

2.四冲程柴油发动机工作原理

四冲程柴油发动机和汽油发动机一样，完成一个工作循环也要经历进气、压缩、做功和排气 4 个行程。由于柴油机使用的燃料是柴油，柴油相对于汽油来说，其黏度大、蒸发性差、自燃温度低，因此，柴油发动机在混合气形成、点火方式和汽油发动机有明显的不同之处。

①进气行程：汽油机在进气行程中吸入的是可燃混合气，柴油发动机吸入的是纯空气。

②压缩行程：汽油机在压缩行程中压缩的是可燃混合气，柴油机压缩的是空气。柴油机靠压缩自燃，其压缩比远大于汽油机，压缩终了时的气体压力可达 3～5 MPa，温度可达 500～700 ℃。

③做功行程：在压缩行程末，喷油泵将高压柴油经喷油器呈雾状喷入气缸高压、高温的气体中，迅速形成混合气。混合气在高温下自行着火燃烧，同时保持边喷射边燃烧，由燃烧产生的高温、高压气体推动活塞下行做功。在该行程中，瞬时最高压力达 5～10 MPa，温度达 1500～1900 ℃。

④排气行程：排气行程和汽油机基本相同，排气终了时的压力为 0.105～0.125 MPa，温度为 500～700 ℃。

总之，四冲程发动机完成一个工作循环，经历进气、压缩、做功和排气 4 个行程，发动机的正常运转就是工作循环连续不断交替。曲轴每转两圈（720 ℃）完成一个工作循环，一个行程对应的曲轴转角为 180°。做功和进气行程活塞从上止点向下止点运动；压缩和排气行程活塞从下止点向上止点运动。在 4 个行程中，只有做功行程是有效输出动力行程，其余 3 个行程是辅助行程，靠飞轮惯性维持转动，飞轮转速是不均匀的，必须具有足够的转动惯量才能保证发动机运转平稳。现代汽车发动机采用多个气缸，按照一定的工作顺序来保证发动机运转平稳。

任务实施

发动机排量是重要的结构参数之一，它比缸径和缸数更能代表发动机的动力大小。发动机的许多指标都同排气量密切相关。一般排量越大的发动机越耗油。请根据所学知识计算表 1-2 中 2007 款卡罗拉 1.6L/AT 轿车发动机排量。

表 1-2　2007 款卡罗拉 1.6L/AT 轿车发动机参数

名称	参数	名称	参数
发动机型号	1ZR-FE	气缸容积/mL	1598
进气方式	自然吸气	气缸排列形式	L
气缸数/个	4	每缸气门数/个	4
压缩比	10	配气机构	DOHC
缸径/mm	80.5	冲程/mm	78.5
最大马力/Ps	122	最大功率/kW	90

续表

名称	参数	名称	参数
最大功率转速/($r \cdot min^{-1}$)	6000	最大扭矩/($N \cdot m$)	154
最大扭矩转速/($r \cdot min^{-1}$)	5200	发动机特有技术	双 VVT-i
燃油类型	汽油	燃油标号	92 号
供油方式	多点电喷	缸盖材料	铝

多缸发动机各气缸工作容积的总和，称为发动机排量。

发动机排量一般用 V_L 表示：

$$V_L = V_h \times i = \pi R^2 \cdot S \times i$$

式中 V_h——气缸工作容积；

i——气缸数目；

S——活塞行程；

R——气缸半径。

任务小结

1.四冲程汽油发动机工作原理

四冲程汽油发动机工作要经过 4 个行程：进气行程、压缩行程、做功行程、排气行程。

2.发动机常用术语

上止点、下止点、活塞行程、气缸工作容积、发动机排量、压缩比、气缸总容积。

任务检测

一、判断题

1.上止点是指活塞离曲轴回转中心最远处，即活塞的最低位置。 (　　)

2.压缩比是指气缸总容积与气缸工作容积之比。 (　　)

3.在进气行程中，活塞在曲轴和连杆的带动下由上止点向下止点运行。 (　　)

4.活塞行程等于曲柄半径的两倍。 (　　)

5.四冲程配气凸轮轴与曲轴转速之比为 2∶1。 (　　)

6.柴油机的压缩比大于汽油机。 (　　)

7.多缸发动机各气缸的总容积之和称为发动机排量。 (　　)

8.对于四冲程发动机，无论其有几个气缸，其做功间隔均为 180°曲轴转角。 (　　)

9.四冲程发动机的工作循环包括进气、压缩、做功和排气行程。 (　　)

10.四冲程发动机在进行压缩行程时，进、排气门都是开启的。 (　　)

11.汽油机的压缩比越大，其动力性越好。 (　　)

12.对于多缸发动机来说，各缸同名气门的结构和尺寸是完全相同的，可以互换使用。（　　）

二、单选题

1.按 1-2-4-3 顺序工作的发动机，当一缸进气到离下止点 60°时，二缸活塞处于（　　）行程。

A.进气　B.压缩　C.做功　D.排气

2.某发动机因故造成连杆弯曲而变短，该缸的压缩比会（　　）。

A.增大　B.减小　C.不变　D.无法确定

3.活塞位于上止点时，活塞顶部以上与气缸盖底面以下所形成空间的容积称为（　　）。

A.燃烧室容积　B.气缸工作容积　C.发动机排量　D.气缸总容积

4.汽油发动机选用汽油牌号时的主要依据是（　　）。

A.发动机的排量　B.发动机的产地　C.发动机压缩比　D.汽油的热值

5.四冲程柴油发动机在进行进气行程时，进入气缸的是（　　）。

A.纯空气　B.氧气　C.可燃混合气　D.纯燃料

6.对于四冲程发动机来说，发动机每完成一个工作循环，曲轴旋转（　　）。

A.180°　B.360°　C.540°　D.720°

7.进、排气门在排气上止点时（　　）。

A.进气门开，排气门关　B.排气门开，进气门关

C.进、排气门全关　D.进、排气门全开

三、填空题

1.配气机构在________行程将可燃混合气或空气导入气缸，在________行程将燃烧完的废气及时排出。

2.四冲程发动机曲轴转两圈，活塞在气缸内依次往复运动经历________、________、________和________ 4 个行程，完成一个工作循环，曲轴每转________圈完成一个工作循环，一个行程对应曲轴转角为________。

任务评价

表 1-3　任务评价表

序号	内　容	分值/分	得分
1	会计算气缸工作容积	30	
2	会计算发动机排量	30	
3	会计算发动机压缩比	20	
4	能描述发动机工作原理	20	
总　分		100	

注：操作正确即得分，操作错误或未进行操作不得分。

任务拓展

发动机型号编制规则

为了便于发动机的生产管理和使用修理，我国制订了《内燃机产品名称和型号编制规则》。标准主要内容如下：

①内燃机产品名称应符合 GB/T 1883.1 的规定，均按所采用的燃料命名，如柴油机、汽油机、天然气机。

②内燃机型号由阿拉伯数字、汉语拼音字母或国际通用英文缩略字母组成，如图 1-27 所示。

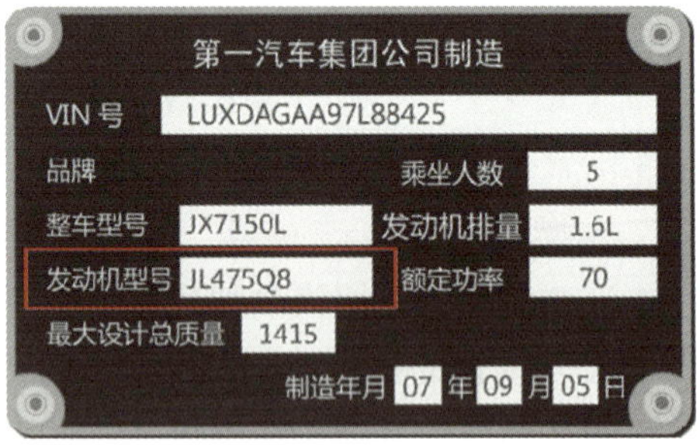

图 1-27　内燃机型号

③内燃机型号主要由首部、中部、后部和尾部 4 个部分组成：第一部分由产品系列代号、换代标志符号和地方及企业代号组成，该部分代号由制造商根据需要选择相应的 1~3 个字母表示；第二部分由缸数符号、冲程符号、气缸排列形式符号（如 V 形、H 形、X 形等）和缸径符号（宜用发动机排量或功率数表示，其单位由制造商自定）组成；第三部分为结构特征符号和用途特征符号。第四部分为区分符号。同系列产品需要区分时，允许制造商选用适当符号表示，发动机型号编制规则如图 1-28 所示。

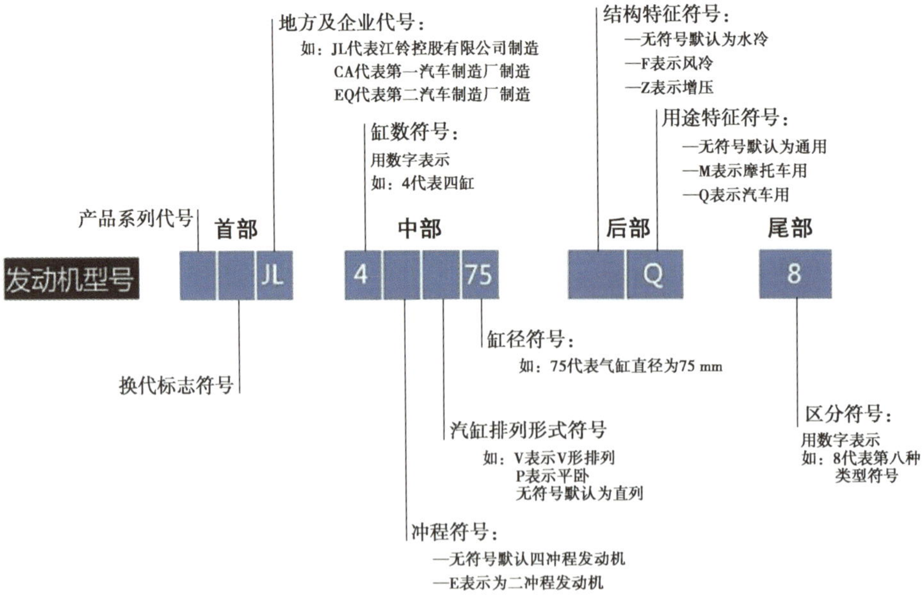

图 1-28　发动机型号编制规则

项目二 | 点火系统认知与拆装

在汽油机中，气缸内的可燃混合气是靠电火花点燃的，点火系统应在发动机各种工况和使用条件下保证可靠而准确地点火，使发动机能及时、迅速地做功。为此，在汽油机的气缸盖上装有火花塞，火花塞头部伸入燃烧室内，按时在火花塞电极间产生电火花。点火系统的结构形式多种多样，发展迅速，各种新技术、新结构不断涌现。

本项目主要介绍点火系统的结构组成和火花塞更换的方法，从整体上认识发动机点火系统，为后续的学习任务做铺垫。点火系统如图 2-1 所示。

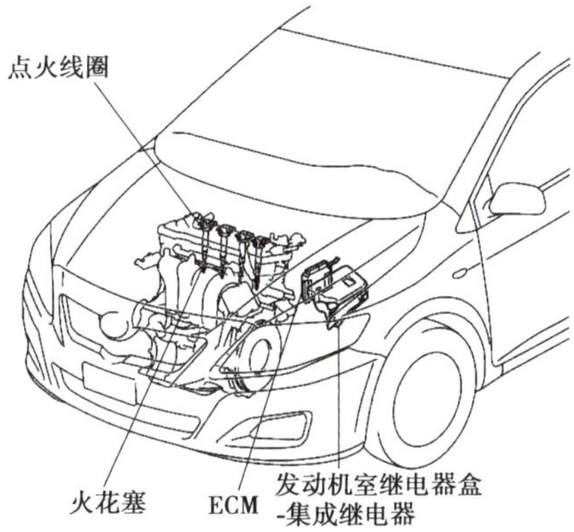

图 2-1　点火系统

技能目标

- 能够在实车上实施火花塞更换任务。

知识目标

- 能够描述汽车点火系统的作用及组成。
- 能够描述火花塞的组成和作用。
- 完整地罗列出 5 种火花塞常见故障。

素养目标

- 了解安全操作要求，养成安全文明操作的习惯。
- 养成组员之间互相协作的习惯。

/学习任务/ 拆装火花塞

任务目标

①能够描述汽车点火系统的作用及组成。

②能够描述火花塞的组成和作用。

③完整地罗列出 5 种火花塞常见故障。

学习重点

点火系统的组成及作用。

知识准备

一、点火系统的作用

汽车点火系统的作用是按照各缸点火次序，定时、准确、可靠地供给火花塞以足够高能量的高压电(15 000~30 000 V)，使火花塞产生足够强的火花，点燃可燃混合气，使汽油发动机实现做功，如图 2-2 所示。

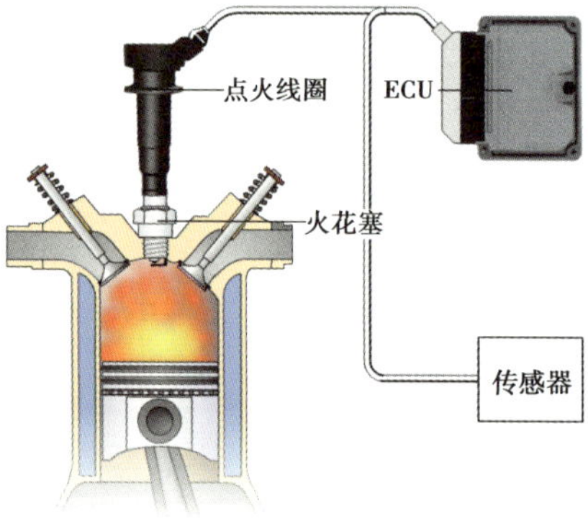

图 2-2 发动机点火系统的作用

二、点火系统的组成

点火系统主要由电源、点火开关、点火线圈、ECU、火花塞等组成。电源是蓄电池，其电压为 12 V 或 24 V，由点火线圈产生高压电，如图 2-3 所示。

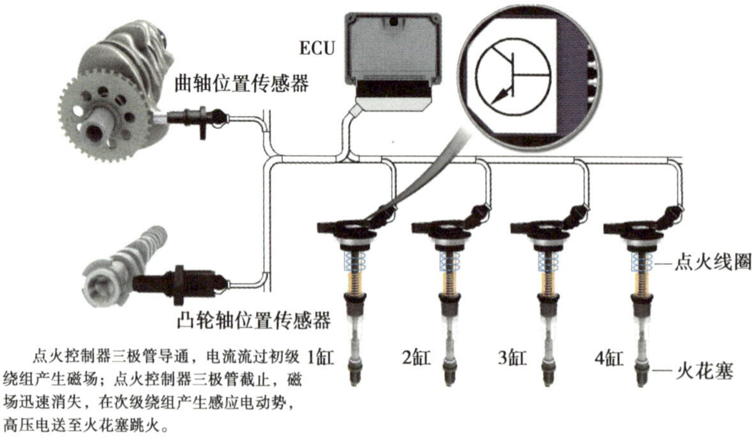

图 2-3 发动机点火系统的组成

三、火花塞的作用

火花塞(见图 2-4)的作用是将点火线圈产生的脉冲高电压引入燃烧室,并在其两电极之间产生电火花,以点燃可燃混合气。

四、火花塞的组成

火花塞连接在点火线圈次级绕组末端,它主要由陶瓷绝缘体、接线螺杆、接线螺母、中心电极、侧电极等组成。钢质的火花塞壳体内部固定有陶瓷绝缘体,绝缘体中心孔上部有金属接线螺杆,接线螺杆上端有接线螺母,用来接高压导线;绝缘体下部有中心电极。火花塞的结构如图 2-5 所示。

图 2-4 火花塞

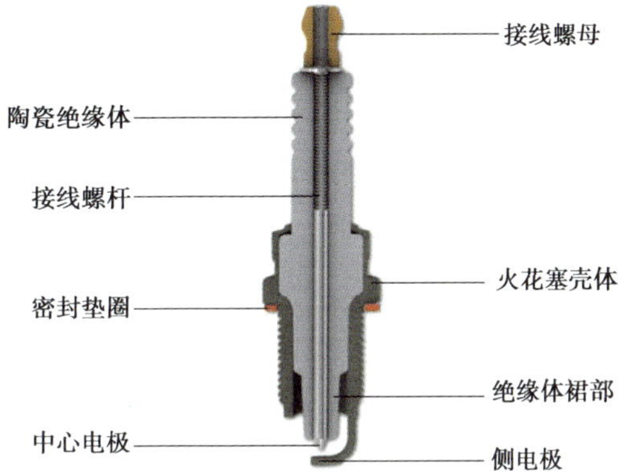

图 2-5 火花塞的结构

五、火花塞的常见故障

发动机在运转过程中,火花塞除了承受较大的电负荷外,还与高温、高压燃气直接接触,且受到燃烧产物的强烈腐蚀。在正常情况下,火花塞绝缘体端部呈浅褐(灰)色,表面没有燃油或机油沉积物,说明热值正确且点火正常。火花塞属于汽车易损件消耗用品,且受燃油品质、自身工艺质量、工作环境等影响,使用中故障率较高,现列举其常见的几种故障如下:

1.积炭

当火花塞上有松软、乌黑的沉积物时,说明火花塞有积炭。积炭是可以导电的,可能造成火花塞失火,如图 2-6 所示。

2.机油油污

当火花塞电极和内部出现油性沉积物时,表明机油进入燃烧室内。当出现这一现象时,机油沉积物覆盖火花塞,使火花塞无法通过间隙跳火,而是通过机油从更短的路径跳火到侧电极,如图 2-7 所示。

图 2-6　火花塞积炭

图 2-7　机油油污

3.积灰

积灰是指火花塞中心电极及侧电极表面覆盖有浅褐色沉积物。积灰若出现在火花塞半边，将引起自点火，造成功率损失或损坏发动机，如图 2-8 所示。

4.绝缘体顶端破裂

点火时刻过早，可能导致发动机爆震燃烧。相同的振动也会损坏其他发动机零部件，如活塞和气门，如图 2-9 所示。

图 2-8　火花塞积灰

图 2-9　绝缘体顶端破裂

5.瓷件大头爬电

绝缘体上出现垂直于铁壳方向的黑色燃烧痕迹，会导致点火高压沿着瓷体外部闪络接地，从而使发动机失火，如图 2-10 所示。

图 2-10　瓷件大头爬电

任务实施

一、操作准备

1.组织方式

每 4 位同学一组，观察 2007 款卡罗拉 1.6L/AT 轿车 1ZR-FE 发动机点火系统的组成及火花塞所处的位置，按照企业岗位操作规范进行作业。每组作业时间为 15 min。

2.作业准备

①进入场地前根据工作安全操作手册的要求穿好工衣。

②养成工具、零部件、油液“三不落地”的职业习惯，工具及拆下的零部件等都应整齐地放置在工具车及零件盘中。

3.设备设施

2007 款卡罗拉 1.6L/AT 轿车、1ZR-FE 发动机台架、工具车、零件车。

二、操作过程

☆ 注意事项

拆卸与安装火花塞的注意事项如下：

连接吹气枪和压缩空气管路，使用吹气枪依次吹拂火花塞安装孔，将火花塞安装孔中的污物吹出来，防止拆卸火花塞后，污物掉入气缸中。

拆卸火花塞之前，要检查火花塞套筒橡胶是否损坏，如图 2-11 所示。

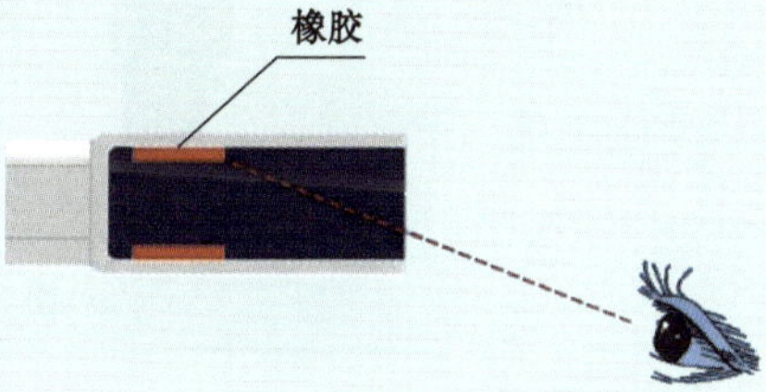

图 2-11　检查橡胶

必须将火花塞套筒与火花塞中心对正，如图 2-12 所示。

取出火花塞时，不能碰到孔壁，防止脱落，如图 2-13 所示。

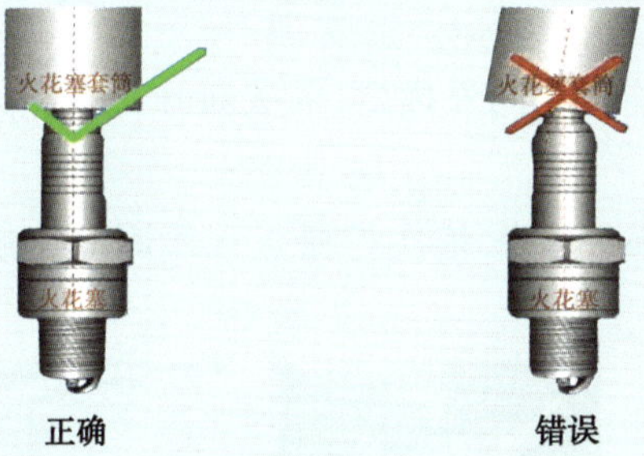

图 2-12　中心对正

图 2-13　磕碰孔壁

安装前检查火花塞套筒是否卡紧火花塞，如图 2-14 所示。

放置火花塞时，不能碰到孔壁，防止脱落，如图 2-15 所示。

图 2-14　火花塞卡紧套筒

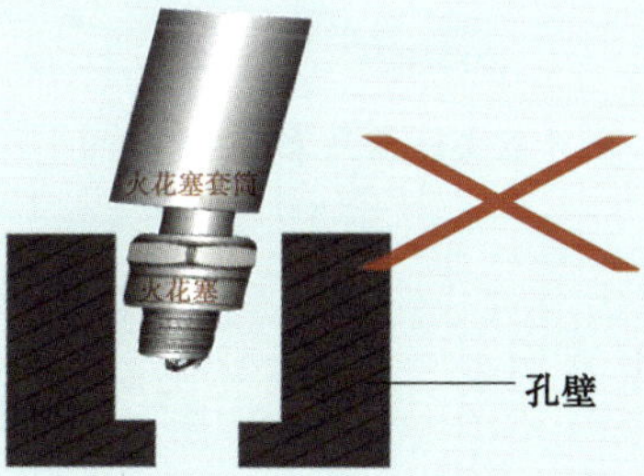

图 2-15　火花塞脱落

安装火花塞，注意检查火花塞的型号是否清晰、正确，如图 2-16 所示。

图 2-16 火花塞型号

1.拆卸火花塞

(1)拆卸发动机盖罩。

①将点火开关置于 LOCK 位置。

②依次提起发动机盖罩前后两端,取下发动机盖罩。

(2)拆卸点火线圈总成

①按下点火线圈线束连接器锁舌,将线束连接器向外拔出,依次断开 4 个点火线圈线束连接器,如图 2-17 所示。

②根据维修手册规定,选用棘轮扳手、10 mm 套筒,依次拧松点火线圈固定螺栓并用手取下,如图 2-18 所示。

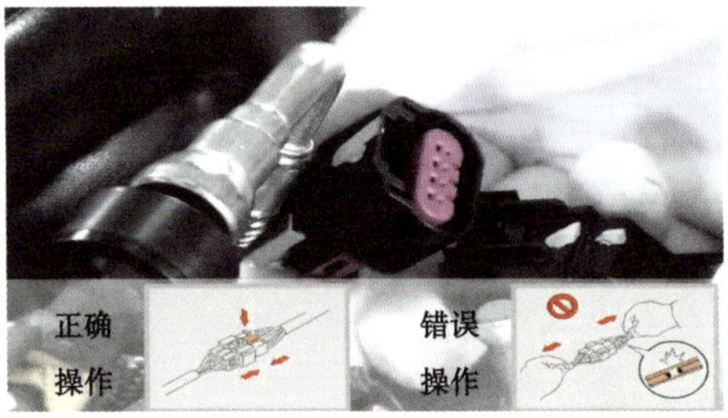

图 2-17 断开点火线圈线束连接器

图 2-18 拆卸点火线圈固定螺栓

☆ 注意事项

拆下点火线圈时,不要损坏发动机缸盖罩开口上的火花塞盖或火花塞套管顶部边缘。

③用手左右旋动点火线圈,垂直方向拔出点火线圈,再依次取出 4 个点火线圈,如图 2-19所示。

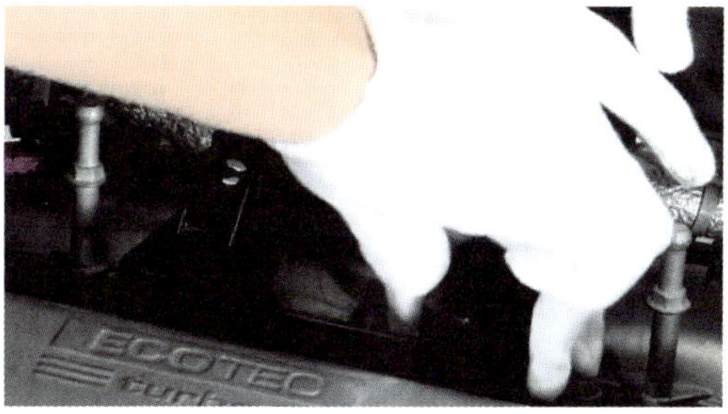

图 2-19　取出点火线圈

☆ 注意事项

如果点火线圈拔出困难，不要硬拔，左右多次旋动点火线圈，使火花塞与点火线圈套之间松动，然后垂直拔出点火线圈。

(3)拆卸火花塞

①根据维修手册规定，选用火花塞套筒、加长杆、棘轮扳手，正确组合工具。

②将火花塞套筒与火花塞中心对正，然后拧松，直到火花塞螺纹完全退出后，将工具与火花塞一同取出，如图 2-20 所示。

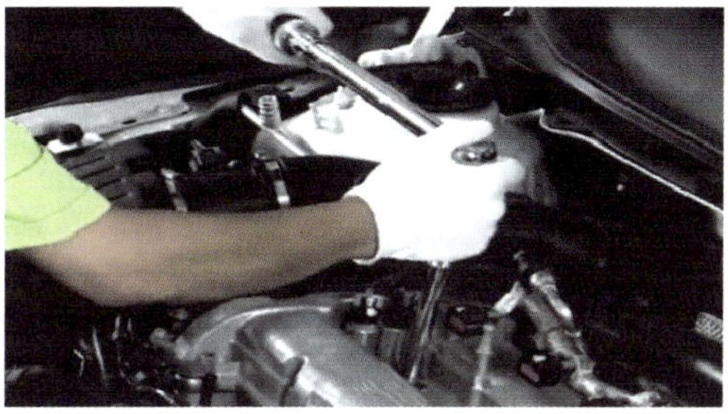

图 2-20　拆卸火花塞

☆ 注意事项

拆卸火花塞之前，要检查火花塞套筒橡胶是否损坏。

火花塞套筒必须与火花塞中心对正。

2.安装火花塞

(1)安装火花塞

①根据原厂规定或相应的火花塞对应表，确定火花塞型号，如图 2-21 所示。

②根据维修手册，选用并组合火花塞套筒、加长杆、扭力扳手，将火花塞正确插入火花塞套筒，如图 2-22 所示。

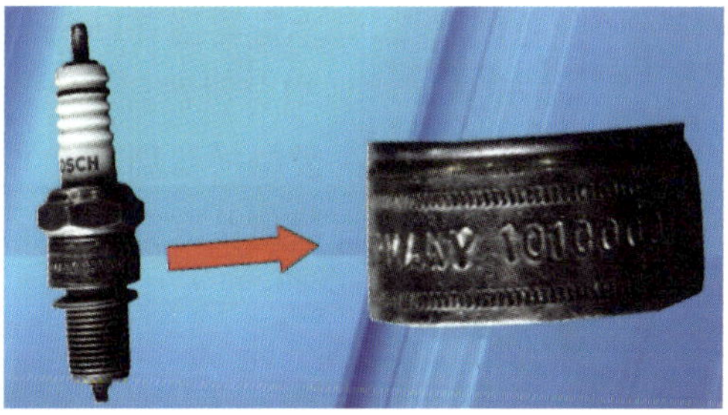

图 2-21　确定火花塞型号

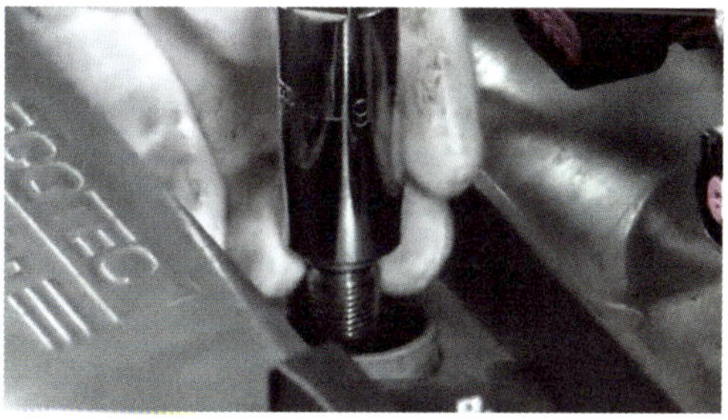

图 2-22　选用并组合火花塞套筒

③握住工具，连同火花塞正确放入安装位置，并用手旋入螺纹，直到拧不动为止，如图 2-23 所示。

④使用扭力扳手，以 20 N · m 的扭矩拧紧火花塞，如图 2-24 所示。

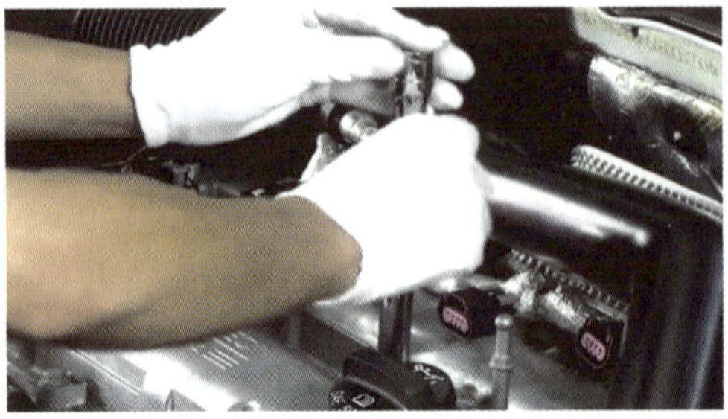

图 2-23　用手旋入螺纹

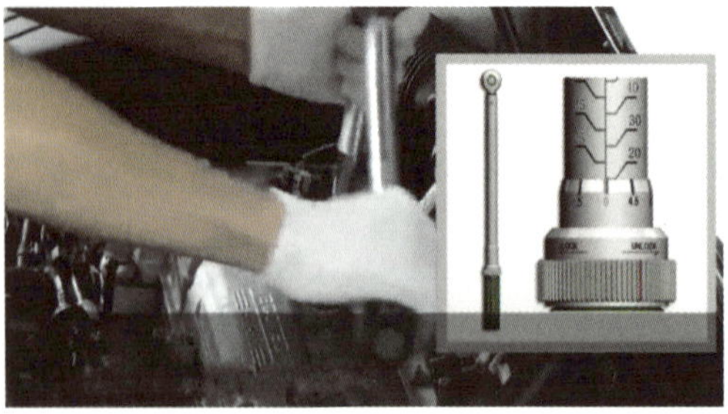

图 2-24　使用扭力扳手

☆ 注意事项

在火花塞旋入螺纹时，应对正，并能顺利旋入，如遇阻力过大时，应旋出检查。

(2)安装点火线圈总成

①根据维修手册的规定，选用合适的工具。

②依次将点火线圈垂直插入安装孔，确保完全插入，与火花塞套接良好，如图 2-25 所示。

图 2-25　将点火线圈垂直插入安装孔

☆ 注意事项

点火线圈放入时应先对正火花塞头部套接部位，再对准点火线圈总成螺孔，然后垂直压入点火线圈总成。压入点火线圈时应感觉到由松到紧，再由紧到松、手完全按下，直到不能再按下时为止。

③依次安装点火线圈固定螺栓，如图 2-26 所示。

④根据维修手册的规定，选择合适的工具(扭力扳手、10 mm 套筒)，调整扭力扳手扭矩(10 N · m)，连接组合工具，如图 2-27 所示。

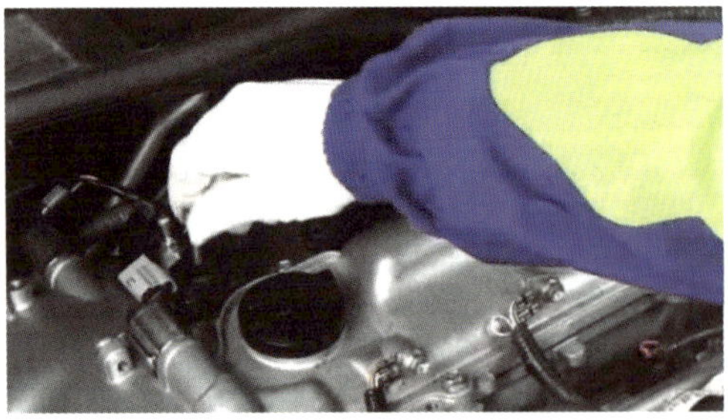

图 2-26　安装点火线圈固定螺栓

图 2-27　选择合适的工具

⑤使用扭力扳手拧紧点火线圈固定螺栓，如图 2-28 所示。

⑥依次连接点火线圈线束连接器，如图 2-29 所示。

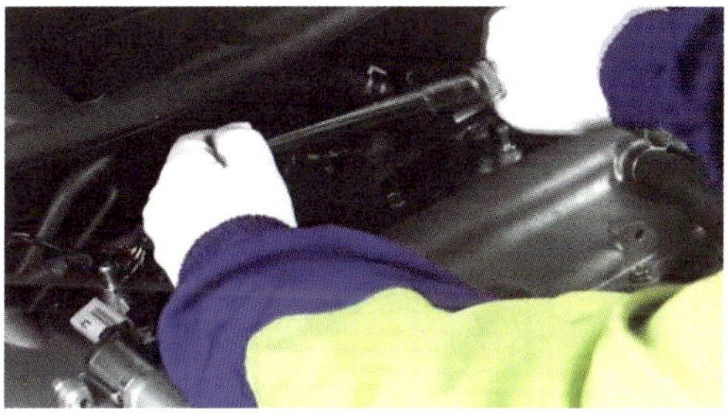

图 2-28　拧紧点火线圈固定螺栓

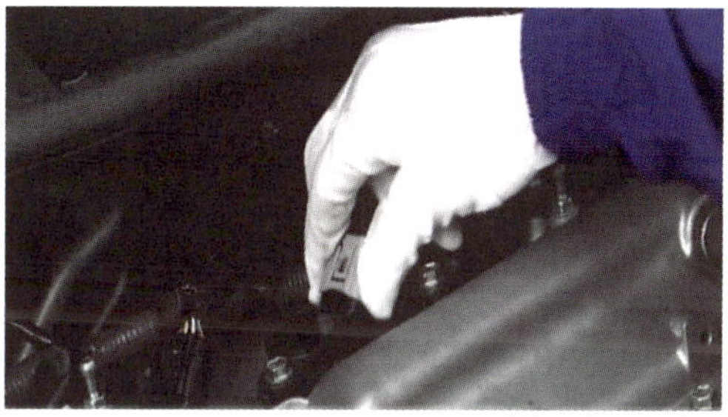

图 2-29　连接点火线圈线束连接器

（3）安装发动机盖罩

安装发动机盖罩如图 2-30 所示。

3.最后检查

①检查并确认火花塞的安装是否符合维修标准。

②仔细检查全车所有维修部位。

③进行试车检查，确认各部件运转是否正常。

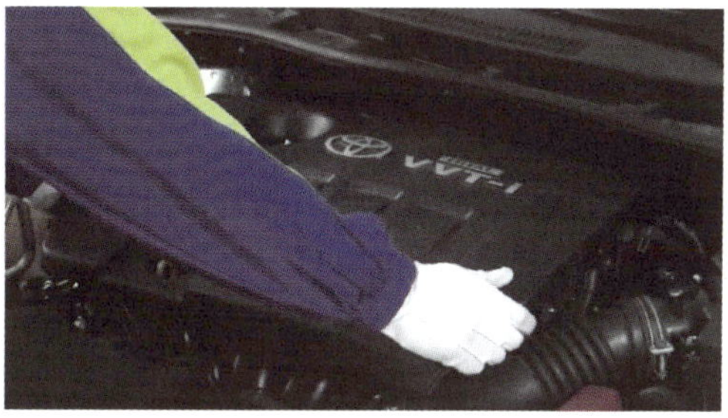

图 2-30　安装发动机盖罩

任务小结

1.点火系统的作用

汽车点火系统的作用是按照各缸点火次序，定时、准确、可靠地供给火花塞以足够高能量的高压电（15 000~30 000 V），使火花塞产生足够强的火花，点燃可燃混合气。

2.火花塞的作用

火花塞的作用是将点火线圈产生的脉冲高电压引入燃烧室，并在其两电极之间产生电火花，以点燃可燃混合气，其常见故障有积炭、机油油污、积灰、绝缘体顶端破裂和瓷件大头爬电。

任务检测

一、判断题

1.火花塞连接在点火线圈次级绕组末端。（　　）

2.火花塞是汽车易损件消耗用品之 ，在使用中故障率较高。（　　）

3.火花塞的功用是产生脉冲高压电，点燃可燃混合气。（　　）

4.火花塞连接在点火线圈次级绕组末端，它主要由陶瓷绝缘体、接线螺杆、接线螺母、中心电极、侧电极等组成。（　　）

5.发动机在运转过程中，火花塞除了承受较大的电负荷之外，还与高温、高压燃气直接接触，并且还会受到燃烧产物的强烈腐蚀，属于汽车易损件消耗用品。（　　）

6.拆卸火花塞之前,需要先检查火花塞套筒橡胶是否损坏。 ( )

7.安装火花塞时要保证火花塞套筒卡紧火花塞,放置时要注意不能碰到孔壁,防止火花塞脱落。 ( )

8.若检查发现火花塞烧蚀严重,则必须更换火花塞。 ( )

9.如果拆卸点火线圈时点火线圈拔出困难,可能是点火线圈与火花塞卡紧,直接硬拔出来即可。 ( )

二、单选题

1.火花塞主要由陶瓷绝缘体、接线螺杆、接线螺母、中心电极和( )等组成。

A.密封圈 B.连接器 C.塑料壳 D.侧电极

2.火花塞常见故障有积炭、机油油污、( )和瓷件大头爬电。

A.腐蚀 B.摩擦受损 C.积灰 D.烧焦

3.在拆卸火花塞时应该使用的工具是( )。

A.开口扳手 B.火花塞套筒 C.梅花扳手 D.轮胎扳手

三、填空题

1.火花塞的作用是将________产生的脉冲高压电引入燃烧室,并在两电极之间产生________,以点燃可燃混合气。

2.如图 2-31 所示,在空白处补充火花塞的结构名称。

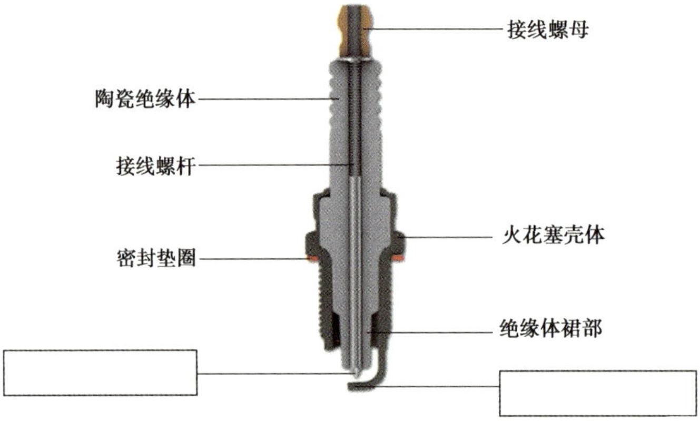

图 2-31 火花塞的结构

任务评价

表 2-1 任务评价表

序号	内 容	分值/分	得分
1	拆卸火花塞	40	
2	安装火花塞	40	
3	检查	10	
4	安全操作	10	
总 分		100	

注:操作规范即得分,操作错误或未进行操作不得分。

任务拓展

火花塞的检测

1.目视检查火花塞

①检查螺纹是否完好，如图 2-32 所示。

②检查陶瓷是否有裂纹，如图 2-33 所示。

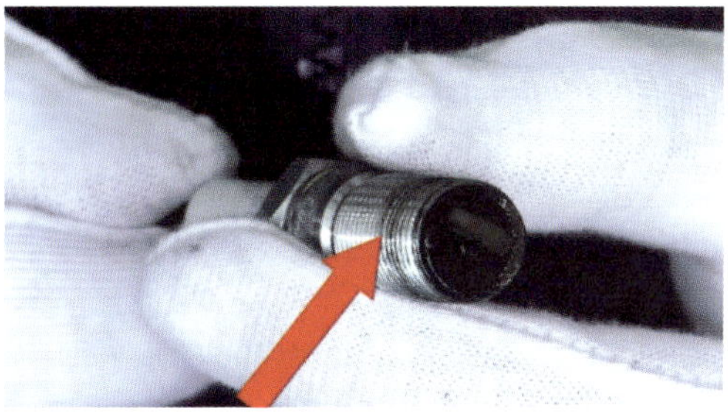

图 2-32　检查螺纹

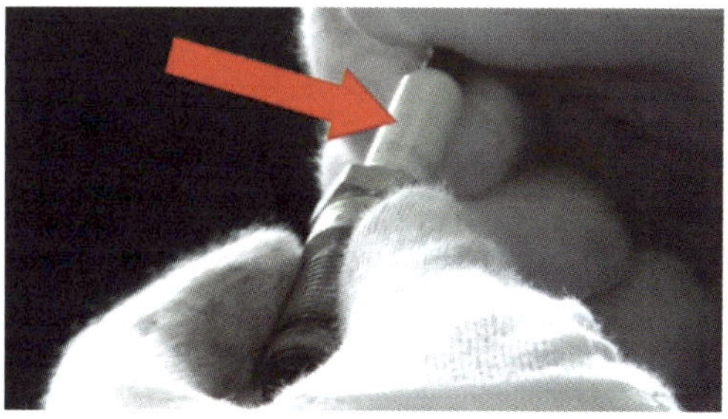

图 2-33　检查陶瓷

③检查火花塞与点火线圈套接部位，如图 2-34 所示。

④检查火花塞电极状况，如图 2-35 所示。

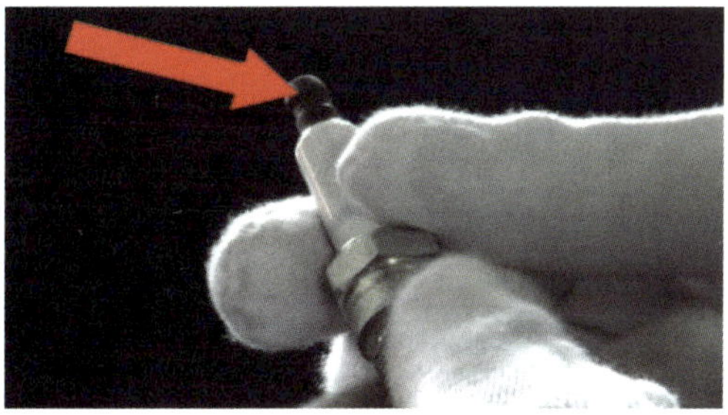

图 2-34　检查火花塞与点火线圈套接部位

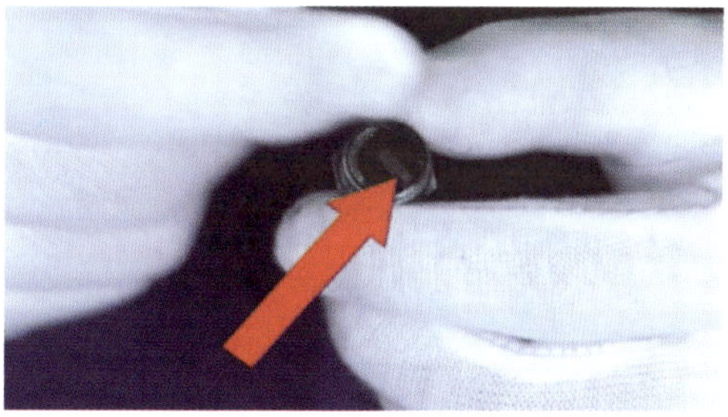

图 2-35　检查火花塞电极

⑤若火花塞电极颜色不正常，则根据维修手册规定更换里程进行清洁或更换，如图 2-36 所示。

⑥火花塞烧蚀严重时必须更换火花塞，如图 2-37 所示。

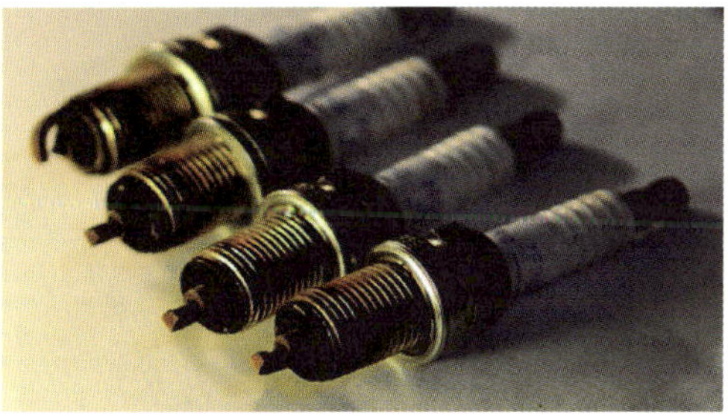

图 2-36　火花塞电极熏黑

图 2-37　火花塞烧蚀

2.检测火花塞

(1)火花测试

①断开喷油器连接器。

②将火花塞安装到各点火线圈上,并连接点火线圈连接器。

③将火花塞搭铁。

④检查发动机在起动过程中是否出现火花。在正常状态下,电极间出现火花。

☆ 注意事项

不要使发动机起动超过 2 s。

操作时戴上橡胶手套,身体其他部位不要接触车身。

(2)检测火花塞电极间隙

如果间隙过宽,可能会引起缺火;如果间隙太窄,可能导致电极过早地被烧蚀。使用塞尺测量火花塞电极间隙,记录检测数据并与标准数据进行比对,如图 2-38 所示。

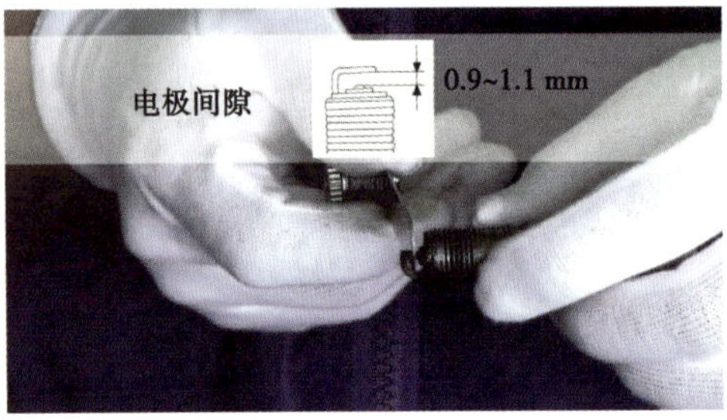

图 2-38 间隙检测

☆ 注意事项

如果电极间隙大于标准值,更换火花塞,不要调整电极间隙。

项目三 | 起动系统认知与拆装

发动机必须依靠外力带动曲轴旋转后,才能进入正常工作状态,通常把汽车发动机曲轴在外力作用下,从开始转动到怠速运转的全过程称为发动机的起动。起动系统的作用就是供给发动机曲轴足够的起动转矩,以便使发动机曲轴达到必需的起动转速,使发动机进入自行运转状态。当发动机进入自行运转状态后,便结束任务立即停止工作。

本项目通过对汽车起动机的拆装,使学生掌握起动系统的拆装方法,并最终能解决客户所反映的问题。起动系统如图 3-1 所示。

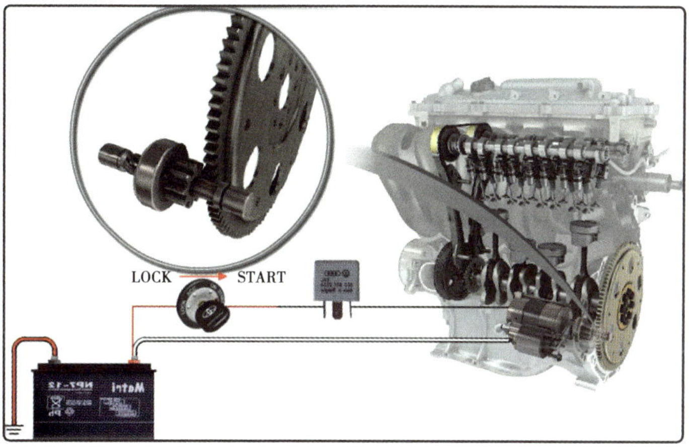

图 3-1　起动系统

技能目标

- 能够在实车上实施起动机更换任务。

知识目标

- 能够描述汽车起动系统的组成和作用。
- 能够描述起动机的组成和作用。

素养目标

- 了解安全操作要求,养成安全文明操作的习惯。
- 养成组员之间互相协作的习惯。

/学习任务/ 拆装起动机

任务目标

①能够指出起动机在汽车上所处的位置。

②能够描述汽车起动系统的组成和作用。

③能够描述起动机的组成和作用。

学习重点

起动系统的组成和作用。

知识准备

起动机又称为起动马达，它将蓄电池的电能转化为机械能，驱动发动机飞轮旋转实现发动机的起动。

一、起动系统的组成

起动系统主要由蓄电池、起动机和起动控制电路等组成，如图 3-2 所示。

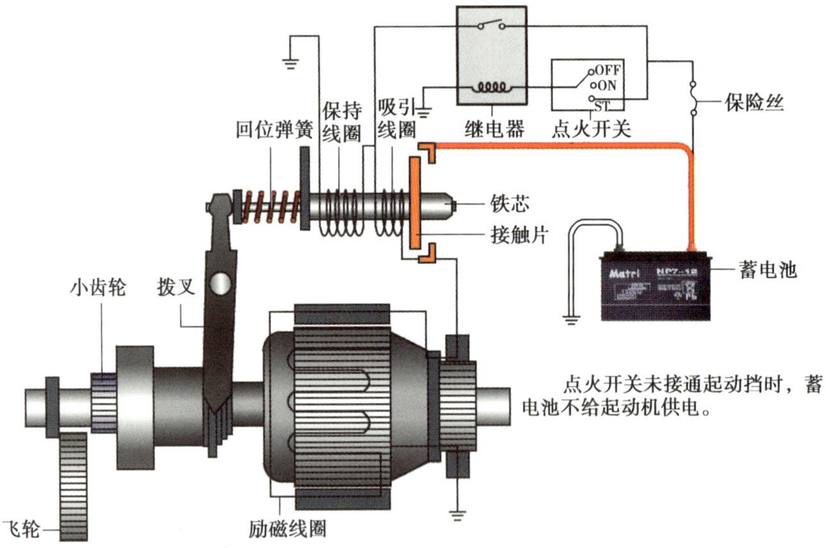

图 3-2 起动系统

二、起动机的组成

起动机主要由直流电动机、传动机构和控制机构组成，如图 3-3 所示。

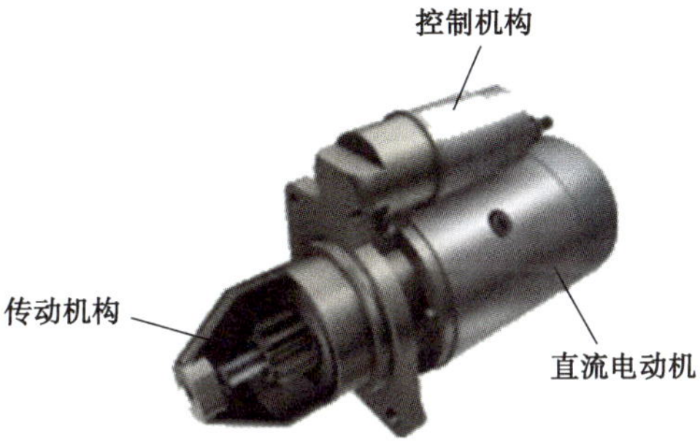

图 3-3　起动机的组成

直流电动机引入来自蓄电池的电流并且使起动机的驱动齿轮产生机械运动；传动机构将驱动齿轮啮合入飞轮齿圈，同时，能够在发动机起动后自动脱开；起动机电路的通断由一个电磁开关来控制。电动机主要由电磁开关组件、电动机和传动机构组成，如图 3-4 所示。

图 3-4　起动机的结构

三、起动机的工作原理

当点火开关闭合时，蓄电池为起动机供电，接触片接通。直流电动机中有电流通过，磁极产生磁场，转子部分在磁场作用下，将电能转变为机械能，即产生电磁转矩。拨叉推动驱动齿轮与发动机的飞轮啮合。当电磁开关中电磁吸力相互抵消时，接触片断开，电动机电路断开，如图 3-5 所示。

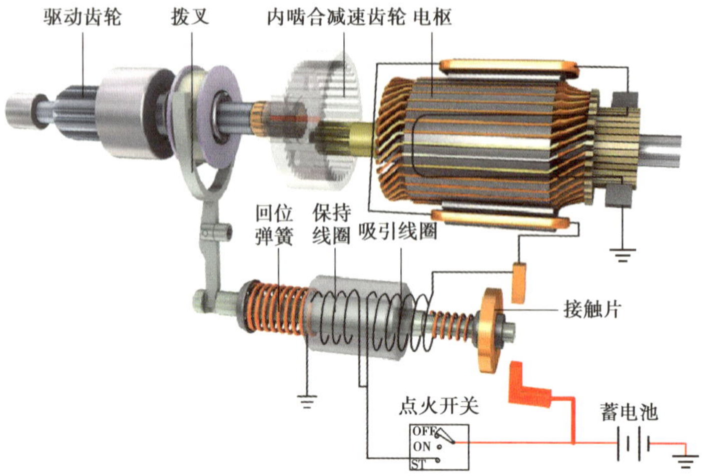

图 3-5　起动机的工作原理

任务实施

一、操作准备

1.组织方式

每 4 位同学一组，更换 2007 款卡罗拉 1.6 L/AT 轿车上的起动机，按照企业岗位操作规范进行作业。每组作业时间为 20 min。

2.作业准备

①进入场地前根据工作安全操作手册的要求穿好工衣。

②养成工具、零部件、油液“三不落地”的职业习惯，工具及拆下的零部件等都应整齐地放置在工具车及零件盘中。

3.设备设施

2007 款卡罗拉 1.6L/AT 轿车、1ZR-FE 发动机台架、工具车、零件车。

二、操作过程

1.拆卸起动机

①断开蓄电池负极电缆，如图 3-6 所示。

②拆卸散热器上的空气导流板，如图 3-7 所示。

③分离线束卡夹，拆下发动机上部的固定螺栓，如图 3-8 所示。

④断开线束连接器，拆下端子盖，如图 3-9 所示。

⑤选用 12 mm 套筒和棘轮扳手，拆下起动机端子 30 固定螺母，并断开端子 30，如图3-10 所示。

⑥选用 12 mm 套筒和棘轮扳手，拆下起动机下部固定螺栓并取下起动机总成，如图 3-11 所示。

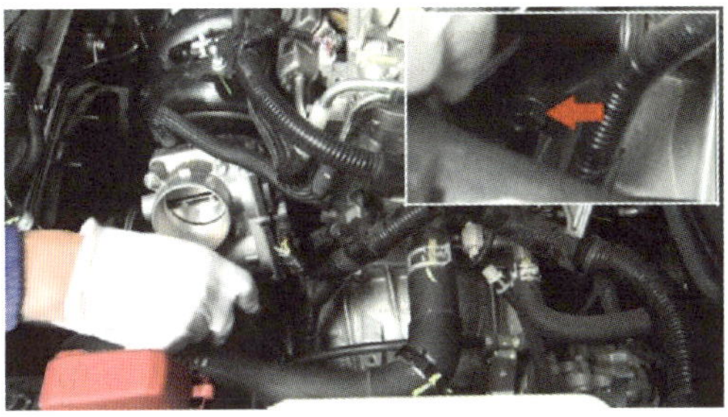

图 3-6　断开蓄电池负极电缆

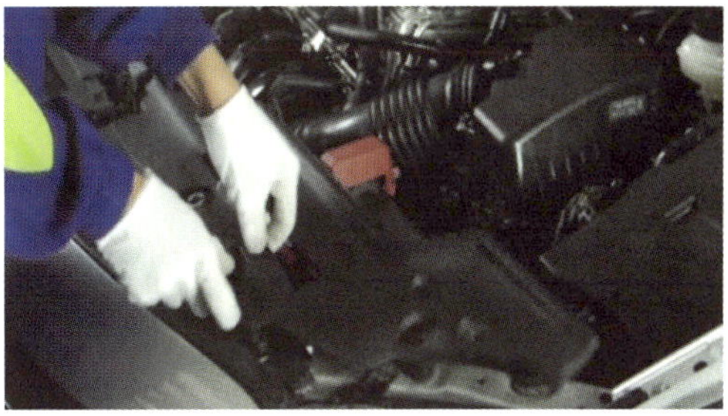

图 3-7　拆卸散热器上的空气导流板

图 3-8　拆下发动机上部的固定螺栓

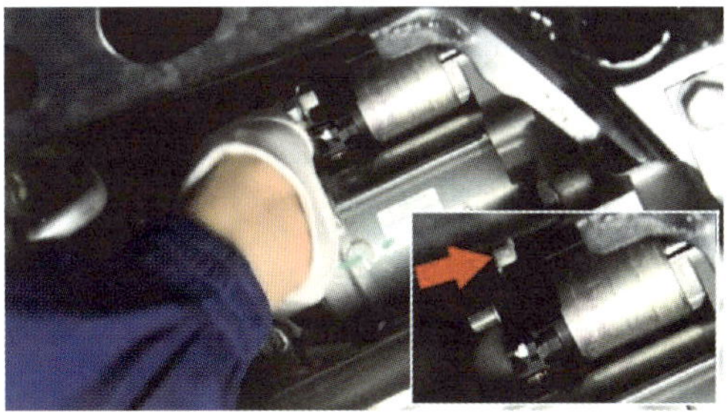

图 3-9　拆下端子盖

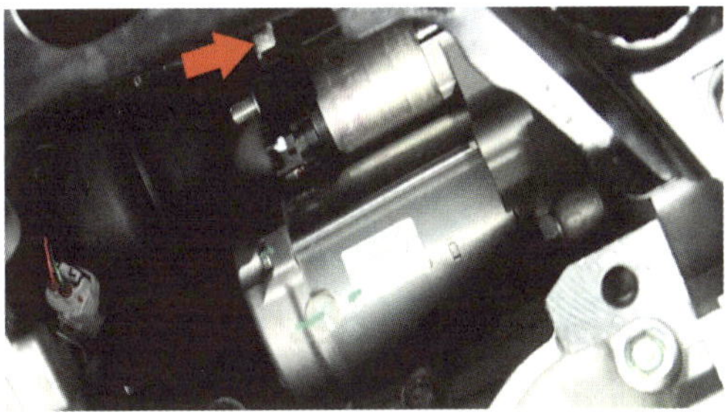

图 3-10　断开端子 30

图 3-11　取下起动机总成

2.安装起动机总成

①用固定螺栓安装起动机总成,标准扭矩为 37 N · m,如图 3-12 所示。

②连接起动机连接器,用螺母连接端子 30,合上端子盖。选用 12 mm 套筒和扭力扳手紧固螺母,紧固扭矩为 9.8 N · m,如图 3-13 所示。

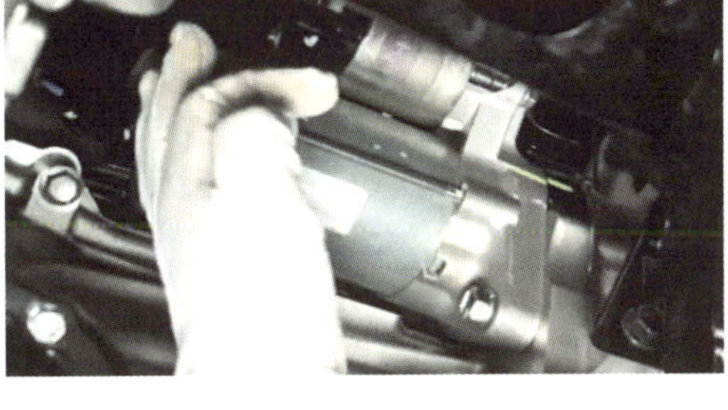

图 3-12　安装起动机总成

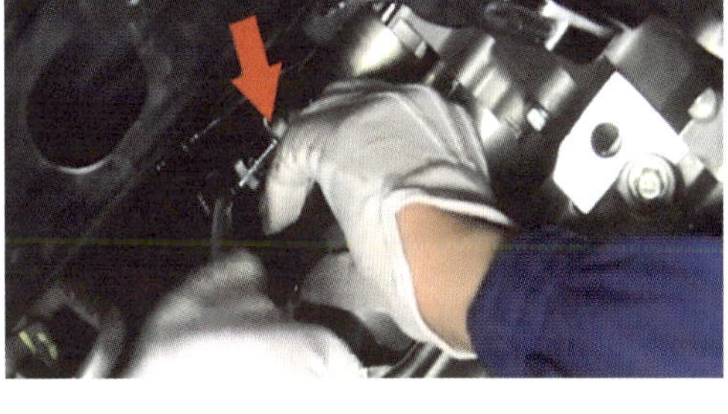

图 3-13　连接起动机连接器

③安装起动机端子盖、磁力起动机开关，如图 3-14 所示。

④安装散热器上的空气导流板。

⑤连接蓄电池负极端子。

3.项目检查

通过以上步骤的工作后，进行维修质量的验证，起动车辆，检查车辆运行是否正常。

图 3-14　安装起动机端子盖

任务小结

1.起动系统的作用

起动系统的作用是供给发动机曲轴足够的起动转矩，以便使发动机曲轴达到必需的起动转速，使发动机进入自行运转状态。当发动机进入自行运转状态后，结束任务立即停止工作。

2.起动系统的组成

起动系统主要由蓄电池、起动机和起动控制电路等组成。

3.起动机的组成

起动机主要由直流电动机、传动机构和控制机构组成。

任务检测

一、判断题

1.起动机每次连续起动时间不得超过 5 s，重复起动时应停歇 2 min。（　　）

2.起动机的主要作用是起动发动机，由电磁开关、传动机构组成。（　　）

二、单选题

1.起动机中直流串励式电动机所起的作用是（　　）。

A.将电能转化为机械能　　B.将机械能转化为电能

C.将电能转化为化学能　　D.将化学能转化为电能

2.起动机的传动机构最大的特点是（　　）。

A.传动平稳　　B.噪声小　　C.单向传递转矩　　D.传动速比大

三、填空题

1.起动机的三大组成部件为________、________和________。

2.起动机是将________的电能转化为________，驱动发动机飞轮旋转实现发动机起动的装置。

3.根据起动机的详细组成，填写图 3-15 中的空白部分。

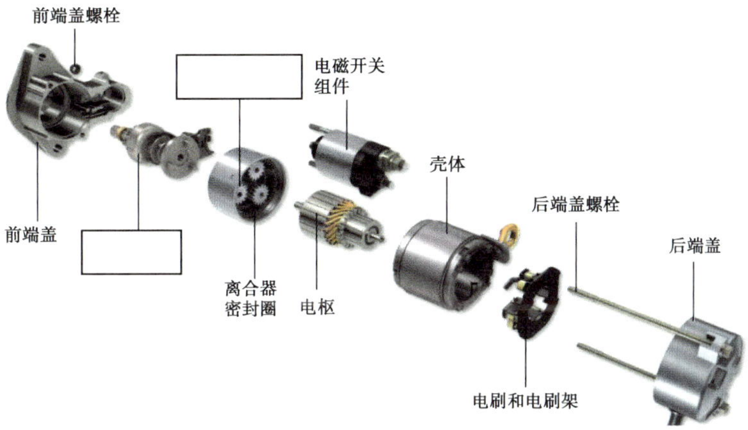

图 3-15 起动机的组成

任务评价

表 3-1 任务评价表

序号	内 容	分值/分	得分
1	车上检查并确认起动机工作状况	10	
2	熟练拆卸起动机	30	
3	拆卸散热器上的空气导流板	10	
4	拆下起动机的固定螺栓	10	
5	安装起动机(包括接线以及螺栓的拧紧)	40	
总 分		100	

注:操作正确即得分,操作错误或未进行操作不得分。

任务拓展

检查起动机总成

1.起动机牵引测试

①从起动机端子断开励磁线圈引线。

②将蓄电池连接至励磁起动机开关,检查并确认小齿轮向外移动。若离合器小齿轮未移动,则更换磁力起动机开关总成,如图 3-16 所示。

2.起动机保持测试

①从起动机端子断开电缆,检查并确认小齿轮没有朝内回位。

②将蓄电池连接至励磁起动机开关,检查并确认小齿轮向外移动。若离合器小齿轮未移动,则更换磁力起动机开关总成,如图 3-17 所示。

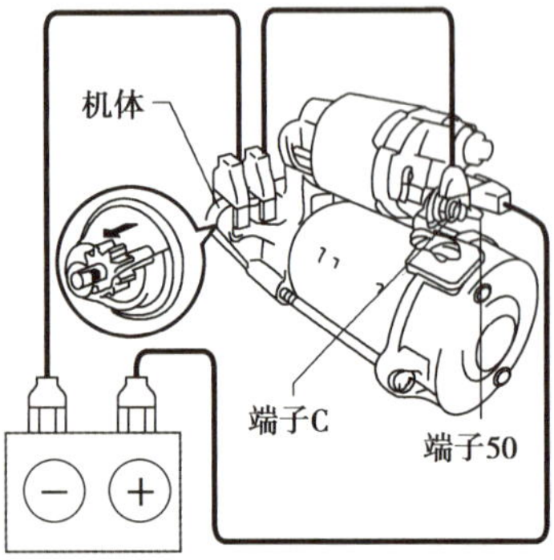

图 3-16　起动机牵引测试

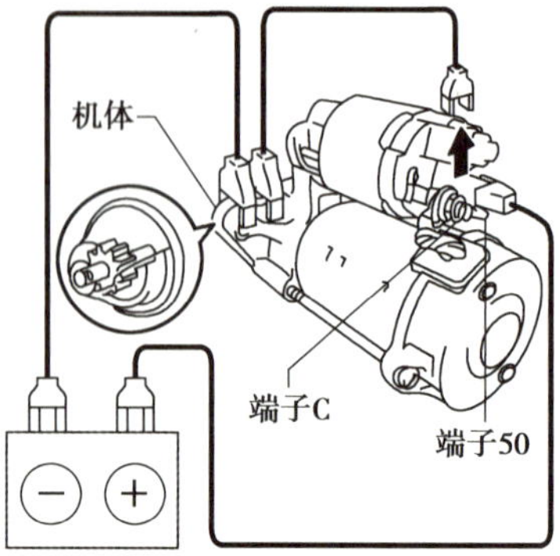

图 3-17　起动机保持测试

3.起动机无负载操作测试

起动机无负载操作测试,如图 3-18 所示。

①连接励磁线圈引线至端子 C,紧固扭矩为 10 N·m。

②将起动机夹在台钳中。

③将蓄电池、电流表连接到起动机上,记录检测数据并与标准数据进行比对,见表 3-2。

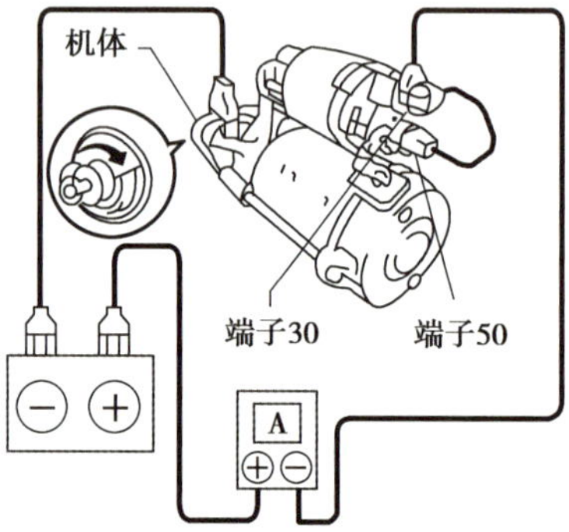

图 3-18　起动机无负载操作测试

表 3-2　标准电流

检测端子	检测条件	标准数据
蓄电池正极端子-端子 30-端子 50	11.5V	小于 90 A

项目四 | 润滑系统认知与拆装

发动机的润滑是由润滑系统来实现的。润滑系统能够润滑发动机中运动机件的接触表面,减少发动机零件间的摩擦阻力和磨损,提高发动机的工作可靠性和使用寿命。

本项目通过对润滑系统主要机件进行拆装作业,认识和理解其主要机件的结构和原理。润滑系统如图 4-1 所示。

图 4-1　润滑系统

技能目标

- 依据汽车维修操作流程,规范、熟练地完成润滑系统主要部件的拆装作业。

知识目标

- 能描述润滑系统的组成和作用。
- 识别润滑系统主要零配件,并用自己的语言描述其工作原理。

素养目标

- 了解安全操作要求,养成安全文明操作的习惯。
- 养成组员之间互相协作的习惯。
- 实施操作结束后,清洁工具,并将工具设备归位,清洁场地。

/学习任务/ 更换机油及滤清器

任务目标

①能够识别润滑系统主要零配件并描述其工作原理。

②能够描述润滑系统的组成和作用。

③能够描述机油和机油滤清器的作用。

学习重点

润滑系统的组成和功用。

知识准备

一、发动机润滑系统的组成

发动机润滑系统主要由机油滤清器、机油泵、油底壳、机油喷嘴、油路、集滤器等组成,如图 4-2 所示。

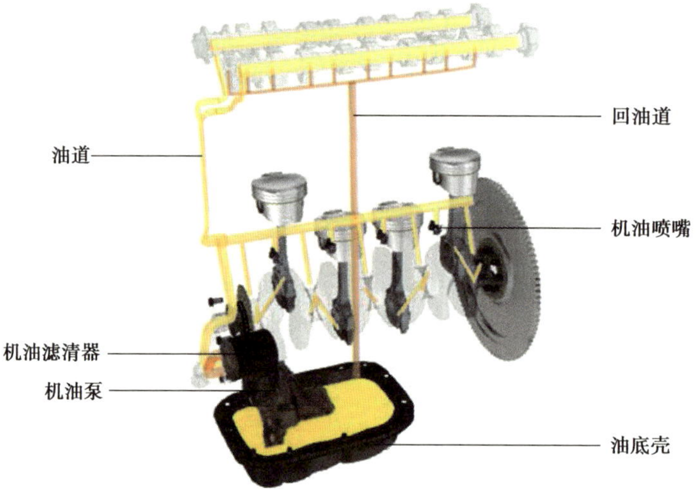

图 4-2 润滑系统的组成

二、发动机润滑系统的作用

发动机润滑系统的作用是当发动机工作时连续不断地把足够数量的洁净润滑油(机油)输送到传动件摩擦表面,机油在摩擦表面形成油膜,从而减小摩擦阻力,降低功率消耗,减轻部件磨损,从而提高发动机工作的可靠性和使用寿命。

三、发动机润滑系统的工作原理

发动机工作时，机油从油底壳中被机油泵通过集滤器吸入机油滤清器中。从机油滤清器中过滤后的机油经主油道分三路输送到发动机的各部件：一路经曲轴主轴颈、连杆轴颈最终回到油底壳；一路经机油喷嘴最终回到油底壳；一路经气缸盖，同时渗入凸轮轴轴承、气门机构等部件，最终回到油底壳。润滑系统反复循环，始终不间断地把洁净的机油送到发动机的传动件摩擦表面，发动机润滑系统的工作原理如图 4-3 所示。

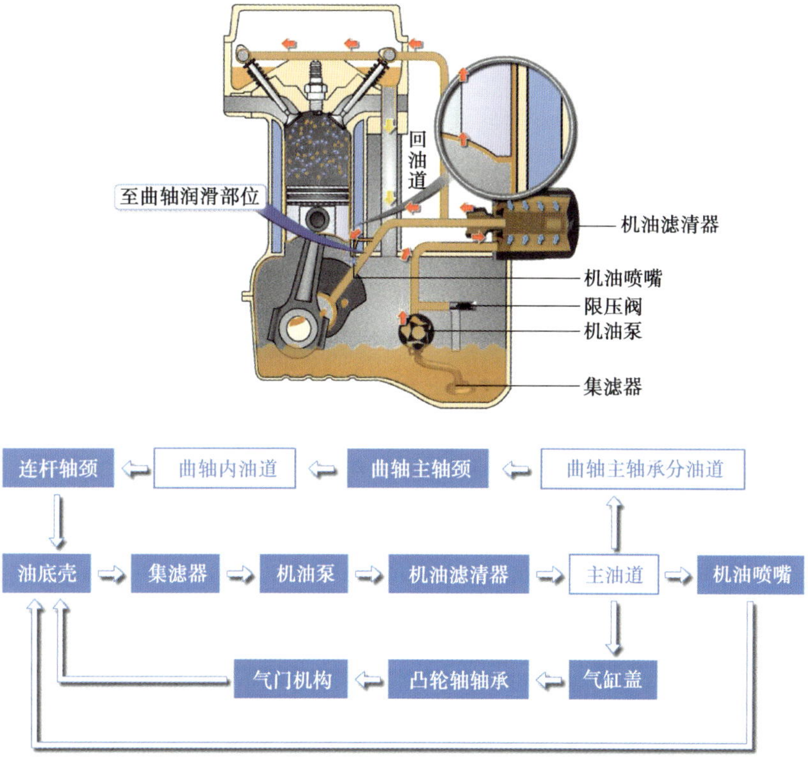

图 4-3　发动机润滑系统工作原理

四、润滑系统的润滑方式

润滑系统的润滑方式可分为飞溅润滑和压力润滑，如图 4-4 所示。

- 飞溅润滑：利用某些运动零件工作时从油底壳带起来的油滴对零件表面进行润滑的方式，如气缸壁表面的润滑等。
- 压力润滑：用机油泵将一定的润滑油源源不断地送到零件相互摩擦面的润滑方式，如凸轮轴轴承、曲轴轴承的润滑等。

五、机油的作用

机油，即发动机润滑油，被誉为汽车的“血液”，能对发动机起到润滑、清洁、冷却、密封、防锈等作用。发动机内有许多相互摩擦运动的金属表面，这些部件运动速度快、环境差，工

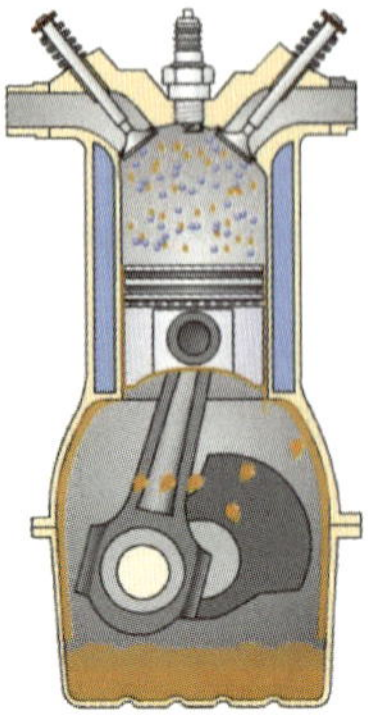
(a)飞溅润滑

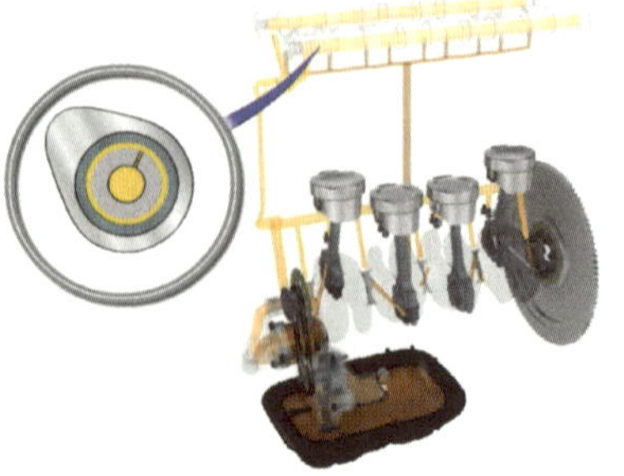
(b)压力润滑

图 4-4　润滑方式

作温度可达 400~600 ℃。在这样恶劣的工况下,只有合格的机油才可降低发动机零件的磨损,延长其使用寿命。

六、机油冷却装置分类

机油冷却装置主要有风冷式和水冷式两种,如图 4-5 所示。

- 风冷式机油冷却器:采用横流式结构,布置在冷却液散热器前,利用风扇的风力使机油冷却。
- 水冷式机油冷却器:布置于冷却液水路中,冷却液在芯管中流动,机油在管外流动,利用冷却液的温度来控制机油的温度。

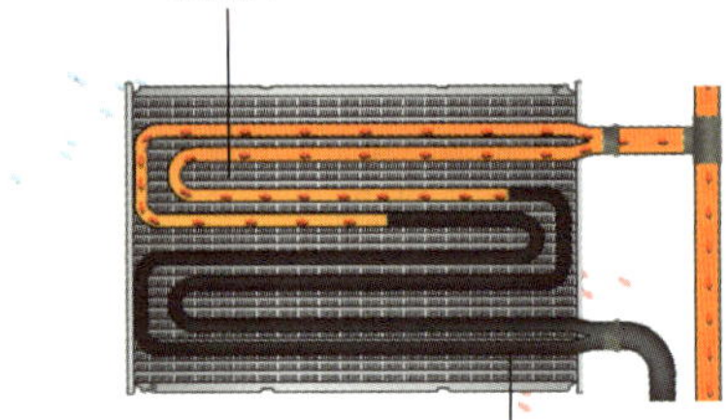

(a)风冷式机油冷却器

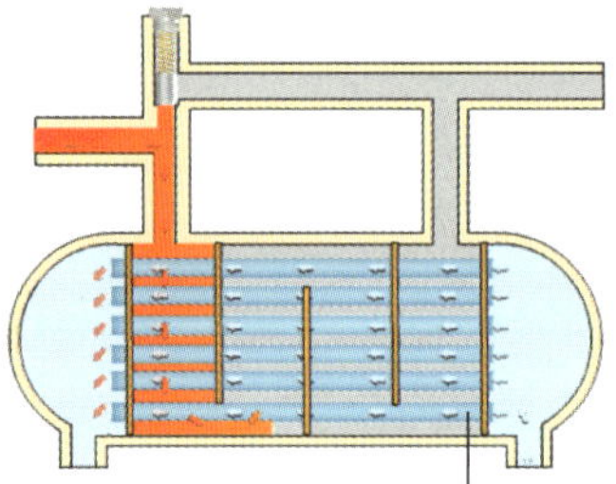

(b)水冷式机油冷却器

图 4-5　机油冷却装置分类

七、机油滤清器的作用

机油滤清器的作用是滤除机油中的杂物、胶油和水分,向各润滑部件输送洁净的机油。

八、机油滤清器的结构

机油滤清器安装在正时链条盖下部,主要由上盖、壳体、滤芯、内孔管、安全阀等组成,如图 4-6 所示。

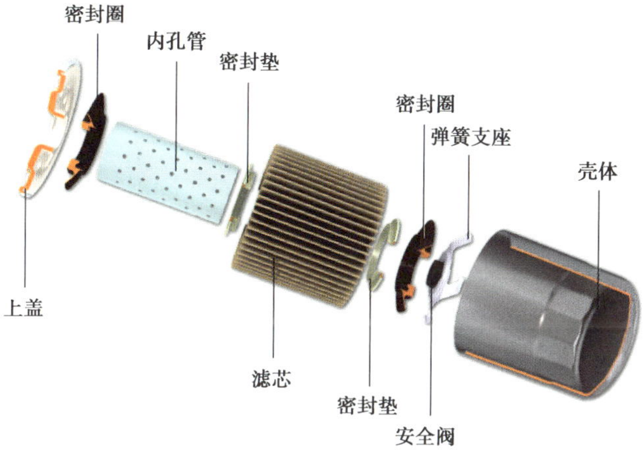

图 4-6 机油滤清器的结构

九、机油滤清器的工作原理

当带有杂质的机油从纸滤芯的外围进入滤清器中心时，杂质被过滤在滤芯上，当滤芯严重堵塞时，旁通阀开启，机油不经过滤芯过滤直接进入主油道，防止机油断供现象的发生，如图 4-7 所示。

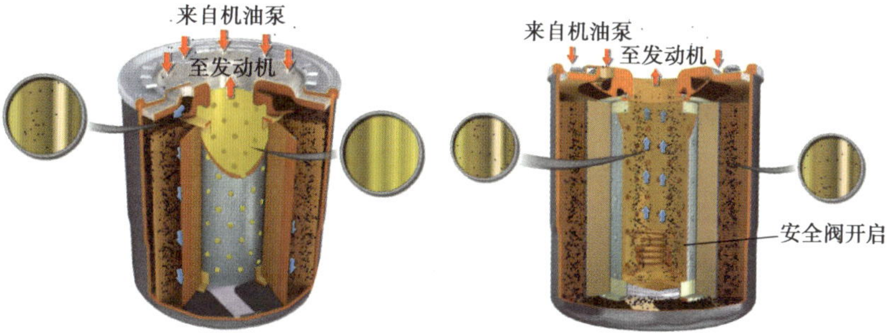

(a)正常过滤 (b)滤芯堵塞

图 4-7 机油滤清器的工作原理

任务实施

一、操作准备

1.组织方式

每 4 位同学一组，按照企业岗位操作规范，在 2007 款卡罗拉 1.6L/AT 轿车 1ZR-FE 发动机的润滑系统上找到机油滤清器所处的位置，识别其整体外形结构，并对机油滤清器进行拆装作业。每组作业时间为 40 min。

2.作业准备

①长时间接触发动机机油会造成皮肤过敏并易生皮炎，用过的机油存在潜在的危害性，可能会导致皮肤癌。操作时必须佩戴防护服和手套。

②发动机机油沾到皮肤上，用肥皂和水彻底清洗皮肤，或使用免水型洗手剂清除所有的发动机机油，切勿使用汽油、稀释剂或溶剂。

③按照维修手册规定的标准添加发动机机油。机油加注标准，见表4-1。

表4-1 发动机机油容量标准

机油滤清器更换时，放空后的重新加注量/L	不更换机油滤清器时，放空后的重新加注量/L	净注入量/L
4.2	3.9	4.7

3.设备设施

2007款卡罗拉1.6L/AT轿车、举升机、工具车、零件车、垃圾桶。

二、操作过程

拆卸机油滤清器的步骤如下：

①打开机油加注口盖，如图4-8所示。

②举升前确认支撑垫块与车辆支承位置对好，车辆中心对正无偏斜、车辆无负重、车辆四周无人员。

③按下举升机按钮，将车辆举升至较高位置，并确认锁止可靠。

④在放油螺塞正下方放置机油收集容器，使用套筒、棘轮扳手拧松放油螺塞，再用手轻旋下放油螺塞，如图4-9所示。

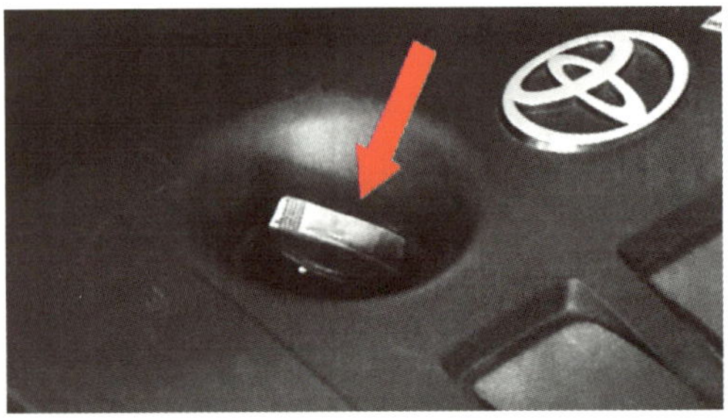

图4-8 打开机油加注口盖

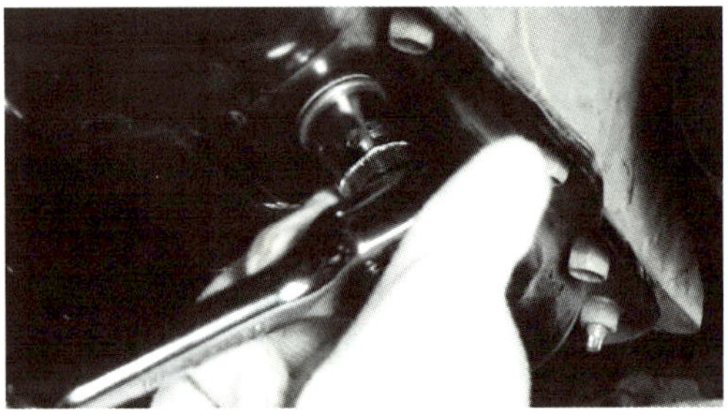

图4-9 拆下放油螺塞

⑤将机油排放到机油收集容器中，如图4-10所示。

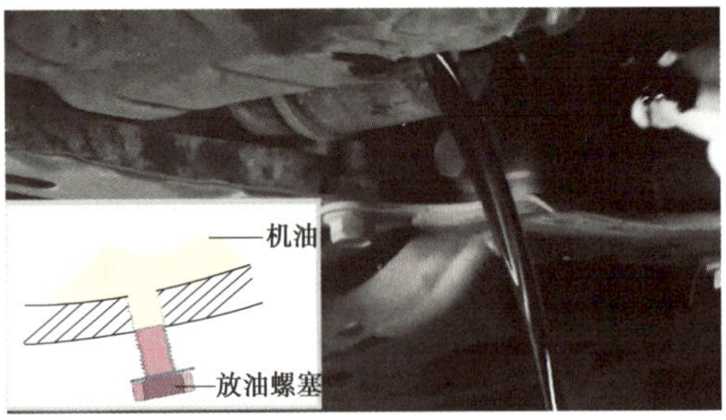

图4-10 排放机油

☆ 注意事项

排放时，注意机油不要流到手上，以免烫伤手。

废机油中有多种有害物质，不要长时间接触。

⑥清洗放油螺塞，并用新衬垫加以安装，安装扭矩为 37 N・m，如图 4-11 所示。

图 4-11　清洗放油螺塞

☆ 注意事项

检查衬垫是否被同时取下，若无，检查是否还粘在螺纹孔处。

要遵循原厂规定安装新衬垫。

⑦清洁放油螺塞处的油污，如图 4-12 所示。

⑧用棘轮扳手和机油滤清器专用工具拆下机油滤清器，如图 4-13 所示。

图 4-12　清洁放油螺塞处的油污

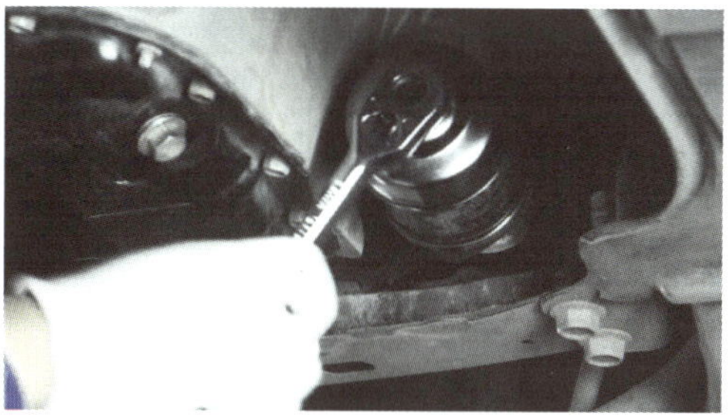

图 4-13　拆下机油滤清器

⑨机油滤清器放置在机油收集容器上。

☆ 注意事项

拆卸机油滤清器时，必须佩戴防护手套。

操作时，注意机油不要流到手上，以免烫伤。

⑩清洁机油滤清器底座，检查并清洁机油滤清器的安装面，将残留在机油滤清器座上的机油擦拭干净，如图 4-14 所示。

⑪更换新的机油滤清器，在新机油滤清器衬垫上涂抹一层干净的发动机机油，如图 4-15 所示。

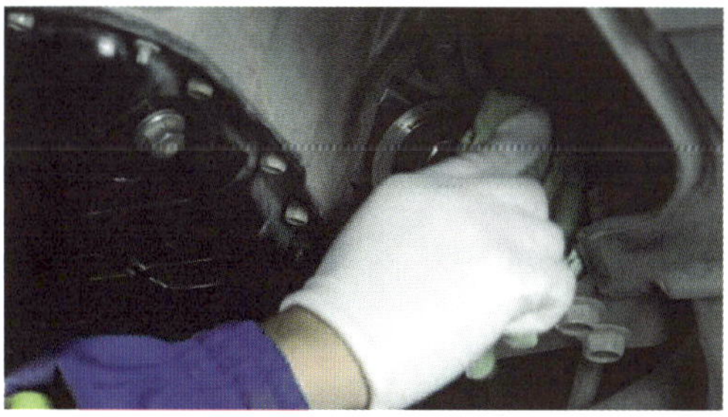

图 4-14　清洁机油滤清器底座

图 4-15　更换新的机油滤清器

☆ 注意事项

更换新的机油滤清器前，要注意检查是否存在损坏变形。

⑫安装新的机油滤清器。用手将新的机油滤清器轻轻地旋到位并拧紧，直到衬垫开始接触机油滤清器底座，如图 4-16 所示。

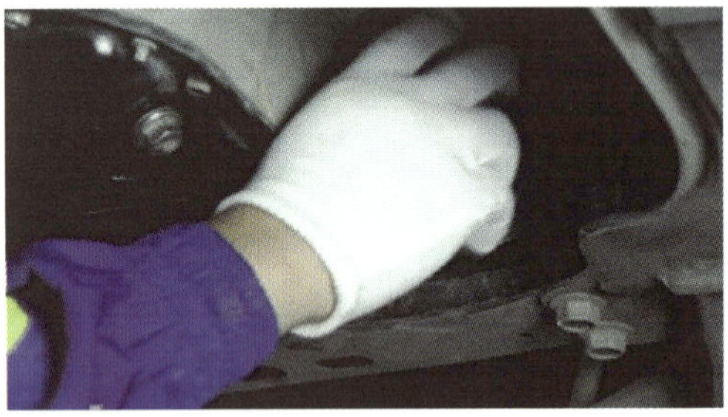

图 4-16　安装新的机油滤清器

☆ 注意事项

安装时要对好螺纹并轻轻地旋入，直到衬垫开始接触机油滤清器底座为止。

⑬紧固机油滤清器。使用定扭扳手和机油滤清器专用工具紧固机油滤清器，扭矩为 18 N · m，如图 4-17 所示。安装好后，要注意清洁其表面。

⑭清洁机油滤清器。用干净的抹布擦拭放油螺塞和机油滤清器与发动机连接的缝隙处，查看是否存在机油泄漏现象，如图 4-18 所示。

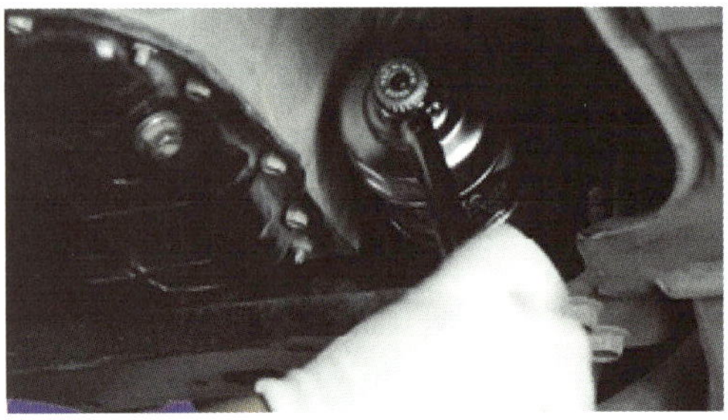

图 4-17　紧固机油滤清器

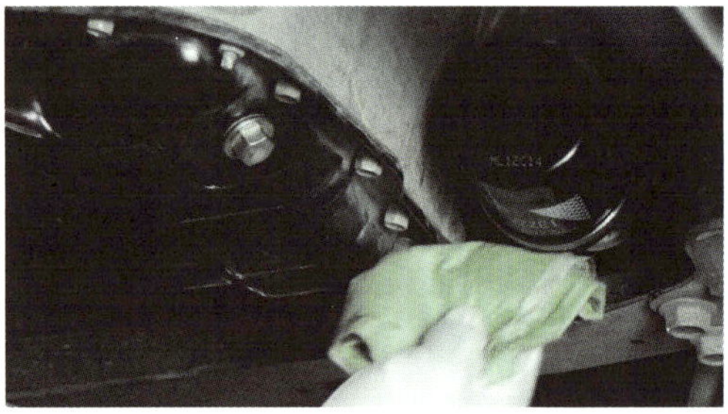

图 4-18　清洁机油滤清器

⑮机油收集桶归位。将废弃的机油进行环保处理，如图 4-19 所示。

⑯下降车辆。

⑰加注机油，并检查液面高度。

⑱再次进行试车检查，确认发动机机油量添加是否适量，发动机运转是否正常。

⑲整理工位。

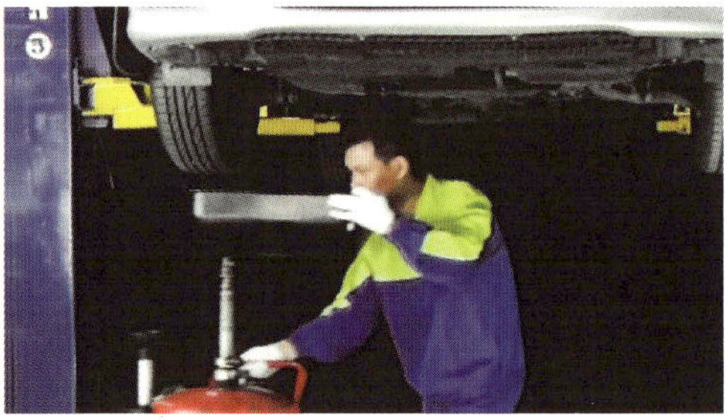

图 4-19　收集废弃机油

任务小结

1.发动机润滑系统的组成

发动机润滑系统主要由机油滤清器、机油泵、油底壳、机油喷嘴、油路、集滤器等组成。

2.发动机润滑系统的作用

发动机润滑系统的功用是当发动机工作时连续不断地把足够数量的洁净润滑油(机油)输送到传动件摩擦表面,机油在摩擦表面形成油膜,从而减小摩擦阻力,降低功率消耗,减轻部件磨损,从而提高发动机的工作可靠性和使用寿命。

3.发动机润滑系统的工作原理

发动机工作时,机油从油底壳中被机油泵通过集滤器吸入机油滤清器中。从机油滤清器中过滤后的机油经主油道分三路输送到发动机的各部件。

4.机油滤清器的组成

机油滤清器主要由上盖、壳体、滤芯、内孔管、旁通阀等组成。

5.机油滤清器的作用

机油滤清器的作用是滤除机油中的杂物、胶油和水分,向各润滑部件输送洁净的机油。

6.机油滤清器拆装作业中的注意事项

①安装放油螺塞时的扭矩为 37 N·m。

②拆卸机油滤清器时,使用棘轮扳手和机油滤清器专用工具拆下机油滤清器。

③安装机油滤清器前,先在机油滤清器密封圈上抹一层机油以起到密封作用。

④安装机油滤清器时,使用定扭扳手和机油滤清器专用工具紧固机油滤清器,安装扭矩为 18 N·m。

任务检测

一、判断题

1.发动机润滑系统主要由油底壳、机油泵、机油滤清器、机油喷嘴、油路等组成。( )

2.润滑效果的优劣,关键在于能否形成油膜。( )

3.机油滤清器的工作效果,决定着发动机的工作性能和使用寿命,必须定期更换滤芯。( )

4.机油滤清器主要由上盖、壳体、滤芯、内孔管、旁通阀等组成。( )

5.在新机油滤清器的衬垫上需要涂抹一层干净的发动机机油。( )

6.佩戴防护服和手套,用肥皂和水彻底清洗皮肤,或使用免水型洗手剂清除所用的发动机机油。切勿使用汽油、稀释剂或溶剂。( )

7.排放机油时应该注意机油不要流在手上,以免烫到手。废机油中有多种有害物质,不要长时间接触。( )

8.发动机保养更换机油时,放油螺栓衬垫每次都必须更换。( )

9.为保证发动机部件得到良好润滑,润滑油路中机油压力越高越好。( )

10.加注润滑油时,加入量越多,越有利于发动机的润滑。（　　）

11.过滤式机油滤清器的滤芯可反复多次使用。（　　）

12.更换发动机机油时,应同时更换或清洗机油滤清器。（　　）

13.发动机润滑系统有3种润滑方式:压力润滑、飞溅润滑和润滑脂润滑。（　　）

14.润滑系统的油路:机滤器→机油泵→粗滤器→细滤器→主油道→润滑机件。（　　）

15.机油不能低于标尺低油位,但可以高于标尺满油位。（　　）

二、单选题

1.机油滤清器阻塞时,其旁通阀打开,机油直接流向(　　)。

A.机油泵　　B.油底壳　　C.主油道　　D.气缸壁

2.机油滤清器安装在正时链条盖下部,主要由上盖、壳体、内孔管、(　　)、安全阀等组成。

A.滤芯　　B.内转子　　C.外转子　　D.定子

3.正常工作的发动机,其机油泵的限压阀应该是(　　)。

A.经常处于关闭状态　　B.热机时开,冷机时关

C.经常处于溢流状态　　D.热机时关,冷机时开

4.发动机润滑系统的作用是(　　)。

A.冷却　　B.润滑

C.清洁、密封　　D.润滑、冷却、清洁、密封

5.汽车发动机各零件最理想的摩擦形式是(　　)。

A.干摩擦　　B.半干摩擦　　C.液体摩擦　　D.半液体摩擦

6.活塞通常采用的润滑方式是(　　)。

A.压力润滑　　B.飞溅润滑

C.两种润滑方式都有　　D.润滑方式不确定

7.发动机润滑系统中润滑油的正常油温为(　　)。

A.40~50 ℃　　B.50~70 ℃　　C.70~90 ℃　　D.大于100 ℃

8.机油中铁的微粒含量过高,其原因可能是(　　)。

A.气缸磨损严重　　B.轴承磨损严重　　C.曲轴箱通风不良　　D.机油过多

9.学生a说:机油滤清器的滤芯都是纸质的。学生b说:机油滤清器的滤芯有用锯末和金属的。说法正确的是(　　)。

A.只有学生a正确　　B.只有学生b正确

C.学生a和b都正确　　D.学生a和b都不正确

三、填空题

1.发动机润滑系统主要由________、机油泵、油底壳、机油喷嘴、油路等组成。

2.发动机工作时,机油从油底壳中被机油泵通过集滤器吸入________中。

3.发动机润滑系统的作用是当发动机工作时连续不断地把足够数量的洁净________输送到传动件摩擦表面,机油在摩擦表面形成油膜,从而减小摩擦阻力。

4.填写图4-20中对应部件的名称。

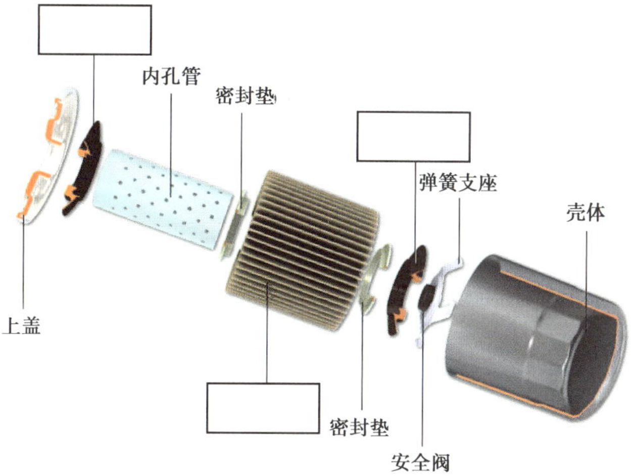

图 4-20　机油滤清器的结构

任务评价

表 4-2　任务评价表

序号	内　容	分值/分	得分
1	规范排放机油至机油收集容器中	30	
2	规范更换新的放油螺栓衬垫	10	
3	规范使用棘轮扳手和机油滤清器专用工具拆下机油滤清器	10	
4	规范检查并清洗机油滤清器的安装面	10	
5	更换时在新机油滤清器衬垫上涂抹一层干净的发动机机油	10	
6	规范使用定扭扳手和专用工具紧固机油滤清器，扭矩为 18 N・m	10	
7	规范加注新的发动机机油至规定油平面高度	10	
8	规范检查机油是否有泄漏	5	
9	复查发动机机油液位	5	
总　分		100	

注：操作正确即得分，操作错误或未进行操作不得分。

任务拓展

一、机油颜色

机油一般都是淡黄色、透明的，如图 4-21 所示。

图 4-21　机油颜色

二、API 发动机油分类

API 发动机油分为两类："S"开头系列代表汽油发动机用油，规格有：API SA，SB，SC，SD，SE，SF，SG，SH，SL，SM；"C"开头系列代表柴油发动机用油，规格有：API CA，CB，CC，CD，CE，CF，CF-2，CF-4，CG-4，CH-4，Cl-4。当"S"和"C"两个字母同时存在时，表示此机油为汽柴通用型。

在 S 或 C 后面的字母表示的意义是：从"SA"一直到"SM"每递增一个字母，机油的性能都会优于前一种，机油中会有更多用来保护发动机的添加剂。

三、SAE 分类

润滑油的黏度多使用 SAE 等级别标志，SAE 是"美国汽车工程协会"的英文缩写，如图 4-22 所示。

- 高温型（如 SAE20～SAE50）：数字表示 100 ℃时的黏度，数字越大黏度越高。
- 低温型（如 SAE0W SAE25W）：W 表示仅用于冬天，数字越小黏度越低，低温流动性越好。
- 全天候型（如 SAE15W/40，10W/40，SW/50）：表示低温时的黏度等级分别符合 SAIE15W，SAIE10W，SAIE5W 的要求；高温时的黏度等级分别符合 SAIE40，SAIE50 的要求，属于冬夏通用型。

图 4-22　SAE 分类

W 前面的数字越小说明低温黏度越低，发动机冷启动时的保护能力越好；W 后面的数字则是机油耐高温性的指标，数字越大高温下保护性能越好。

四、润滑油的组成

润滑油一般都是由基础油和添加剂组成，如图 4-23 所示。

(a) 基础油 (85%~95%)　(b) 添加剂 (5%~15%)　(c) 润滑油

图 4-23　润滑油的组成

项目五 | 燃料供给系统认知与拆装

汽油机燃料供给系统的任务是根据发动机各种不同工况要求，配制出一定数量和浓度的可燃混合气，供入气缸，使之在临近压缩终了时点火燃烧而膨胀做功，最后将气缸内的废气排至大气中。汽油机燃油供给系统工作状况的好坏，直接影响汽车的动力性、经济性和环保性。

本项目通过对汽油机燃油供给系统主要机件进行拆装作业，认识和理解其主要机件的结构和原理，汽油机燃料供给系统如图 5-1 所示。

图 5-1　汽油机燃料供给系统

技能目标

• 依据汽车维修操作要求，熟练规范地完成汽油机燃油供给系统主要部件的拆装作业。

知识目标

• 描述燃油供给系统基本组成及基本原理。

• 描述燃油供给系统各主要组成部件的结构、作用及工作原理。

素养目标

• 了解安全操作要求，养成安全文明操作的习惯。

• 养成组员之间互相协作的习惯。

• 实施操作结束后，清洁工具，并将工具设备归位，清洁场地。

/学习任务/ 拆装喷油器

任务目标

①能够描述汽油机燃料供给系统的作用、组成和类型。

②指出燃料供给系统在发动机上所处的位置,能识别燃料供给系统主要部件的外形结构。

③能够描述喷油器的作用。

学习重点

汽油机燃料供给系统的组成及作用。

知识准备

一、汽油机燃油供给系统的作用

①根据发动机各工况的不同要求,准确配置合适的空气与燃油的混合比。

②为汽车储存行驶一定里程的汽油。

③将燃烧做功后的废气排出。

二、汽油机燃油供给系统的组成

汽油机燃料供给系统主要由燃油箱、燃油泵、燃油滤清器、燃油分配管、油压调节器、喷油器和输油管等组成,有的还设有油压脉动缓冲器,如图 5-2 所示。

图 5-2 燃油供给系统的组成

三、汽油机燃料供给系统的类型

汽车发动机燃油供给系统按照控制方式的不同,可以分为两种类型:一种是化油器式燃料供给系统;另一种是汽油喷射式燃料供给系统。化油器式燃料供给系统在汽油机传统供给系统中仍广泛应用,而汽油喷射式燃料供给系统在汽油机上已被普遍使用。

化油器式燃料供给系统如图 5-3 所示。

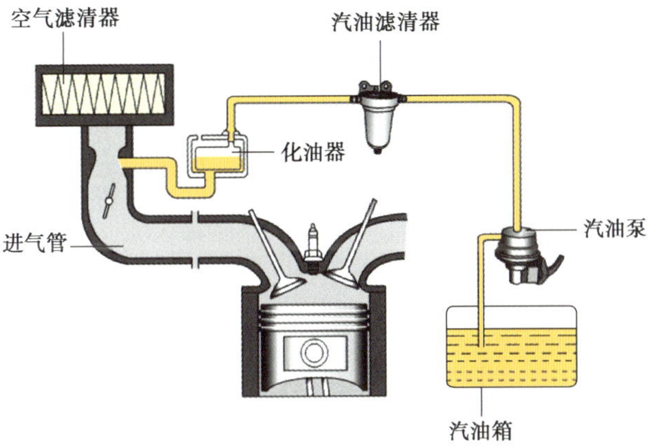

图 5-3 化油器式燃料供给系统

汽油喷射式燃料供给系统如图 5-4 所示。

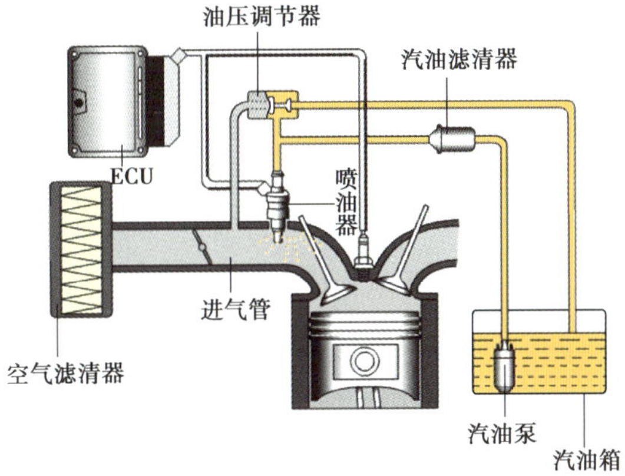

图 5-4 汽油喷射式燃料供给系统

四、汽油机燃油供给系统的工作原理

电动燃油泵将燃油箱中的燃油泵入燃油滤清器。燃油滤清器对流过的燃油进行过滤,过滤后的燃油进入燃油分配管,在压力调节器的作用下,燃油分配管中的燃油压力维持在规定范围内。燃油分配管将燃油分配给各缸喷油器。喷油器根据电控单元的指令将燃油适时地喷入进气管中。当油路中油压升高时,油压调节器自动调节,将多余燃油返回油箱,从而保持送给喷油器的燃油压力基本不变,其工作原理如图 5-5 所示。

五、燃油分配管

燃油分配管也被称为“共轨”,其作用是将燃油均匀、等压地输送给各缸喷油器,如图 5-6 所示。因它的容积比较大,故有储油蓄压、减缓油压脉动的作用。

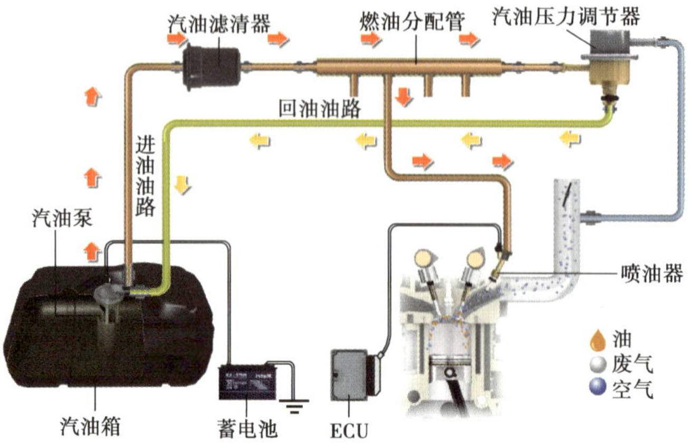

图 5-5　燃油供给系统的工作原理

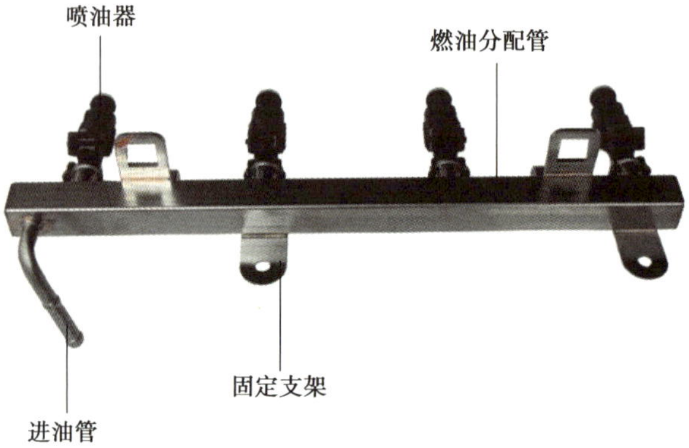

图 5-6　燃油分配管的结构

六、喷油器的作用

卡罗拉轿车发动机使用的喷油器是电磁式喷油器，通过绝缘垫装在进气管上。它的作用是根据电控单元的指令将燃油以雾状的形态喷入进气管内，如图 5-7 所示。

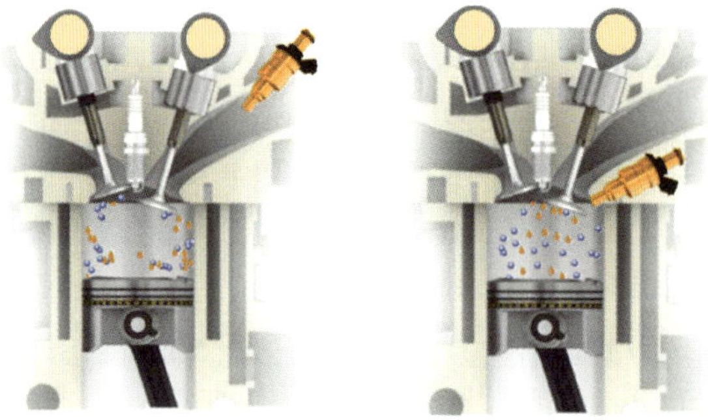

(a)进气道喷射　(b)缸内喷射

图 5-7　喷油器的作用

七、电磁喷油器的组成

电磁喷油器主要由电磁线圈、衔铁、连接器、针阀、进油滤网等组成，如图5-8所示。

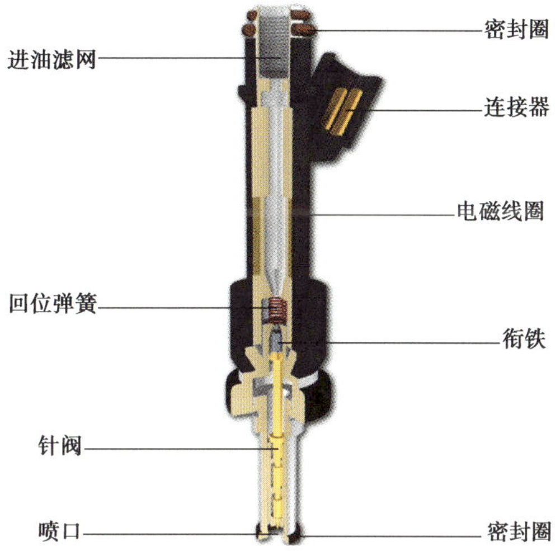

图5-8　电磁喷油器的结构

八、喷油器的工作原理

发动机工作时，电控单元的喷油控制信号将喷油器的电磁线圈与电源回路接通。电磁线圈有电流通过便产生磁场，磁芯被吸引，当同磁芯一体的针阀向上移动碰到调整垫时，针阀全开，燃油从喷口喷出。当没有电流通过电磁线圈时，在弹簧的作用下，针阀下移压在阀座上并起密封作用。电磁式喷油器的工作原理如图5-9所示。

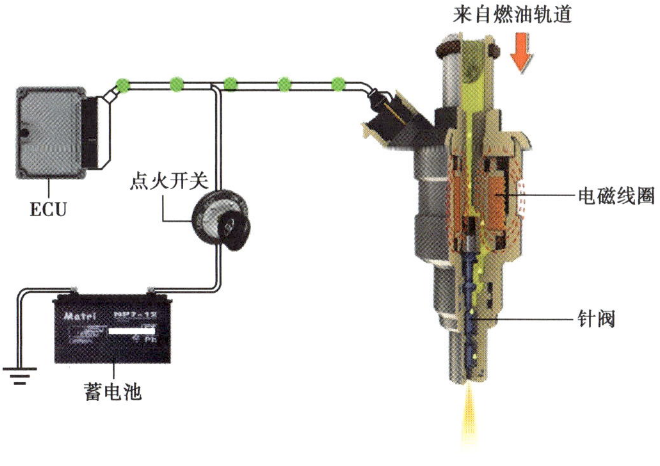

图5-9　电磁式喷油器的工作原理

喷油器的喷油量与针阀行程、喷口面积、喷油环境压力及燃油压力等因素有关，但这些因素一旦确定后，喷油量就由针阀的开启时间，即电磁线圈的通电时间来决定。各喷油器的喷油持续时间由电控单元控制，当某缸活塞处于进气行程时，电控单元指令喷油器喷油。

任务实施

一、操作准备

1.组织方式

每4位同学一组，按照企业岗位操作规范对2007款卡罗拉轿车1.6L/AT轿车1ZR-FE发动机上的燃料供给系统的喷油器进行拆装作业。每组作业时间为20 min。

2.作业准备

①进入场地前根据工作安全操作手册的要求穿好工衣。

②养成工具、零部件、油液“三不落地”的职业习惯，工具及拆下的零部件等都应整齐地放置在工具车及零件盘中。

③场地设施：带消防设施的场地。

3.设备设施

2007款卡罗拉1.6L/AT轿车、工具车、零件车、垃圾桶。

二、操作过程

拆卸喷油器的步骤如下：

①燃油系统压力泄压。

②拆卸发动机盖罩，如图5-10所示。

③分离曲轴箱通风软管，如图5-11所示。

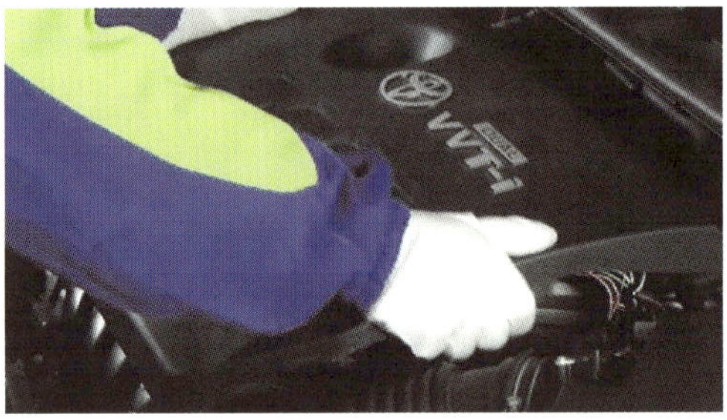

图5-10　拆卸发动机盖罩

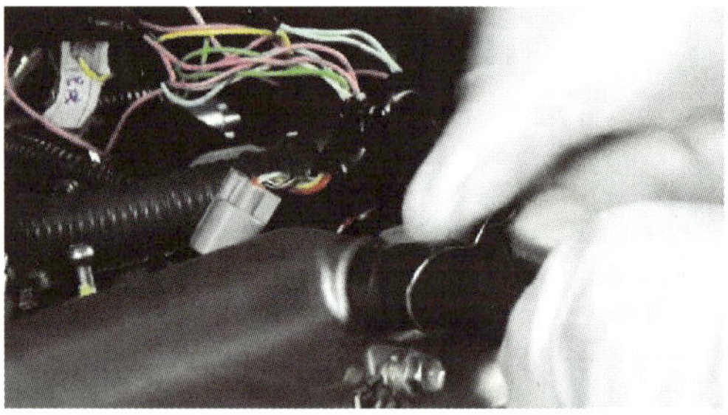

图5-11　断开通风软管

④拆卸发动机线束，如图5-12所示。

⑤使用专用工具断开燃油管，如图5-13所示。

⑥拆卸输油管，拆卸喷油器，如图5-14所示。

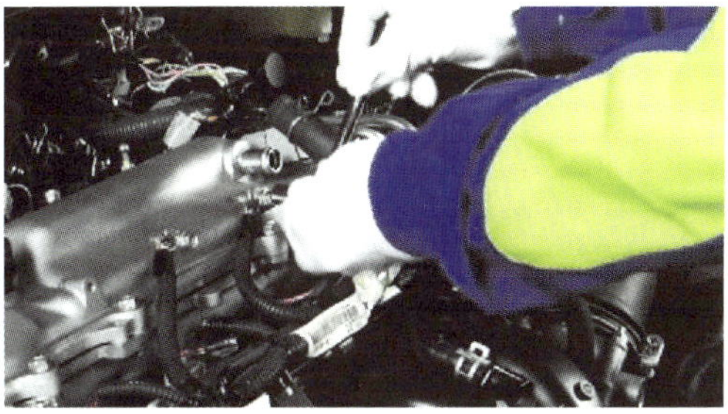

图 5-12 拆卸发动机线束

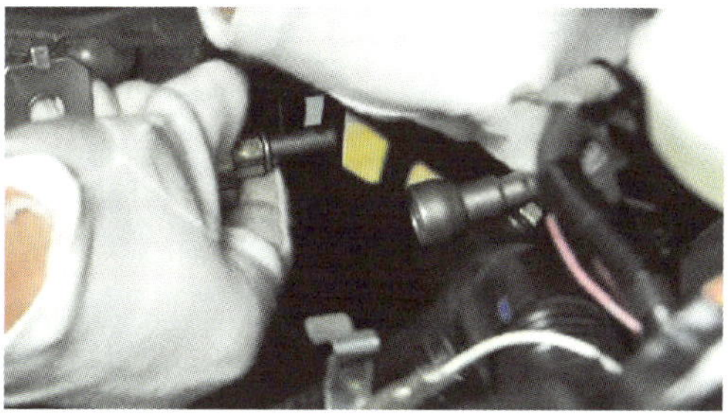

图 5-13 断开燃油管

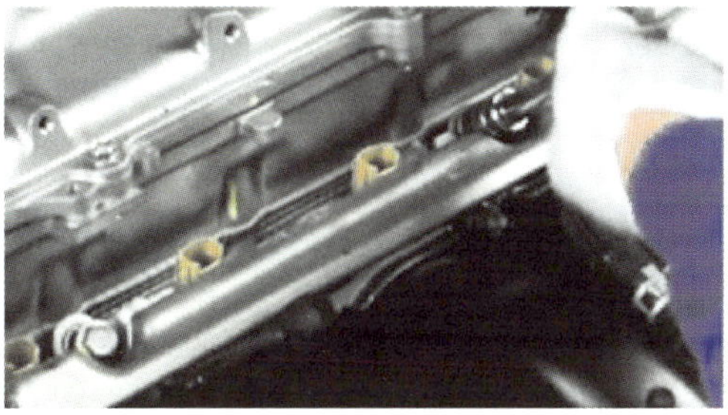

图 5-14 拆卸输油管

☆ 注意事项

用塑料袋将喷油器包起来，以防异物进入。

⑦将新的喷油器隔振垫安装至喷油器上，并在 O 形圈接触面上涂抹一薄层汽油，如图 5-15 所示。

⑧左右转动喷油器，以将其安装到输油管上，如图 5-16 所示。

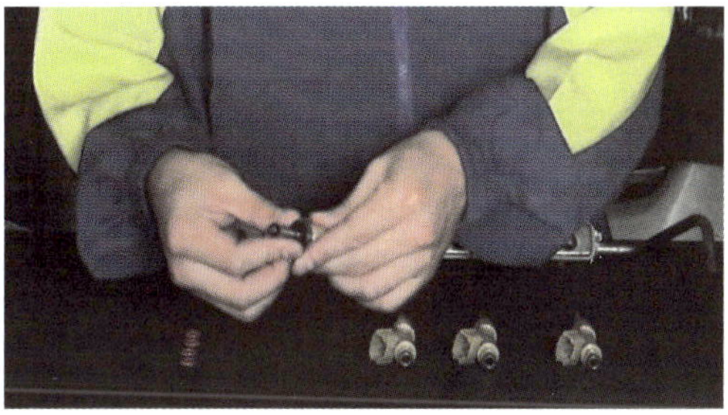

图 5-15 安装 O 形圈

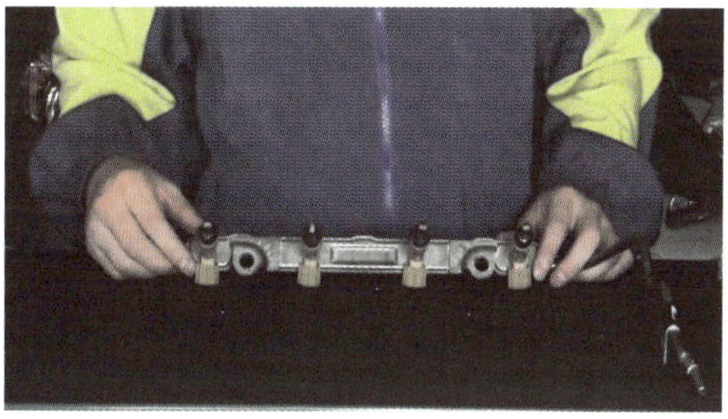

图 5-16 将喷油器安装到输油管上

⑨安装输油管隔垫，如图 5-17 所示。

⑩安装输油管，如图 5-18 所示。

图 5-17 安装油管隔垫

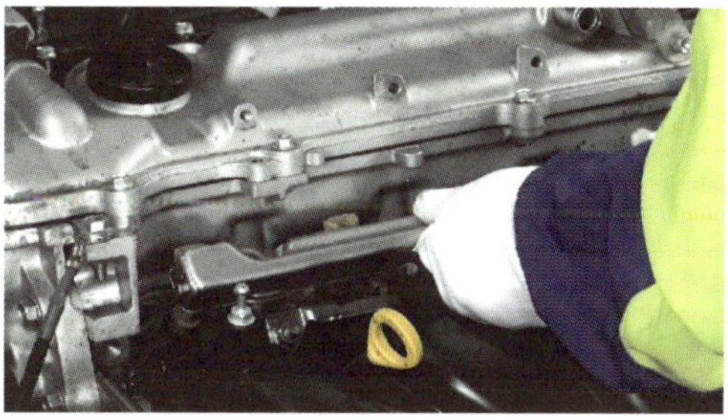

图 5-18 安装输油管

⑪安装输油管固定螺栓，使用 10 mm 套筒和扭力扳手，使用 21 N · m 扭力固定螺栓，如图 5-19 所示。

⑫连接燃油管和新的卡夹，如图 5-20 所示。

图 5-19　安装输油管固定螺栓

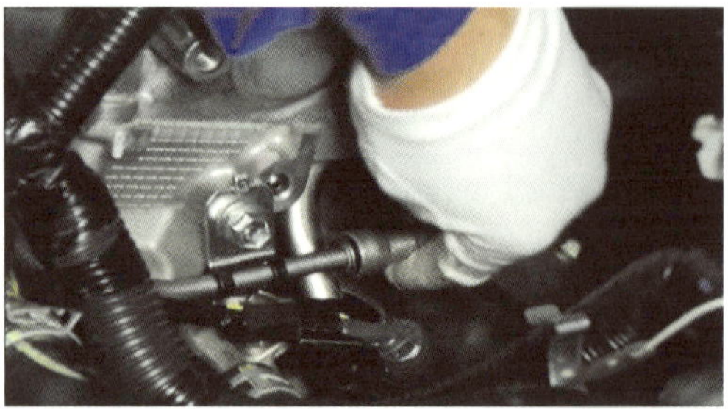

图 5-20　接燃油管

⑬连接发动机线束，如图 5-21 所示。

⑭依次连接喷油器接头线束，如图 5-22 所示。

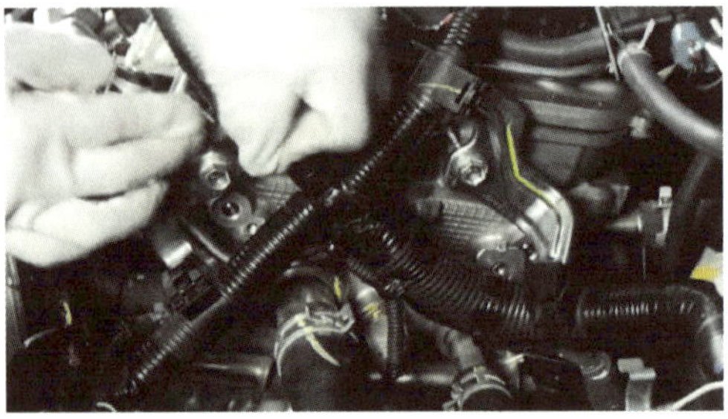

图 5-21　连接发动机线束

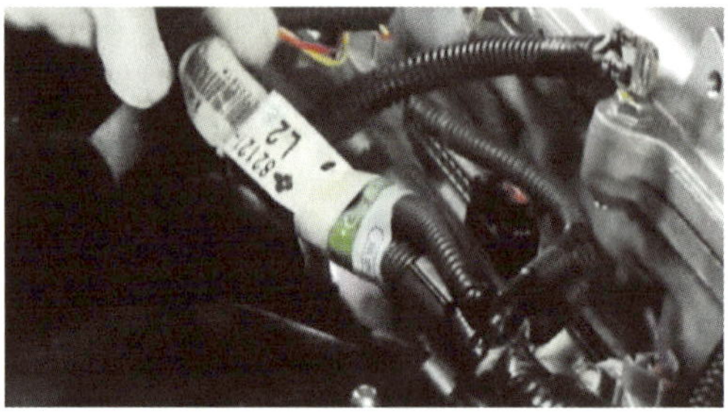

图 5-22　连接喷油器接头线束

⑮连接线束搭铁线，如图 5-23 所示。

⑯连接气门室通风软管，如图 5-24 所示。

图 5-23　连接线束搭铁线

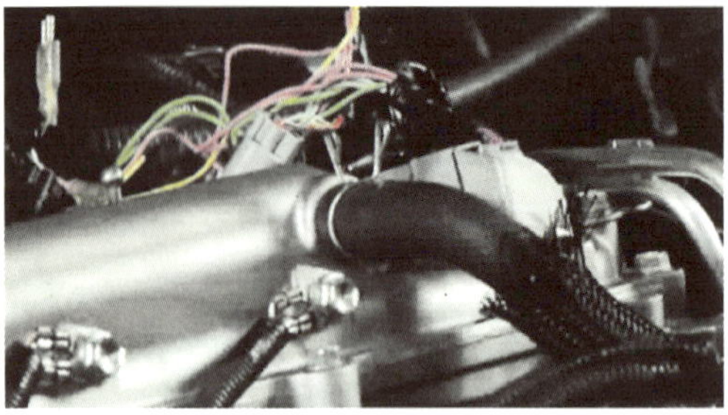

图 5-24　连接气门室通风软管

⑰连接蓄电池负极端子，使用扭力扳手 5.4 N · m 固定螺栓，如图 5-25 所示。

⑱起动车辆检查燃油是否泄漏，如图 5-26 所示。

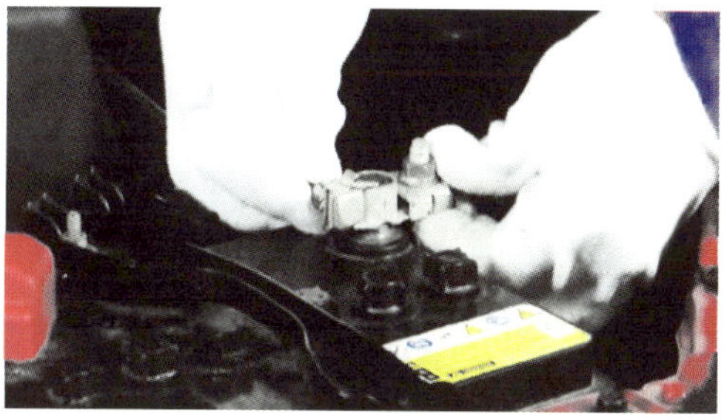

图 5-25　连接蓄电池负极端子

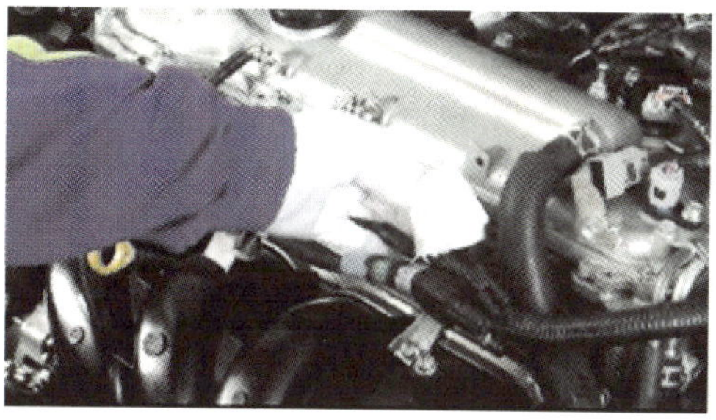

图 5-26　检查燃油是否泄漏

⑲安装气门室罩盖，如图 5-27 所示。

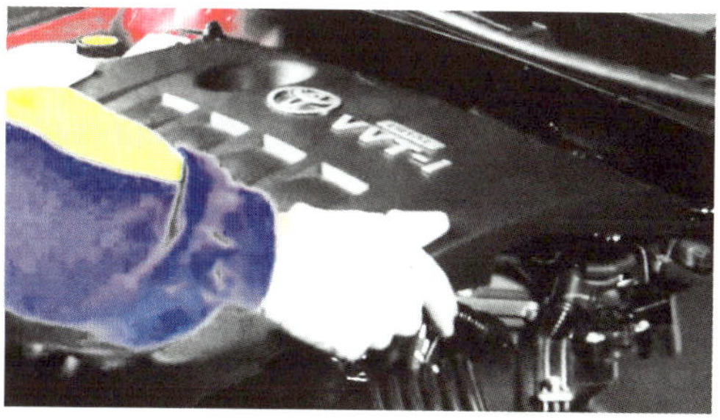

图 5-27　安装气门室罩盖

任务小结

1.汽油燃油供给系统的组成

汽油燃料供给系统主要由燃油箱、电动燃油泵、燃油滤清器、燃油分配管、油压调节器、喷油器和输油管等组成，有的还设有油压脉动缓冲器。

2.汽车发动机燃油供给系统的类型

汽车发动机燃油供给系统按照控制方式不同，可以分为两种类型：一种是化油器式燃料供给系统；另一种是汽油喷射式燃料供给系统。

3.电磁喷油器的组成

电磁喷油器主要由电磁线圈、衔铁、连接器、针阀、进油滤网等组成。

4.电磁喷油器的工作原理

①电磁线圈中无电流通过时，喷油针阀在弹簧力作用下紧压在锥形密封阀座上。

②电磁线圈通电时，线圈处产生磁场将衔铁连同针阀向上吸起，喷油口打开，汽油喷出。

5.拆装喷油器的主要步骤

(1)拆卸喷油器的主要步骤

①燃油系统卸压。

②断开蓄电池负极端子。

③拆卸发动机线束。

④使用专用工具，断开燃油管。

⑤拆卸输油管，拆卸喷油器。

(2)安装喷油器的主要步骤

①将新的喷油器隔振垫安装至喷油器上，并在 O 形圈接触面上涂抹一薄层汽油。

②左右转动喷油器，以将其安装到输油管上。

③安装输油管隔垫。

④安装输油管。

⑤连接燃油管。

⑥连接发动机线束。

⑦连接蓄电池负极端子。

⑧检查燃油是否泄漏。

任务检测

一、判断题

1.电磁喷油器主要由电磁线圈、衔铁、连接器、针阀等组成。 (　　)

2.卡罗拉汽车发动机使用的喷油器是电磁式喷油器。 (　　)

3.汽油机燃料供给系统的作用是储存燃油,输送燃油,并保证形成良好的燃油混合气。 (　　)

4.电磁式喷油器的缺点是燃油雾化质量较差,且由于针阀质量较大,因此动态响应性较差。 (　　)

二、单选题

1.喷油器的喷油量主要取决于喷油器的(　　)。

A.针阀升程　　B.喷孔大小　　C.内外压力差　　D.针阀开启的持续时间

2.将新的喷油器隔振垫安装至喷油器上,并在O形圈接触面上涂抹一薄层(　　)。

A.机油　　B.润滑油　　C.汽油　　D.煤油

3.拆下任何燃油系统零件之前需要注意(　　)。

A.先对燃油系统进行卸压　　B.严禁吸烟或靠近明火

C.避免橡胶或皮制零件接触到汽油　　D.以上全是

4.下列哪项不属于汽油机燃油供给系统的作用?(　　)

A.准确配置合适的空气与燃油的混合比

B.储存行驶一定里程的汽油

C.将燃烧做功后的废气排出

D.定时开启和关闭各气缸的进、排气门

三、填空题

1.图5-28所示为燃油供给系统的组成,填写其对应部件名称。

2.汽车发动机燃油供给系统按照控制方式不同,可以分为两种类型:一种是________式燃料供给系统;另一种是________式燃料供给系统。

图 5-28 燃油供给系统的组成

任务评价

表 5-1 任务评价表

序号	内 容	分值/分	得分
1	拆卸发动机罩盖	5	
2	分离曲轴箱通风软管	10	
3	拆卸发动机线束	10	
4	使用专用工具,断开燃油管	10	
5	拆卸输油管,拆卸喷油器	10	
6	将新的喷油器隔振垫安装至喷油器上,并在 O 形圈接触面上涂抹一薄层汽油	5	
7	安装输油管隔垫	5	
8	安装输油管	10	
9	连接燃油管	10	
10	连接发动机线束	10	
11	连接蓄电池端子	10	
12	检查燃油管是否泄漏	5	
总 分		100	

注:操作规范即得分,操作错误或未进行操作不得分。

任务拓展

一、燃油箱

燃油箱用以储存燃油。燃油箱的数目及容量随车型而异，普通汽车具有一个燃油箱，越野汽车常有主、副两个燃油箱，以适应军用要求。一般汽车油箱储存的燃油可供汽车行驶200~600 km。燃油箱主要由油箱盖、加油管、隔板、燃油量传感器、燃油管开关等组成，如图5-29所示。

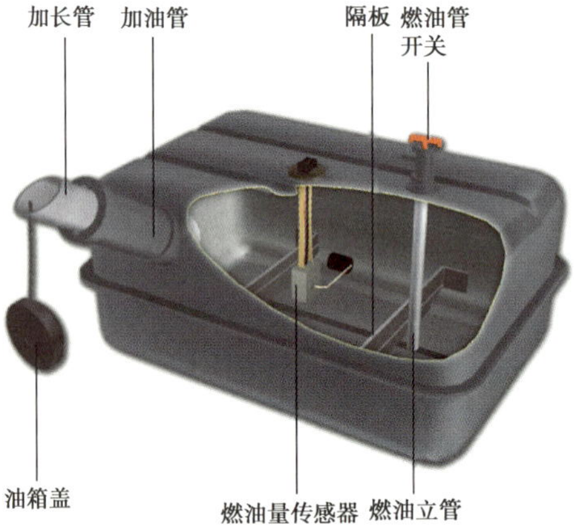

图 5-29　燃油箱结构

二、电动燃油泵的类型

目前，各车型装用的电动燃油泵按其结构不同，有涡轮式、滚柱式、齿轮式等，如图 5-30 所示。内置式电动燃油泵多采用涡轮式，外置式电动燃油泵多数为滚柱式。外置式将燃油泵安装在燃油箱外面的输油管中，内置式则将燃油泵安装在燃油箱内。

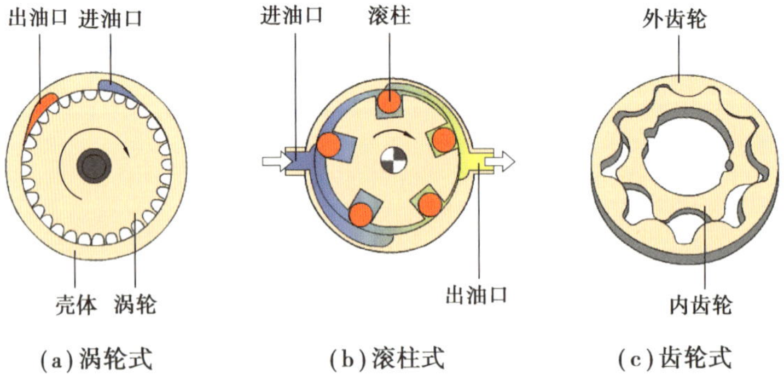

图 5-30　电动燃油泵的类型

三、涡轮式电动燃油泵的结构

电动燃油泵是一种由小型直流电动机驱动的燃油泵，其作用是给电控燃油系统提供具有一定压力的燃油。涡轮式电动燃油泵主要由燃油泵电动机、涡轮泵、出油阀、卸压阀等组成,如图 5-31 所示。涡轮式电动燃油泵的特点是泵油量大、泵油压力高、供油压力稳定、运转噪声小、使用寿命长等,其应用广泛。

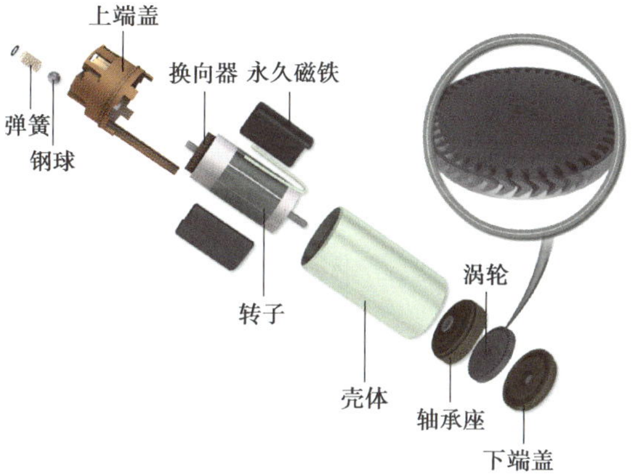

图 5-31 涡轮式电动燃油泵结构

四、涡轮式电动燃油泵的工作原理

电动燃油泵工作时,永磁电动机通电带动泵体旋转,将燃油从进油口吸入,燃油经电动燃油泵内部,再从出油口压出,给燃油系统供油。电动燃油泵的转速和泵油量由外加电压决定,通常情况下为恒定值,涡轮式电动燃油泵的工作原理如图 5-32 所示。

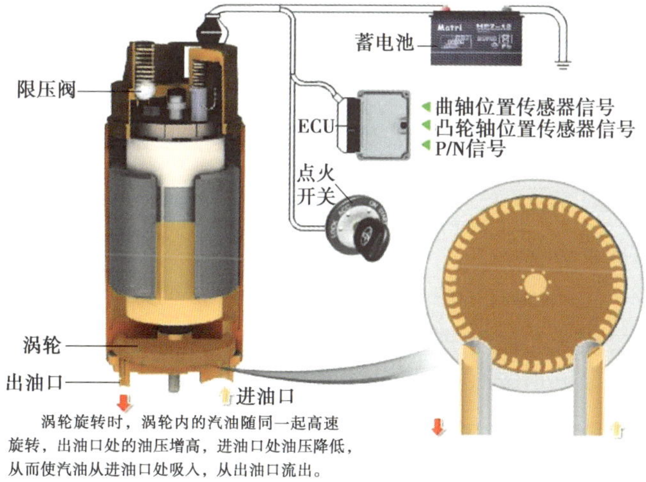

图 5-32 涡轮式电动燃油泵的工作原理

在电动燃油泵的出油口处设有一个止回阀,可以在发动机熄火后,防止燃油倒流,以保持燃油供给系统有一定的残余压力,便于下次起动。在电动燃油泵的进油口或出油口处设有一个安全阀,可在燃油滤清器或高压管路阻塞等意外情况发生时,打开安全阀卸压,从而保护直流电动机。在电动燃油泵的进油口处安装一个滤网,可防止杂质进入燃油泵造成卡死或密封不良。

五、油压脉动缓冲器的结构

当燃油泵泵油、喷油器喷射及油压调节器的回油平面阀开闭时，都将引起燃油管路中油压的脉动和脉动噪声。油压脉动缓冲器的作用是减小燃油管路中油压的脉动和脉动噪声，并能在发动机停机后保持油路中有一定的压力，以利于发动机重新起动。

油压脉动缓冲器的结构如图 5-33 所示，膜片将缓冲器分成空气室和燃油室两部分。当发动机工作时，燃油从进油口流进燃油室，由出油口流出。压力脉动的燃油使膜片弹簧或张或弛，燃油室的容积则或增或减，从而消减了油压的脉动。当发动机停机后，膜片弹簧推动膜片向上，将燃油挤出燃油室，以保持管路中有一定的油压。

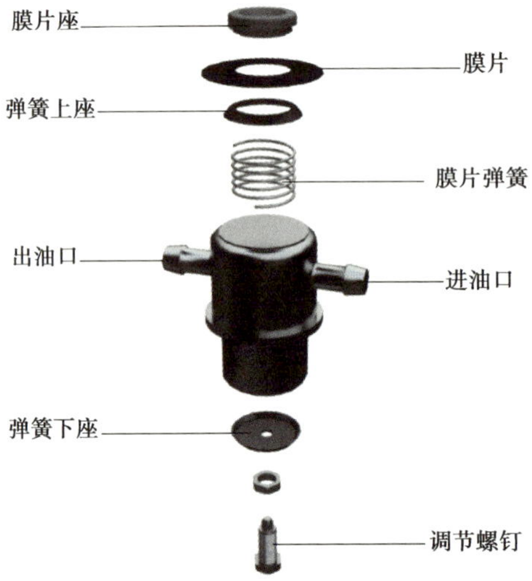

图 5-33　油压脉动缓冲器的结构

六、汽油喷射系统的类型

(1)按喷射位置不同分类

按喷射部位的不同可分为缸内喷射和缸外喷射两种。缸内喷射是通过安装在气缸盖上的喷油器，将汽油直接喷入气缸内，这种喷射系统需要 3~5 MPa 的喷射压力，喷油器的结构和布置都比较复杂。缸外喷射系统是将喷油器安装在进气管或进气歧管上，以 0.20~0.35 MPa 的喷射压力将汽油喷入进气管或进气道内，前者称为进气管喷射(单点喷射)，后者称为进气道喷射(多点喷射)，如图 5-34 所示。

目前，汽油机电控系统广泛采用的是进气道喷射。进气道喷射系统是每个气缸设置一个喷油器，各个喷油器分别向各缸进气道(进气门前方)喷油。

(2)按喷射时序不同分类

按喷射的连续性将汽油喷射系统分为连续喷射式和间歇喷射式。连续喷射是指在发动机工作期间，喷油器连续不断地向进气道内喷油，且大部分汽油是在进气门关闭时喷射的。这种喷射方式大多用于机械控制式或机电混合控制式汽油喷射系统。间歇喷射式是指在发

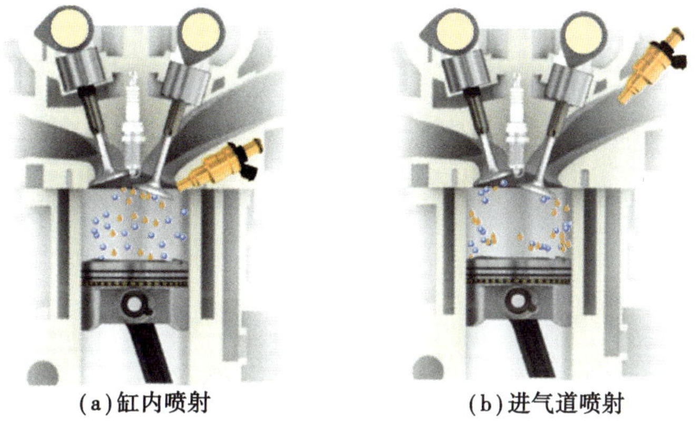

图 5-34　汽油喷射系统的类型

动机工作期间，汽油被间歇地喷入进气道内。电控汽油喷射系统都采用间歇喷射方式，间歇喷射式可以分为同时喷射(图 5-35)、分组喷射(图 5-36)和顺序喷射(图 5-37)。

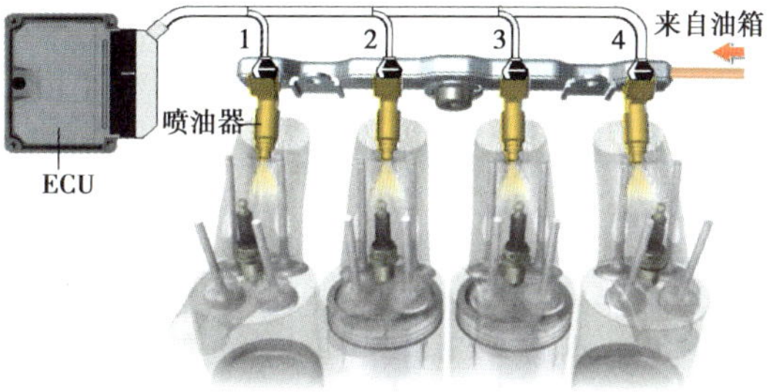

图 5-35　同时喷射

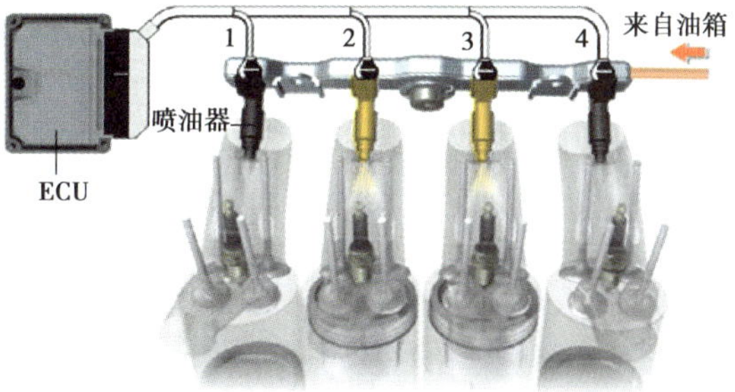

图 5-36　分组喷射

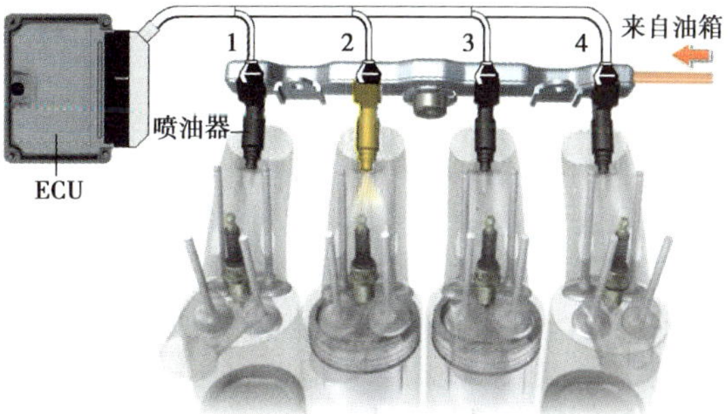

图 5-37　顺序喷射

项目六 | 冷却系统认知与拆装

发动机工作时,燃烧室和气缸内混合气燃烧温度高达 2 200 ℃,冷却系统将发动机零部件在混合气燃烧过程中所吸收的热量通过冷却介质排放到大气中去,从而维持发动机正常工作温度,保证发动机正常运行。如果发动机不在正常的工作温度下运行,即过冷或过热,对发动机均有不利影响。

本项目通过对冷却系统主要机件进行拆装作业,认识冷却系统的组成及作用。冷却系统如图 6-1 所示。

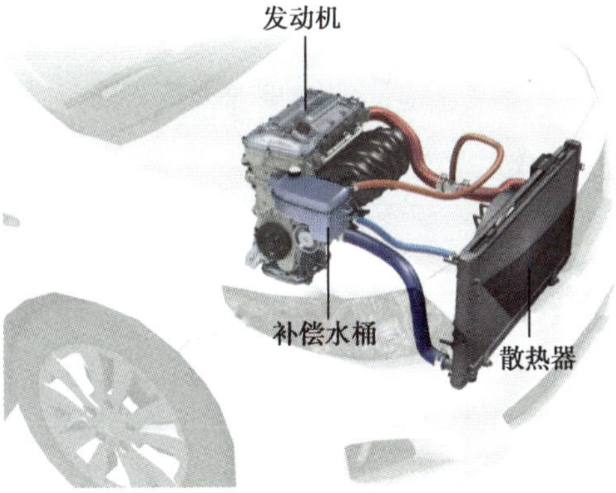

图 6-1　冷却系统

技能目标

- 依据汽车维修操作流程,规范、熟练地完成冷却系统的拆装作业。

知识目标

- 描述发动机冷却系统的组成、作用和工作原理。
- 识别发动机冷却系统的主要零配件并描述其工作原理。

素养目标

- 了解安全操作要求,养成安全文明操作的习惯。
- 养成组员之间互相协作的习惯。

/ 学习任务一 / 拆装节温器

任务目标

①能够描述发动机冷却系统的组成和作用。

②查看冷却系统在发动机上所处的位置，识别冷却系统主要部件的外形结构。

③能够描述节温器的作用。

学习重点

发动机冷却系统的组成和作用。

知识准备

一、发动机冷却系统的组成

发动机冷却系统有水冷和风冷之分，汽车发动机上多采用水冷却系统。水冷却系统以冷却液为冷却介质，它主要由散热器、水泵、节温器、电子风扇、补偿水桶、发动机机体和气缸盖水套及其他附属装置等组成，如图 6-2 所示。

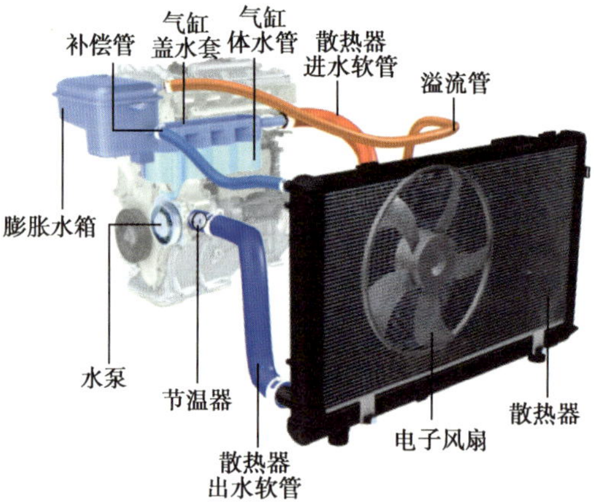

图 6-2 冷却系统的组成

二、冷却系统的作用

混合气在气缸中燃烧后所产生的大量热能，约有 70%不能转为发动机的机械动能，且燃烧温度可达到 2600 ℃，这些热量约有一半随着废气排出发动机外，另一半则直接加在发动机机件上，而发动机必须保持一定的工作温度（80～90 ℃），各机件才能维持正常的膨胀及间隙，燃料及润滑系统也才能正常作用。因此必须装设冷却系统，使发动机迅速处于工作温度，并一直保持工作温度。

冷却不良导致发动机过热,各部件因过度膨胀而加速磨损,甚至咬死。但过度冷却,会造成燃油消耗过高和发动机功率输出降低。

三、冷却液的循环路线

汽车发动机冷却系统大多为强制循环水冷系统,即利用水泵提高冷却液的压力,强行使冷却液在发动机中循环流动。冷却液的循环路径受节温器的控制,根据发动机工作温度由低到高的变化,冷却液的循环路径分为小循环和大循环。

- 小循环:当冷却水或冷却温度低于规定值时(一般为 80 ℃左右),受节温器控制,循环的水或冷却液不经过散热器。即水或冷却液从缸盖水套流出,经节温器直接进入水泵进水口,再由水泵送入缸体和缸盖的水套。由于水或冷却液不经过散热器,可使发动机温度迅速升高,如图 6-3 所示。

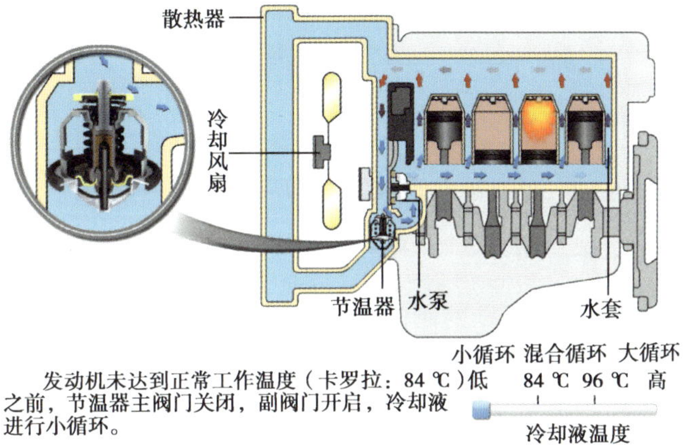

图 6-3 冷却系统小循环示意图

- 大循环:当水或冷却液温度超过规定值时(一般为 90 ℃左右),节温器主阀门开启,副阀门关闭,循环水或冷却液全部经过散热器。散热后的冷却水或冷却液在水泵的抽吸下回到缸体水套内,经缸体上平面上的水孔流入缸盖的水套中,然后从缸盖出水管再流入散热器,形成一个循环系统。由于水或冷却液流动线路长,冷却强度大,故称为大循环,如图 6-4 所示。

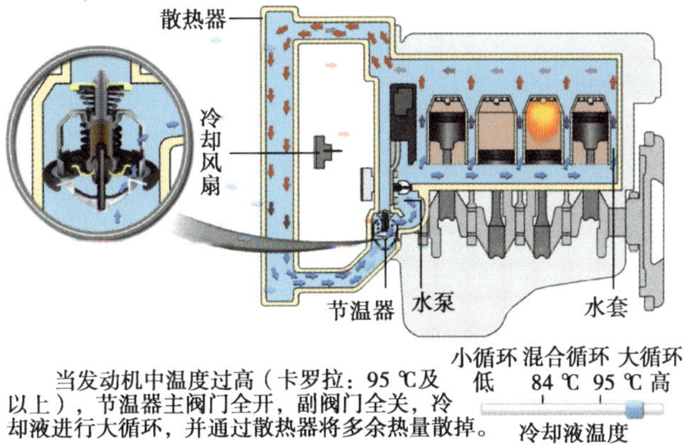

图 6-4 冷却系统大循环示意图

四、蜡式节温器的结构

节温器通常为蜡式节温器，蜡式节温器主要由主阀门、副阀门、蜡管、推杆、支架、弹簧等组成，如图 6-5 所示。节温器有两种常见布置形式：一种布置在发动机出水管路中；另一种布置在散热器的出水管路中。

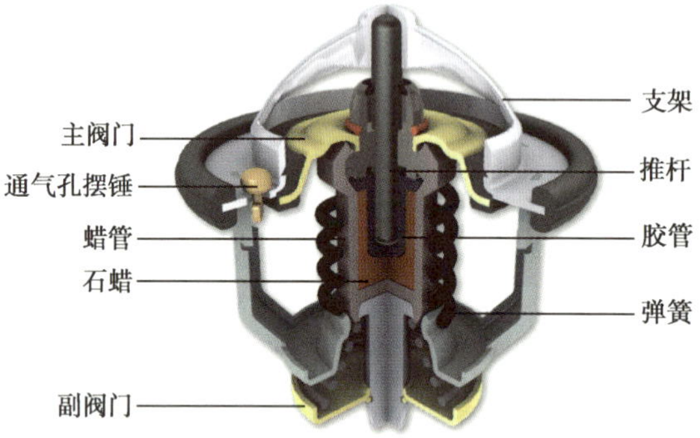

图 6-5　蜡式节温器的结构

根据发动机水温的高低，节温器自动控制冷却液通往散热器的流量和大、小循环路线。

五、蜡式节温器的工作原理

节温器是控制冷却液流动路径的阀门。它根据冷却液温度的高低，打开或关闭冷却液通向散热器的通道。以卡罗拉为例，蜡式节温器特性如下：

①当冷却液温度低于 84 ℃时，节温器主阀门关闭，副阀门开启，冷却液进行小循环，如图 6-6 所示。

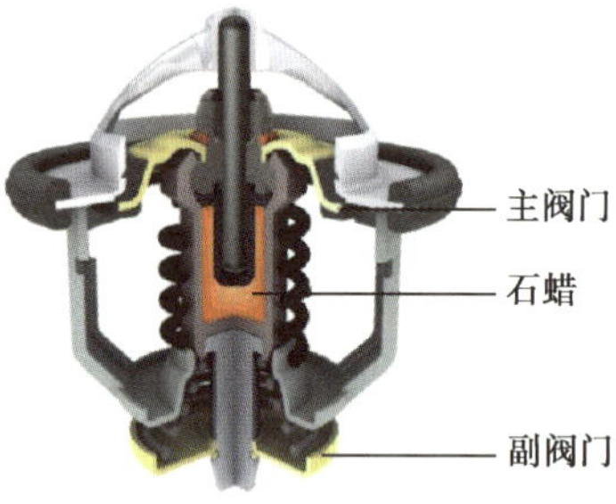

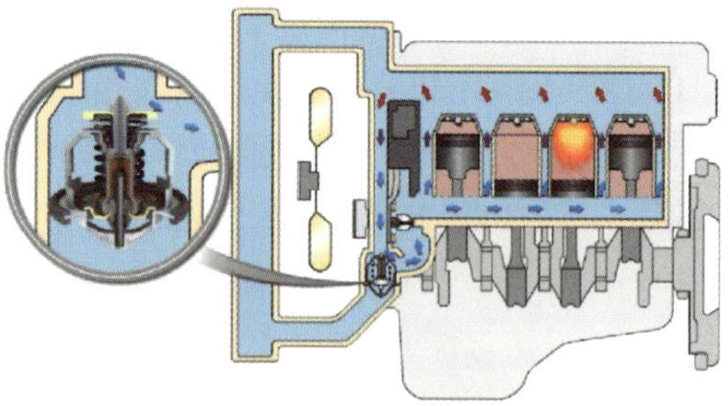

图 6-6　蜡式节温器状态——小循环

②当冷却液的温度处于 84～95 ℃时，石蜡受热膨胀使主阀门部分开启，副阀门部分关闭，冷却液进行混合循环，如图 6-7 所示。

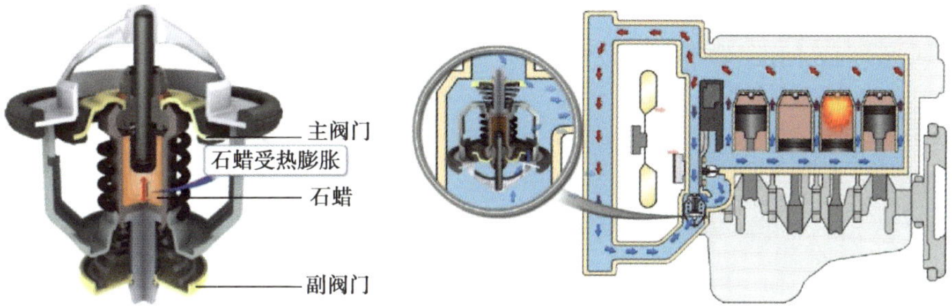

图 6-7　蜡式节温器状态——混合循环

③当冷却液温度达到 95 ℃以上时，石蜡膨胀量增大，主阀门全开，副阀门全关，冷却液进行大循环，如图 6-8 所示。

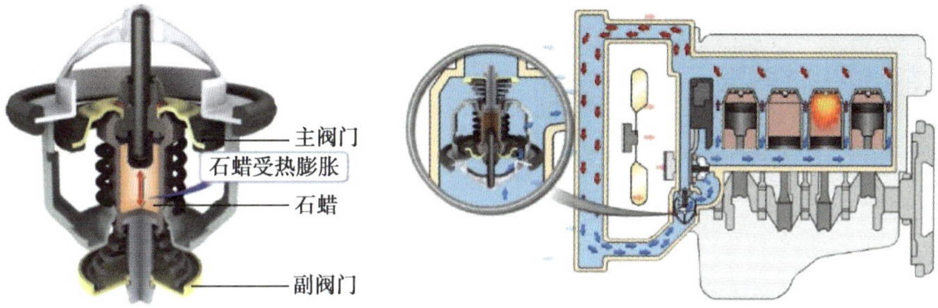

图 6-8　蜡式节温器状态——大循环

任务实施

一、操作准备

> ☆ **注意事项**
>
> 参照厂家的质量标准要求，节温器拆装之前，应尽量在发动机冷态势时进行拆检作业，应断开或松开与汽车其他系统联系的所有电路、气路、油路，必须先放尽发动机内的油和水，清理好发动机周围的污物，预备好与该车型相符的新的节温器、冷却液等。

1.组织方式

每 4 位同学一组，按照企业岗位操作规范对 2007 款卡罗拉 1.6L/AT 轿车 1ZR-FE 发动机冷却系统的节温器进行拆装作业。

2.作业准备

①拆下水泵衬垫后，应确保气缸体上无旧水泵的残留物，保证接触面清洁。

②安装水泵前，需更换新的水泵衬垫。

3.设备设施

2007 款卡罗拉 1.6L/AT 轿车、1ZR-FE 发动机台架、工具车、零件车、垃圾桶。

二、操作过程

1.拆卸节温器

①拆卸发动机进水管，拆卸前冷却液需释放干净。

②使用棘轮扳手和 10 mm 套筒，拆卸固定螺栓，如图 6-9 所示。

③拆下节温器和衬垫。

④从节温器上拆下衬垫，如图 6-10 所示。

图 6-9　拆卸固定螺栓

图 6-10　拆下节温器衬垫

2.安装节温器

①检查节温器外观是否有损伤，如图 6-11 所示。

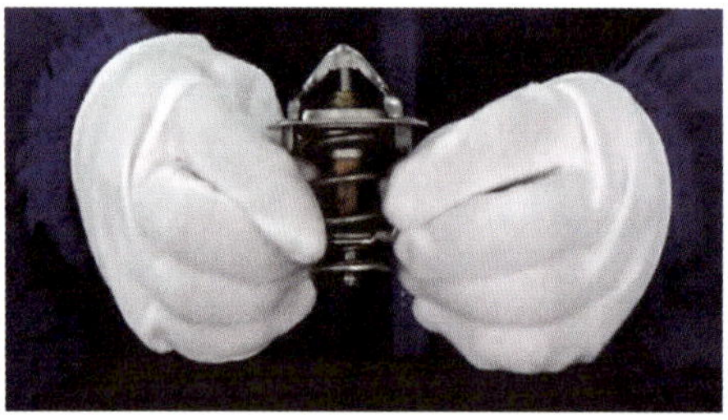

图 6-11　检查节温器外观

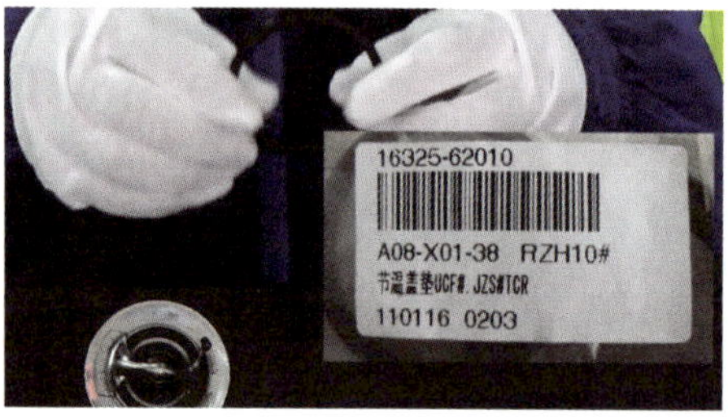

图 6-12　检查节温盖垫

②检查节温盖垫零件号、外观是否有损伤，如图 6-12 所示。

③安装节温器盖垫，如图 6-13 所示。

图 6-13　安装节温器盖垫

图 6-14　安装节温器

④将节温器安装至进水口上，通气阀安装在两侧各 10°范围内，如图 6-14 所示。

⑤安装节温器进水管,用两个螺栓安装进水管,安装扭矩为 10 N · m,如图 6-15 所示。

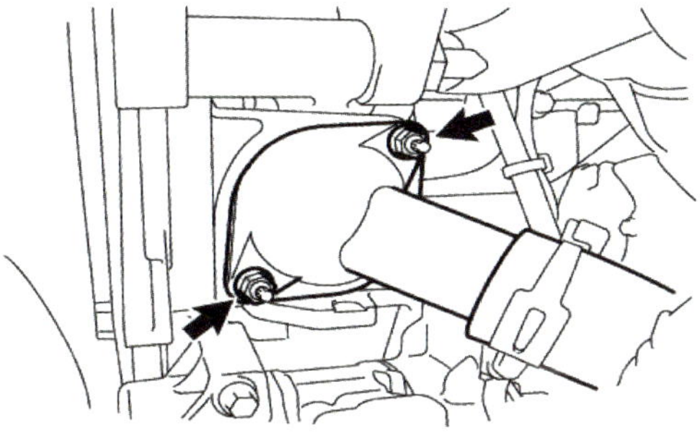

图 6-15　安装节温器进水管

任务小结

1.冷却系统的组成

发动机冷却系统有水冷和风冷之分,汽车发动机上多采用水冷却系统。水冷却系统以水为冷却介质,它主要由散热器、水泵、节温器、电子风扇、补偿水桶、发动机机体和气缸盖水套及其他附属装置等组成。

2.冷却系统的作用

冷却系统的作用是使发动机在所有工况下都保持在适当的温度范围内。同时,还要保证发动机在冷态下起动后能迅速升温,尽快达到正常的工作温度。

3.蜡式节温器的组成

蜡式节温器主要由主阀门、副阀门、蜡管、推杆、支架、弹簧等组成。

4.节温器的工作原理

节温器是根据冷却液温度的高低,控制冷却液流动路径的阀门。蜡式节温器主要通过石蜡的热胀冷缩来控制主阀门和副阀门的开关。

5.节温器拆卸作业的主要步骤

拆卸节温器进水管、拆卸节温器(安装时按照相反的顺序)。

6.节温器拆装作业中的注意事项

①节温器衬垫为一次性使用,需在安装节温器前更换新的衬垫。

②安装完节温器后,应调整通气阀在规定位置两侧 10°范围内。

任务检测

一、判断题

1.节温器能根据发动机冷却液温度变化自动地控制冷却液流量,使发动机在正常的温度范围内工作,目前汽车上广泛采用蜡式节温器。 (　　)

2.节温器是控制冷却液流动路径的阀门。它根据冷却液速度的高低,打开或关闭冷却液通向散热器的通道。 (　　)

3.蜡式节温器主要由主阀门、副阀门、蜡管、支架、外壳、弹簧等组成。 ( )

4.蜡式节温器失效后，发动机易出现过热现象。 ( )

二、单选题

1.以卡罗拉为例，水泵螺栓的紧固扭矩为( )。

A.23 N · m　　B.24 N · m　　C.25 N · m　　D.26 N · m

2.水泵对冷却液采取( )措施使冷却液在冷却系统中强制循环流动。

A.加压　　B.减压　　C.增速　　D.减速

3.以卡罗拉为例，冷却液温度高于( )时，主阀门全开，副阀门全关，冷却液进行大循环。

A.84 ℃　　B.88 ℃　　C.95 ℃　　D.102 ℃

4.以卡罗拉为例，温度为( )时，石蜡膨胀推动主阀门部分开启，副阀门部分关闭，冷却液进行混合循环。

A.80~105 ℃　　B.85~105 ℃　　C.84~95 ℃　　D.75~105 ℃

5.冷却系统既要防止发动机过热，也要防止发动机过冷，发动机启动后首先要由( )控制使用小循环散热，温度升高后开启大循环。

A.副水箱　　B.水泵　　C.节温器　　D.压力盖

6.节温器中使阀门开闭的部件是( )。

A.阀座　　B.石蜡感应体　　C.支架　　D.弹簧

7.节温器通过改变流经散热器的( )来调节发动机的冷却强度。

A.冷却水的流量　　B.冷却水的流速　　C.冷却水的流向　　D.冷却水的温度

任务评价

表 6-1　任务评价表

序号	内　容	分值/分	得分
1	拆卸节温器进水管	10	
2	拆卸节温器	20	
3	从节温器上拆下节温器衬垫，并进行更换	10	
4	安装节温器	20	
5	调整节温器，使通气阀在规定位置两侧 10°范围内	20	
6	用两个螺栓安装进水管，拧紧扭矩为 10 N · m	20	
总　分		100	

注：操作正确即得分，操作错误或未进行操作不得分。

/学习任务二/ 拆装散热器

任务目标

①能够描述散热器的结构、作用和工作原理。

②能够描述散热器盖的工作原理。

③能够描述补偿水桶的结构和工作原理。

④依据汽车维修操作要求，规范、熟练地完成散热器的拆装作业。

学习重点

散热器的结构、作用和工作原理。

知识准备

一、散热器的结构

散热器安装在保险杠后方，它主要由左储水室、右储水室、放水螺塞、散热器翼片、散热器芯等组成，如图 6-16 所示。

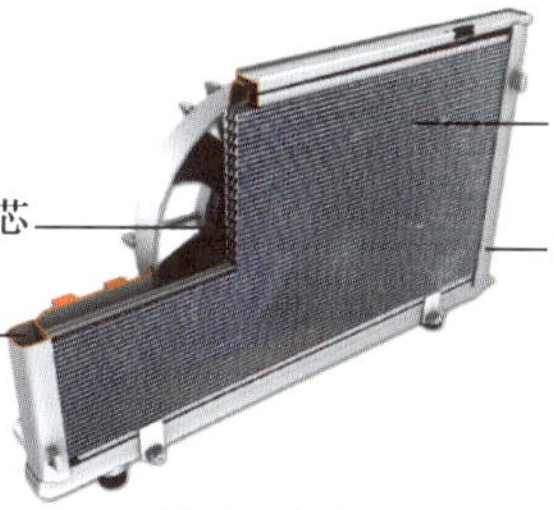

(a)散热器侧视图

(b)散热器后视图

图 6-16 散热器的结构

二、散热器的作用

散热器通过增大散热面积将冷却液的热量由空气带走，加速冷却。

三、散热器的工作原理

冷却液在散热器芯内流动，空气从散热器芯外通过。热的冷却液向空气散热而变冷，冷空气则吸收冷却液散出的热量而升温。散热器通过加大冷却液与空气的接触面积，利用空气流动降低冷却液热量，达到散热效果，如图 6-17 所示。

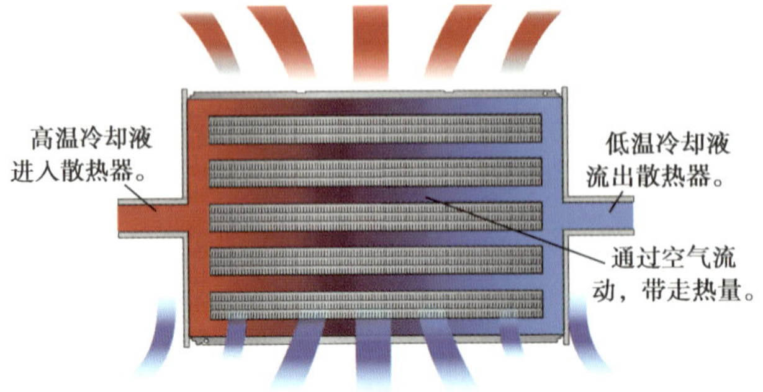

图 6-17　散热器的工作原理

四、补偿水桶的结构

补偿水桶又称为膨胀水箱，多用塑料制造并用软管与溢流管和补偿管相连接。它主要由补偿水桶盖、溢流管接口、补偿管接口、壳体等组成，如图 6-18 所示。在补偿水桶的外表面上刻有两条标记线："低"线和"高"线，补偿水桶内冷却液面应位于两条标记线之间。

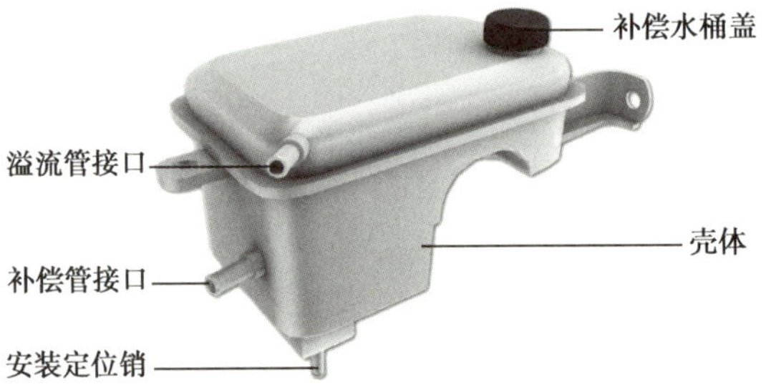

图 6-18　补偿水桶的结构

五、补偿水桶的作用

补偿水桶有溢流和补偿的作用，如图 6-19 所示。溢流即当冷却液受热膨胀时，部分冷却液通过溢流管从散热器中流入补偿水桶；补偿即当冷却液降温后，散热器内冷却液体积变小，补偿水桶内冷却液经补偿管被吸回散热器。补偿水桶还可消除水冷系统中的所有气泡。

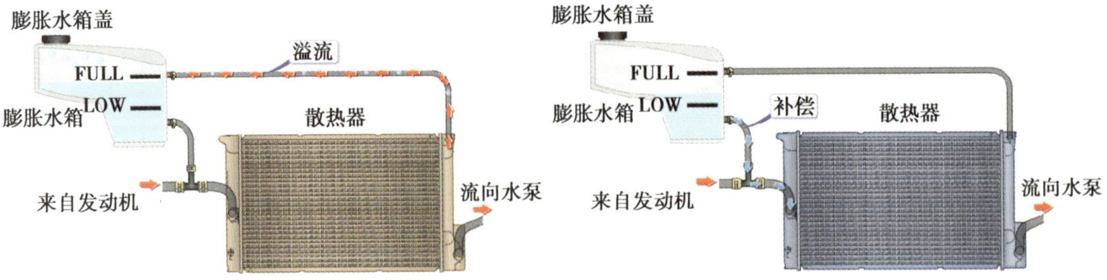

(a) 溢流作用　　(b) 补偿作用

图 6-19　补偿水桶的作用

六、散热器盖的工作原理

散热器盖严密地盖在散热器加注口上。发动机工作时，冷却液温度逐渐升高，容积膨胀使冷却系统内的压力增大。当压力超过预定值时，散热器盖压力阀开启，部分冷却液流入补偿水桶。发动机停机后，冷却液温度下降，水冷却系统内压力随之减小。当压力降到大气压力以下出现真空时，真空阀开启，部分冷却液被吸回散热器。工作原理如图 6-20 所示。

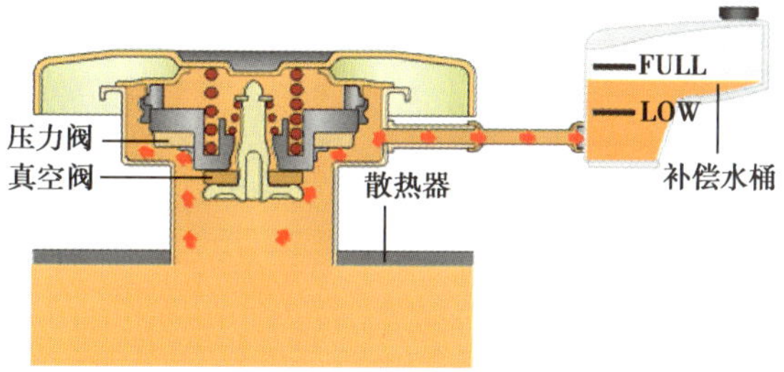

(a)冷却液高温时

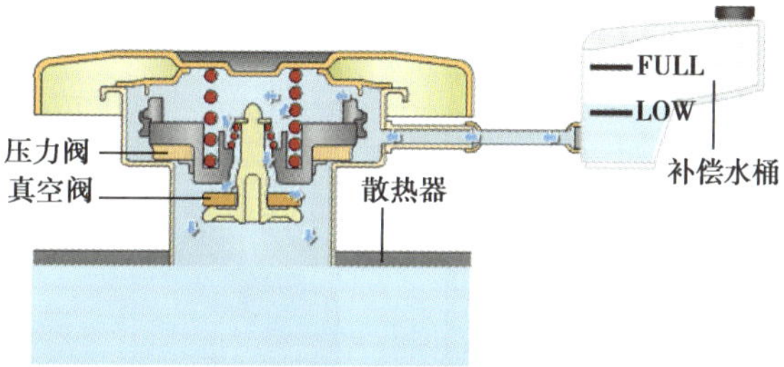

(b)冷却液降温后

图 6-20　散热器盖的工作原理

任务实施

一、操作准备

1.组织方式

每 4 位同学一组，按照企业岗位操作规范对 2007 款卡罗拉 1.6L/AT 轿车 1ZR-FE 发动机上冷却系统的电子风扇和散热器进行拆装作业。

2.作业准备

①断开散热器进、出水管前，需在管口下方放置液体收集器。

②排放出的冷却液需按所在地区的规定进行处理。

③断开后的散热器软管管口需用塑料袋套住或用塞子塞住。

3.设备设施

2007 款卡罗拉 1.6L/AT 轿车、工具车、零件车、垃圾桶。

二、操作过程

1.拆卸保险杠

①使用十字螺丝刀拆卸保险杠左右两侧两个固定卡扣，如图 6-21 所示。

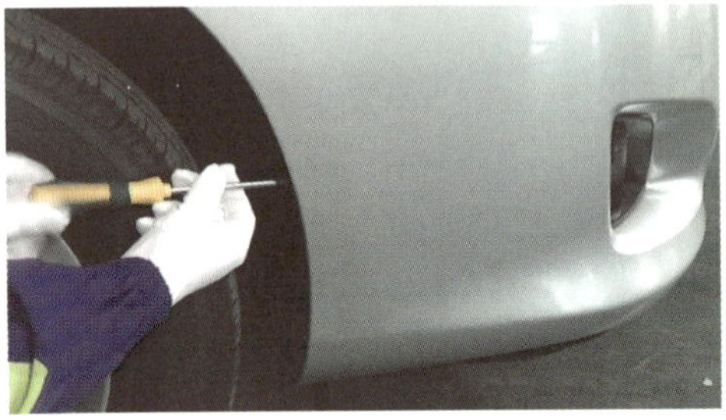

图 6-21　拆卸保险杠两侧固定卡扣

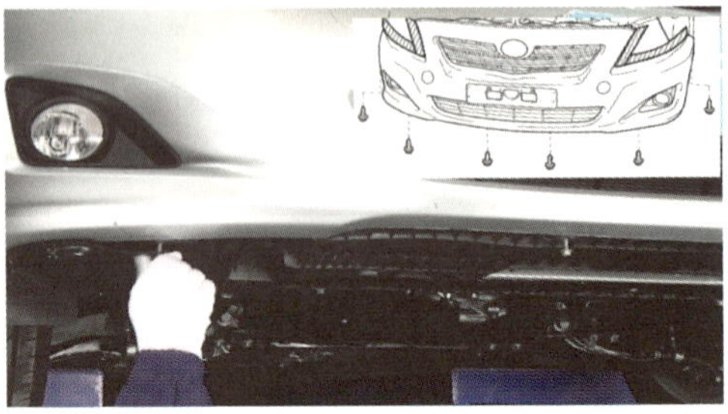

图 6-22　拆卸保险杠下方固定螺栓

②使用 10 mm 套筒和棘轮扳手，拆卸前保险杠下方 6 个固定螺栓，如图 6-22 所示。

③使用 10 mm 套筒和棘轮扳手，拆卸前保险杠上方两个固定螺栓，如图 6-23 所示。

图 6-23　拆卸保险杠上方固定螺栓

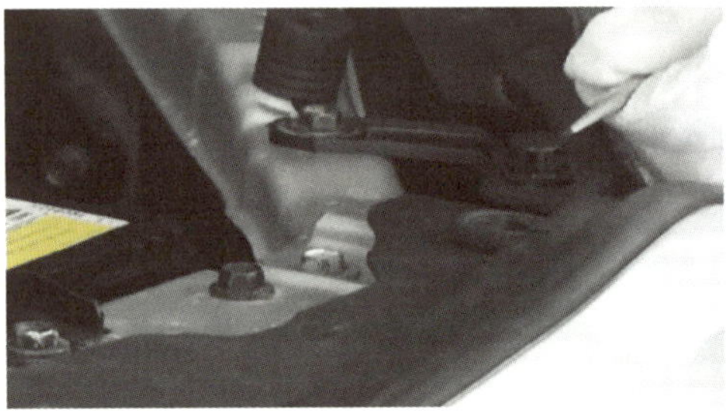

图 6-24　拆卸保险杠上方固定卡扣

④使用一字螺丝刀拆卸前保险杠上方 3 个固定卡扣，如图 6-24 所示。

⑤使用十字螺丝刀依次拆卸散热器防护罩两个固定螺栓，如图 6-25 所示。

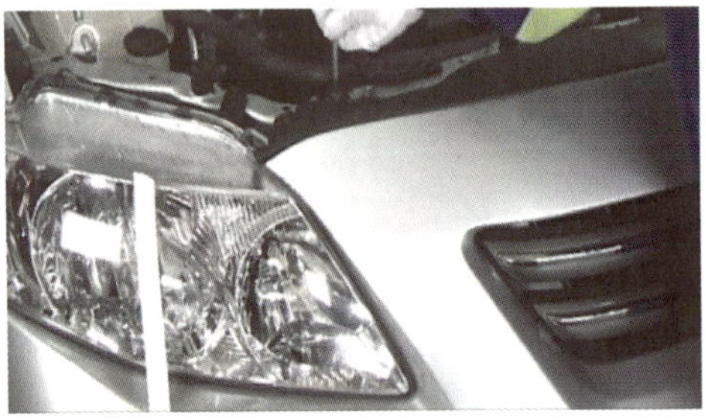

图 6-25　拆卸散热器防护罩固定螺栓

图 6-26　取下前雾灯连接器

⑥轻轻拉开前保险杠，取下前雾灯的两个连接器，如图 6-26 所示。

⑦取下保险杠，如图 6-27 所示。

2.拆卸蓄电池

①使用 10 mm 套筒和棘轮扳手，拆卸蓄电池正负极电缆，如图 6-28 所示。

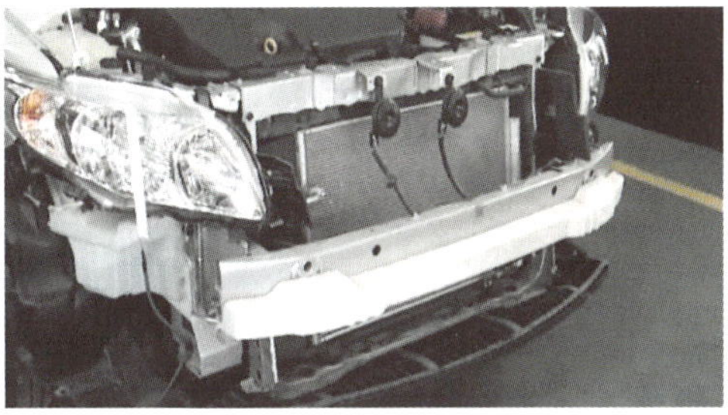

图 6-27　取下保险杠

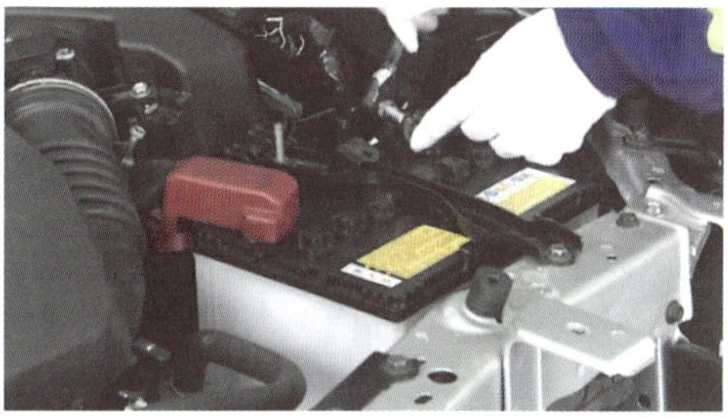

图 6-28　拆卸蓄电池正负极端子

②使用 10 mm 套筒和棘轮扳手，拆卸蓄电池固定架，取下蓄电池和托盘，如图 6-29 所示。

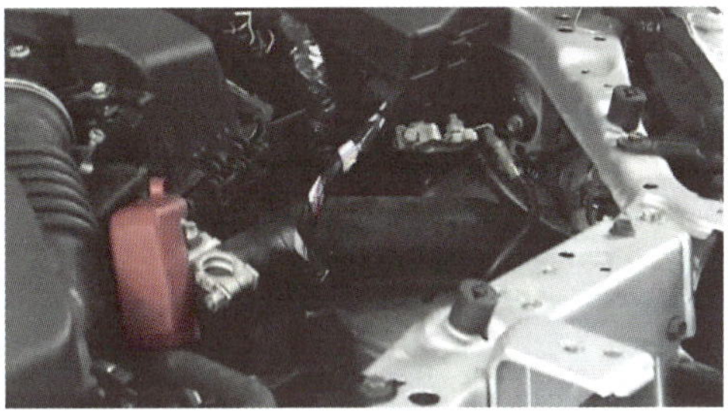

图 6-29　拆卸蓄电池固定架

图 6-30　分离温度传感器

③分离温度传感器，如图 6-30 所示。

3.排空冷却液

①松开散热器放水螺塞。

②拆下散热器储液罐盖。

③松开气缸体放水螺塞（螺塞在排气歧管侧的发电机后面），如图 6-31 所示。

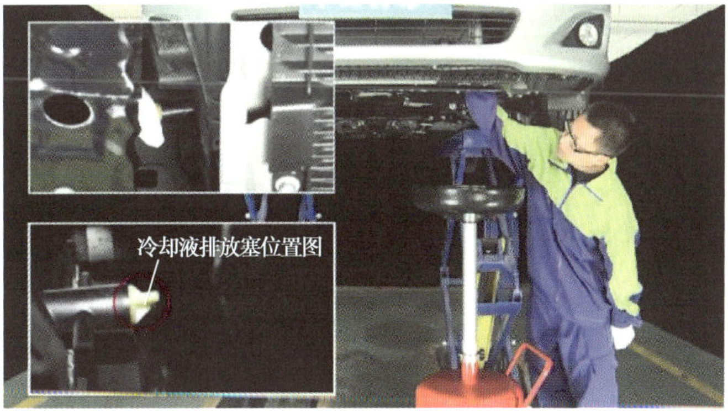

图 6-31　排空冷却液

☆ 注意事项

发动机或散热器还没有冷却前，不要拆卸散热器盖，以免烫伤。

4.断开散热器储液罐软管

①用 10 mm 套筒、棘轮扳手从散热器上支架上拆下两个散热器储液罐回水软管固定螺栓，并用手将软管和两个卡夹分开，如图 6-32 所示。

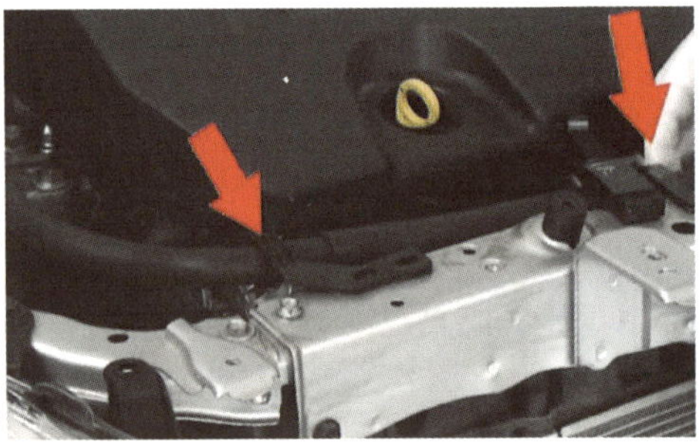

图 6-32　拆下螺栓

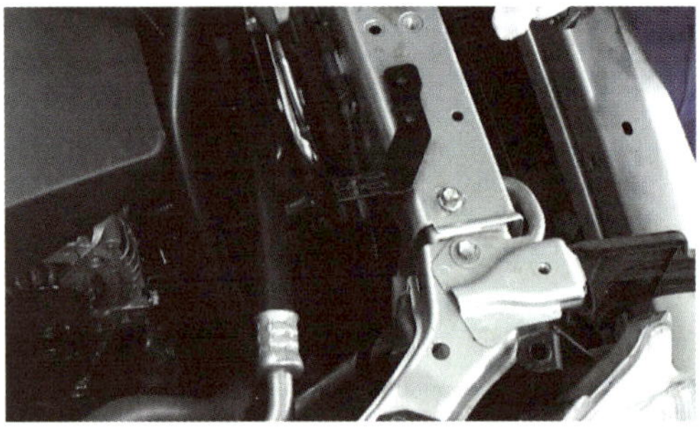

图 6-33　鲤鱼钳移出卡子

②用鲤鱼钳移出储液罐出水软管锁紧卡子，将散热器储液罐软管从散热器总成上断开，如图 6-33 所示。

> ☆ **注意事项**
>
> 断开的储液罐软管管口应用塑料袋套住(或用塞子塞住)，防止残液滴漏污染和异物进入软管内。

5.断开散热器进、出水软管

用鲤鱼钳移出软管的锁紧卡子，并将散热器软管从散热器总成上断开，如图 6-34 所示。用塑料袋套住断开的软管管口。

图 6-34　断开散热器进、出水软管

> ☆ **注意事项**
>
> 散热器内可能还有残留的冷却液，操作时应在软管下方放置液体收集器。

6.断开机油冷却器管(自动传动桥)

将 4 根机油冷却器管从散热器总成上断开，如图 6-35 所示。

7.断开发动机盖锁总成

分离发动机盖锁线束连接器，并断开发动机盖锁控制拉索，如图 6-36 所示。

图 6-35　断开机油冷却器管

图 6-36　断开发动机盖锁总成

8.拆卸 2 号风扇罩

①断开喇叭连接器,如图 6-37 所示。

图 6-37　断开喇叭连接器

图 6-38　拧松拆下固定螺栓

②用 10 mm 套筒、棘轮扳手分次拧松并拆下 4 个支架固定螺栓,取下散热器上支架,如图 6-38 所示。

③将散热器储液罐回水软管从软管卡夹上断开,用尖嘴钳将回水软管的锁紧卡子移开,如图 6-39 所示。

图 6-39　移开锁紧卡子

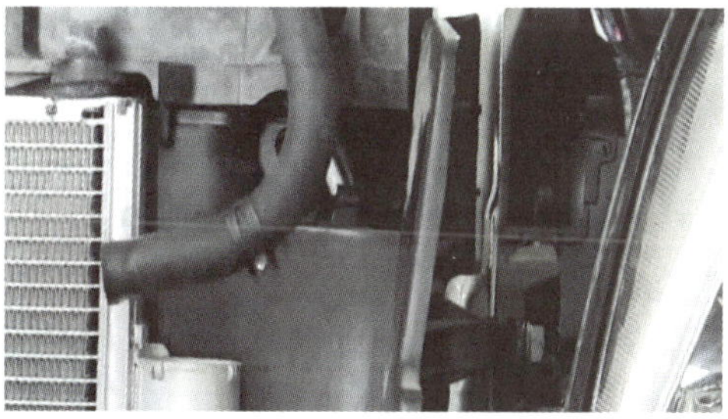

图 6-40　断开软水管

④将散热器储液罐回水软管从散热器总成上断开,如图 6-40 所示。

⑤用 10 mm 套筒、接杆、棘轮扳手从散热器总成上拆下两个螺栓,并将两个散热器支架缓冲垫从 2 号风扇罩上拆下,如图 6-41 所示。

⑥用一字螺丝刀松开两个卡爪,并拆下 2 号风扇罩,如图 6-42 所示。

图 6-41 拆下缓冲垫

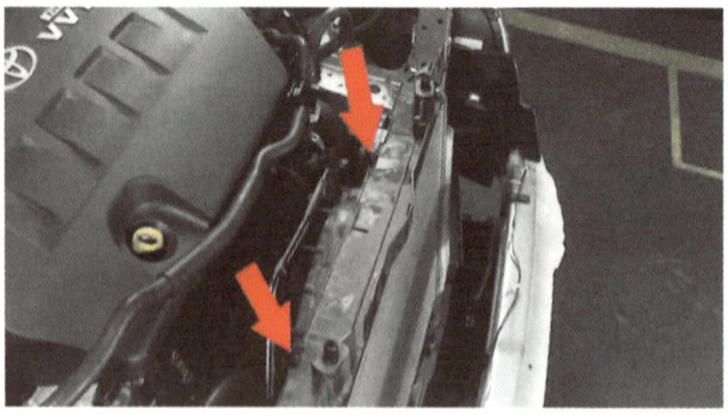

图 6-42 拆下风扇罩

9.拆卸散热器总成

①断开冷却风扇电动机连接器和线束卡夹，如图 6-43 所示。

图 6-43 断开线束卡夹

图 6-44 拆下散热器总成和风扇罩

②分离空调冷凝器，将散热器总成和风扇罩一起拆下，如图 6-44 所示。

> ☆ **注意事项**
>
> 拆下散热器总成时，不要对冷却器和冷凝器总成或冷却器管过度用力。

10.安装散热器总成

①安装两个散热器下支架缓冲垫，如图 6-45 所示。

图 6-45 安装散热器下支架缓冲垫

图 6-46 安装散热器总成和风扇

②将散热器总成和风扇罩一起安装到车上，确保对正安装位置，如图 6-46 所示。

③向上提起冷凝器，正确安装冷凝器，下部安装在固定位置，如图 6-47 所示。

11.安装散热器储液软管

①将散热器储液罐回水软管安装到软管卡夹上，如图 6-48 所示。

图 6-47　安装冷凝器

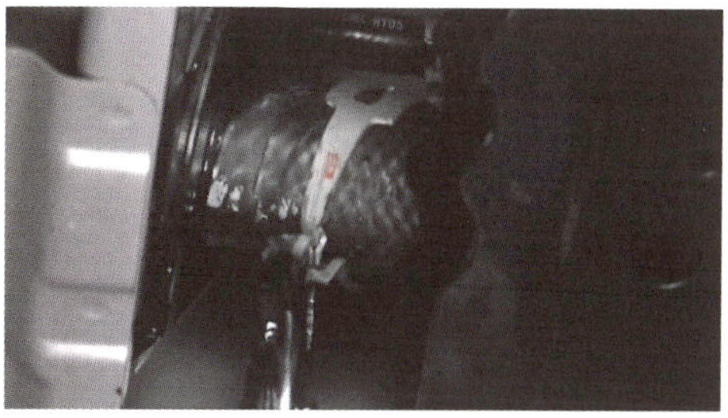

图 6-48　将软管安装到软管卡夹上

②将散热器储液罐回水软管安装到散热器总成上，如图 6-49 所示。

图 6-49　将软管安装到散热器总成上

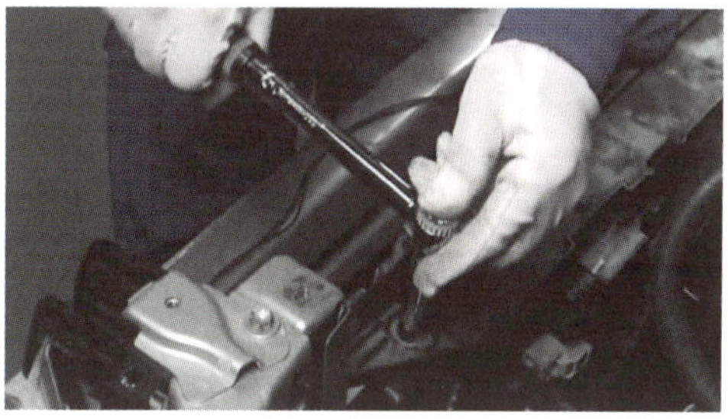

图 6-50　安装螺栓

12.安装 2 号风扇罩

①接合两个卡爪，并用两个螺栓将 2 号风扇罩安装到散热器总成上，安装扭矩为 7 N·m，如图 6-50 所示。

②将两个散热器支架缓冲垫安装到 2 号风扇罩上，如图 6-51 所示。

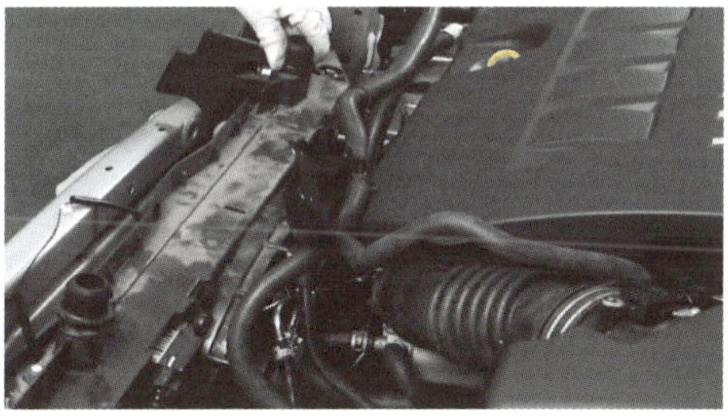

图 6-51　将缓冲垫安装到风扇罩上

图 6-52　连接连接器

③连接冷却风扇电动机连接器和线束卡夹，如图 6-52 所示。

13.安装补偿水桶连接软管

安装散热器与补偿水桶连接软管，如图 6-53 所示。

14.安装散热器上支架

①将散热器上支架对准安装位置，用 4 个螺栓安装散热器上支架，安装扭矩为13 N·m，如图 6-54 所示。

图 6-53　安装散热器与补偿水桶连接软管

图 6-54　用螺栓安装散热器上支架

②连接喇叭连接器，如图 6-55 所示。

图 6-55　连接喇叭连接器

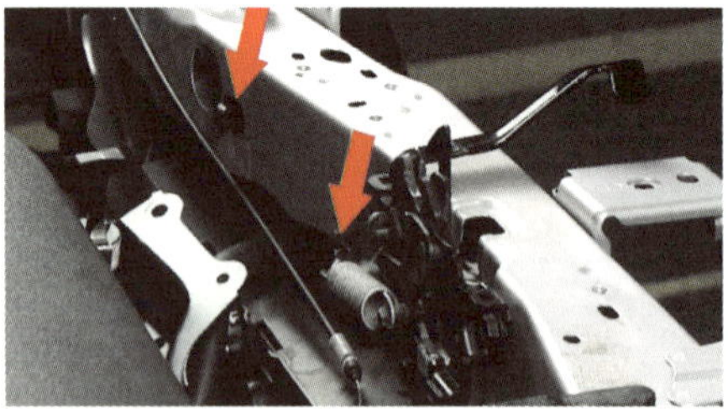

图 6-56　安装发动机盖锁总成

15.安装发动机盖锁总成

安装发动机盖锁控制拉索，并连接发动机盖锁线束连接器，如图 6-56 所示。

16.连接散热器进、出水软管

用卡夹将散热器软管连接到散热器总成上，如图 6-57 所示。

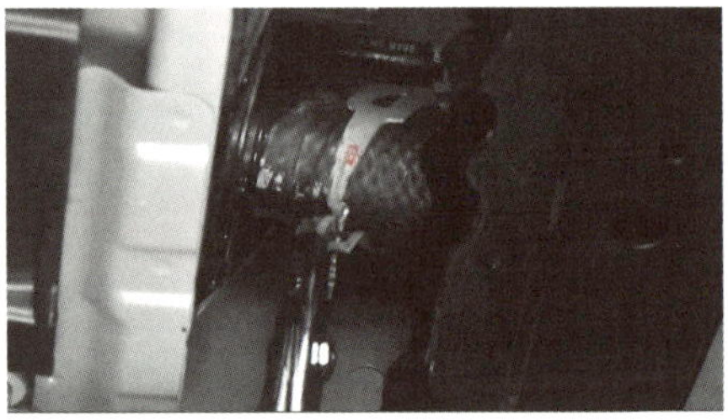

图 6-57　连接散热器进、出水管

☆ 注意事项

安装散热器软管时，如果软管内没有残留的冷却液，那么先要在安装部位涂抹一层薄薄的冷却液，然后再安装软管。

17.安装自动变速器软管支架

使用扭力扳手和套筒，以 5.5 N · m 扭矩紧固螺栓，如图 6-58 所示。

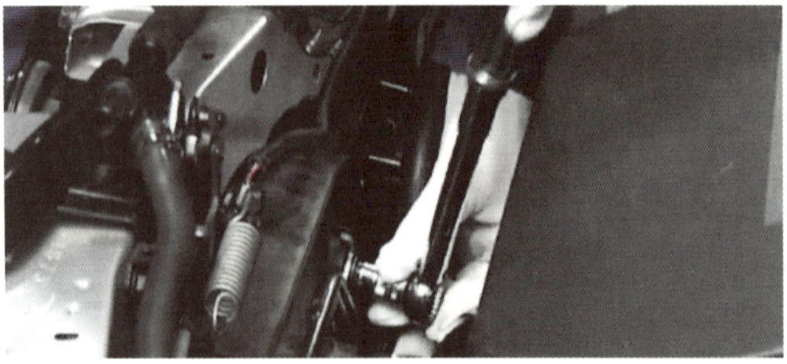

图 6-58　安装自动变速器软管支架

18.连接机油冷却器管（自动传动桥）

将 4 根机油冷却器管连接到散热器总成上，如图 6-59 所示。

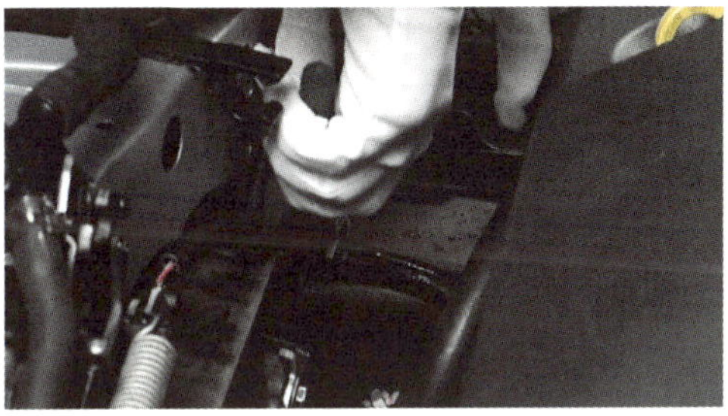

图 6-59　连接机油冷却器管

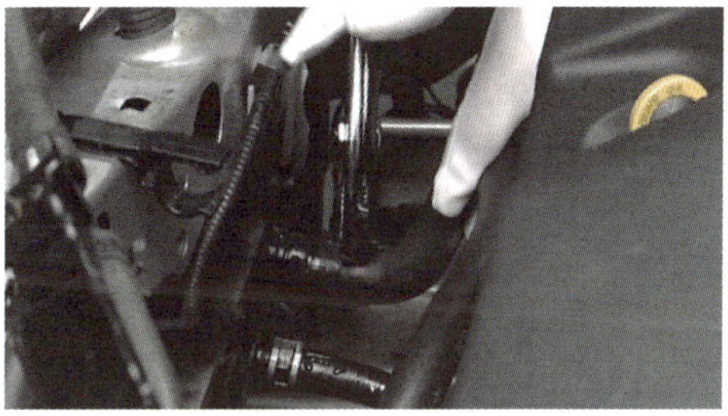

图 6-60　用卡夹将软水管连接到散热器总成上

19.连接散热器储液罐出水软管

①用卡夹将散热器储液罐出水软管连接到散热器总成上，如图 6-60 所示。

②用两个螺栓和两个卡夹将散热器储液罐出水软管安装到散热器支架上，螺栓安装扭矩为 7 N · m，如图 6-61 所示。

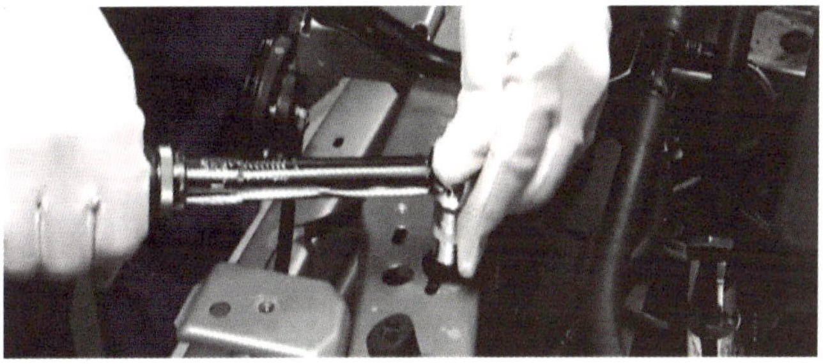

图 6-61　用螺栓和卡夹将软管安装到支架上

20.连接散热器外围件

①安装热敏电阻总成，如图 6-62 所示。

②安装蓄电池底部托架，使用扭力扳手，以 12 N · m 的扭矩紧固螺栓，如图 6-63 所示。

图 6-62　连接外围件

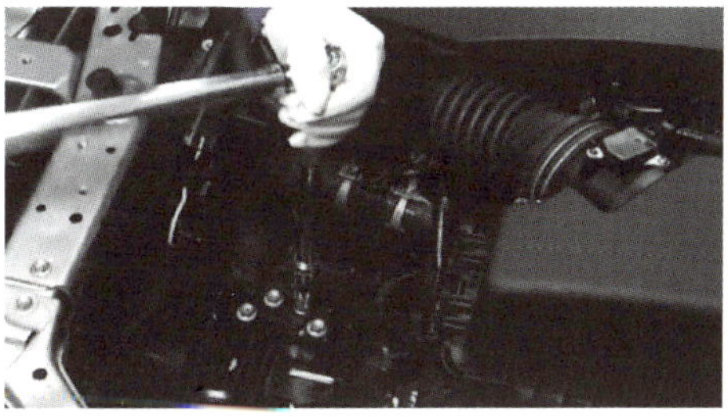

图 6-63　安装蓄电池托架

③安装蓄电池托盘及蓄电池，如图 6-64 所示。

④正确安装蓄电池支架及蓄电池正、负端子。使用扭力扳手以 7 N · m 的扭矩紧固蓄电池端子，如图 6-65 所示。

图 6-64　安装蓄电池托盘及蓄电池

图 6-65　紧固蓄电池端子

⑤添加发动机冷却液，如图 6-66 所示。

⑥检查冷却液是否泄漏。

图 6-66　添加冷却液

21.安装前保险杠总成

①正确连接左前及右前雾灯连接器，如图 6-67 所示。

②安装前保险杠，确保保险杠不会脱落，如图 6-68 所示。

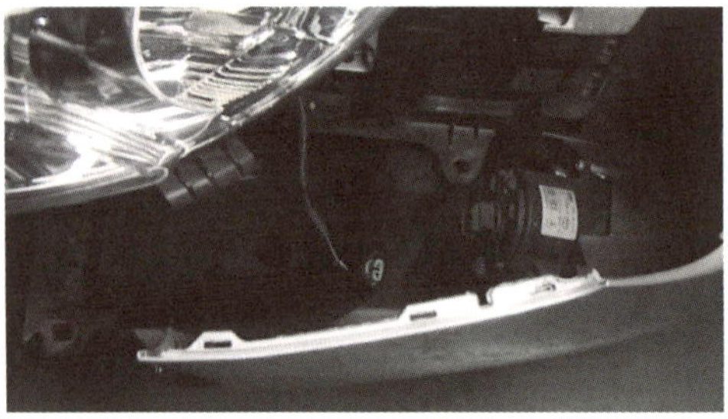

图 6-67　连接左前及右前雾灯连接器

图 6-68　安装前保险杠

③依次安装前保险杠上部卡扣和 4 个固定螺栓，如图 6-69 所示。

④安装保险杠左右两侧固定螺丝，如图 6-70 所示。

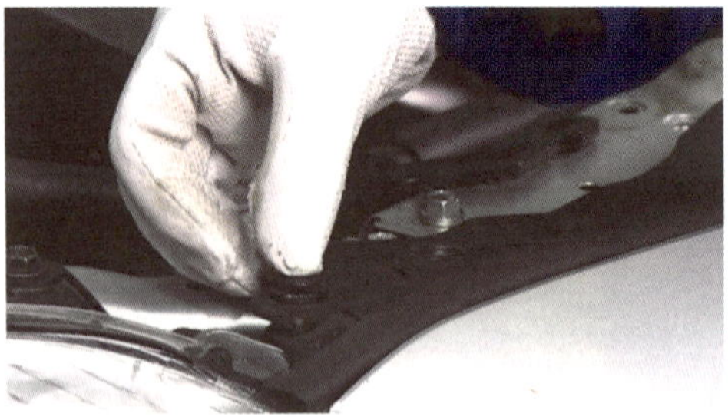

图 6-69　安装卡扣和固定螺栓

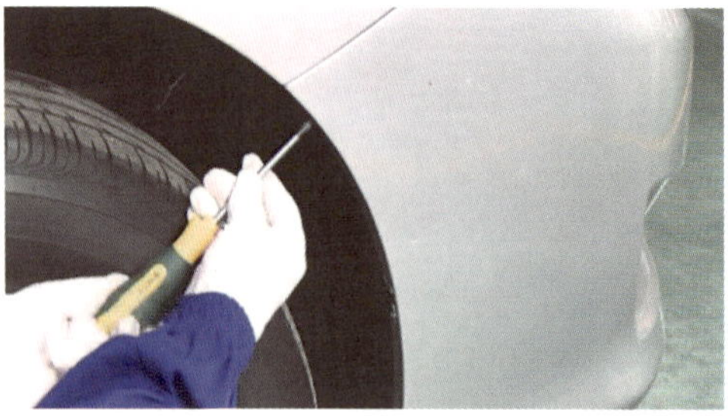

图 6-70　安装保险杠固定螺丝

⑤正确举升车辆，使用棘轮扳手和 10 mm 套筒紧固前保险杠底部固定螺栓，如图 6-71 所示。

图 6-71　紧固前保险杠底部固定螺栓

⑥落下车辆,作整体检查。

⑦安装散热器格栅防护罩。

⑧安装散热器上空气导流板。

任务小结

1.散热器的组成

散热器由左储水室、右储水室、放水螺塞、散热器片、散热器芯等组成。

2.散热器的作用

冷却系统工作时,空气从散热器芯外通过。散热器通过增大散热面积将冷却液的热量由空气带走,加速冷却。

3.补偿水桶的组成

补偿水桶由补偿水桶盖、溢流管接口、补偿管接口、壳体等组成。它有补偿和溢流的作用。

4.散热器的工作原理

冷却液温度升高,系统压力增大至预定值,压力阀开启,部分冷却液流入补偿水桶;冷却液温度下降,系统压力减小至出现真空时,真空阀开启,冷却液被吸回散热器。

任务检测

一、判断题

1.冷却系统使发动机在所有工况下都保持在适当的温度范围内。　　(　　)

2.散热器是将冷却液所含的热量通过流动的空气进行散发,使冷却液迅速得到冷却,以保证发动机的水温正常。　　(　　)

3.膨胀水箱的作用是溢流和补偿。　　(　　)

4.散热器通过缩小散热面积将冷却液的热量由空气带走,加速冷却。　　(　　)

5.发动机工作温度过高时,应立即打开散热器盖,加入冷水。　　(　　)

6.膨胀水箱中的冷却液面过低时,可直接补充任何牌号的冷却液。　　(　　)

7.来自缸盖出水口的冷却液不经过散热器冷却,直接经过冷却液泵回到水套的冷却液

循环路线是冷却液大循环。 ( )

二、单选题

1.冷却系统主要由水泵、冷却风扇、节温器、膨胀水箱、发动机机体、气缸盖中的水套、其他附属装置及( )组成。

A.散热器　B.蒸发器　C.冷凝器　D.机油滤清器

2.散热器是由左储水室、右储水室、放水螺塞、散热器芯及( )构成。

A.散热器片　B.出水管　C.进水管　D.散热器盖

3.冷却系统中提高冷却液沸点的装置是( )。

A.水箱盖　B.散热器　C.水套　D.水泵

4.采用自动补偿封闭式散热器结构的目的是( )。

A.降低冷却液损耗

B.提高冷却液沸点

C.防止冷却液温度过高,蒸汽从蒸汽引入管喷出伤人

D.加强散热

5.发动机冷却系统中锈蚀物和水垢积存的后果是( )。

A.发动机过冷　B.热容量减少　C.发动机过热　D.发动机怠速不稳

三、填空题

1.补充图 6-72 所示中发动机冷却系统组成的部件名称。

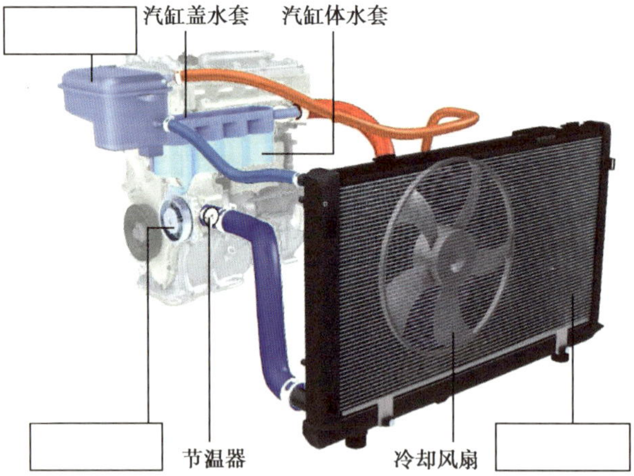

图 6-72　发动机冷却系统的组成

2.发动机冷却系统进行小循环时,水或冷却液不经过________,可使发动机温度迅速升高。

3.散热器通过增大________将冷却液的热量由空气带走,加速冷却。

4.补偿水桶有________和________的作用。

任务评价

表 6-2　任务评价表

序号	内　容	分值/分	得分
1	断开散热器软管前,排空冷却液	10	
2	断开的储液罐软管管口用塑料袋套住(或用塞子塞住)	10	
3	断开散热器进、出水软管前,在管口下放置液体收集器	10	
4	拆卸散热器总成	10	
5	将散热器总成和风扇罩一起安装至车上,确保对正安装位置	10	
6	调整定扭扳手扭矩至 7 N · m,并用 10 mm 套筒、定扭扳手紧固 2 号风扇罩固定螺栓	10	
7	调整定扭扳手扭矩至 13 N · m,并用 10 mm 套筒、定扭扳手紧固 4 个散热器固定螺栓	10	
8	安装散热器软管前,检查软管内有无残留的冷却液。若没有,在安装部位涂抹一层薄薄的冷却液,然后再安装软管	10	
9	调整定扭扳手扭矩至 5 N · m,并用 10 mm 套筒、定扭扳手紧固 4 个散热器固定螺栓	10	
10	按照规范流程在规定时间内进行拆装作业	10	
总　分		100	

任务拓展

1.冷却系统的类型

发动机的冷却系统分为水冷式和风冷式,如图 6-73 所示。水冷系统以冷却液为冷却介质;风冷系统以空气为冷却介质。

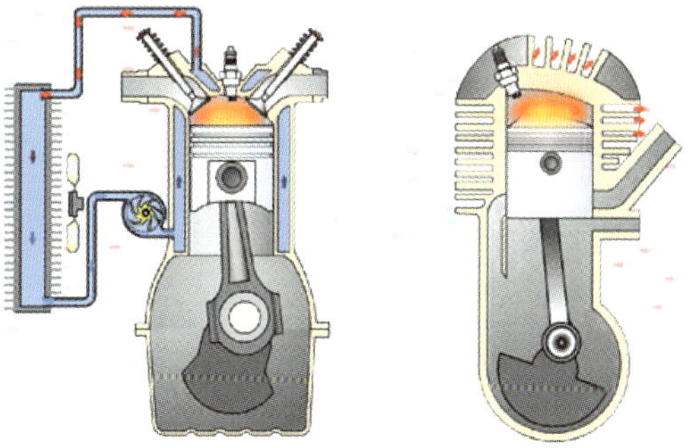

(a)水冷式　　(b)风冷式

图 6-73　冷却系统的类型

2.散热器类型

根据散热器中冷却液的流动方向,可将散热器分为横流式散热器和纵流式散热器。

- 横流式散热器:芯横向布置,左右两端分别为进、出水室,如图 6-74(a)所示。
- 纵流式散热器:芯竖直布置,上接进水室,下接出水室,如图 6-74(b)所示。

大多数轿车均采用横流式散热器,可使发动机机罩的外轮廓较低,有利于改善车身前端的空气动力性。

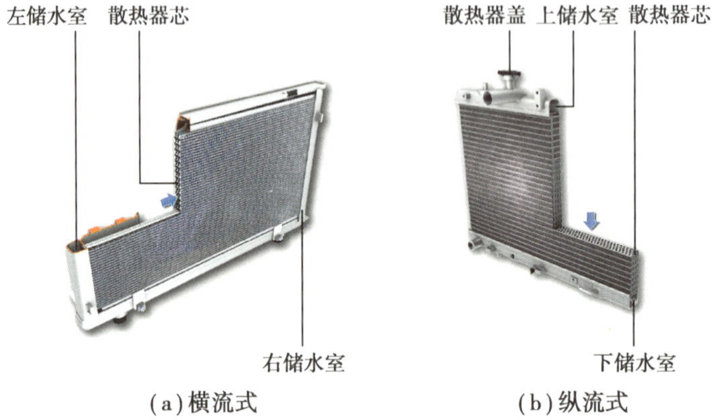

图 6-74 散热器类型

3.散热器芯的结构形式

散热器芯有管带式散热器芯和管片式散热器芯两种结构形式,如图 6-75 所示。

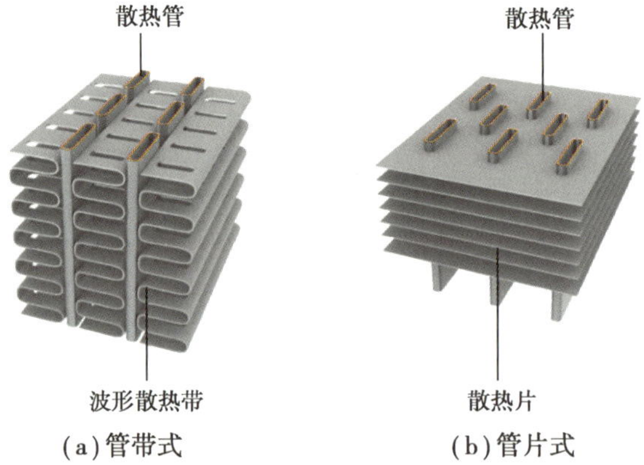

图 6-75 散热器芯的结构形式

①管带式散热器由散热管和波形散热带组成,散热能力强,质量轻,成本低。

②管片式散热器由散热管和散热片组成,管片式的散热面积大,气流阻力小。

4.电子风扇

现代汽车已广泛使用电子风扇,电子风扇通常安装在散热器后方,它由电动机、风扇叶片、导风罩等组成,如图 6-76 所示。风扇的扇风量主要与风扇直径、转速、叶片形状、叶片安装角度及叶片数有关。

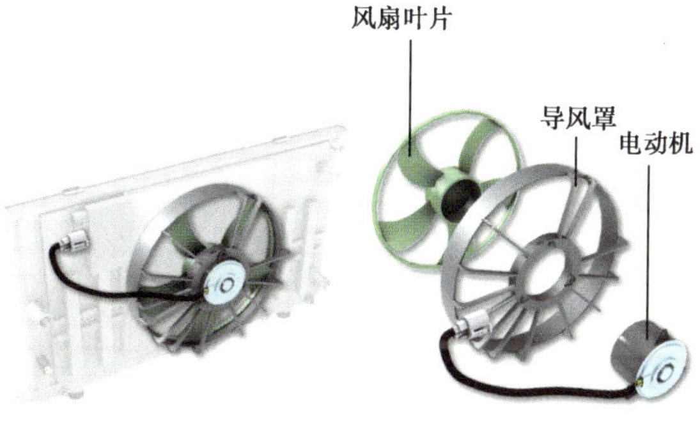

图 6-76　电子风扇

5.微机控制电动冷却风扇的工作原理

微机控制电动冷却风扇的转速由发动机 ECU 控制,如图 6-77 所示。

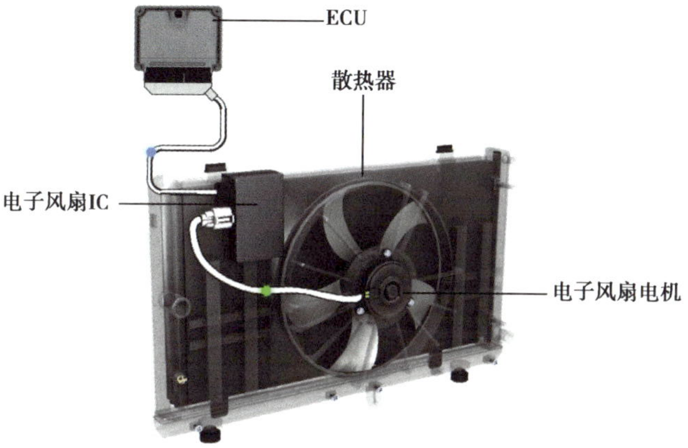

图 6-77　微机控制电动冷却风扇

以卡罗拉为例,其工作特性如下:

①当发动机冷却液温度低于 95 ℃时,微机控制风扇电动机不工作,风扇不转动,如图 6-78 所示。

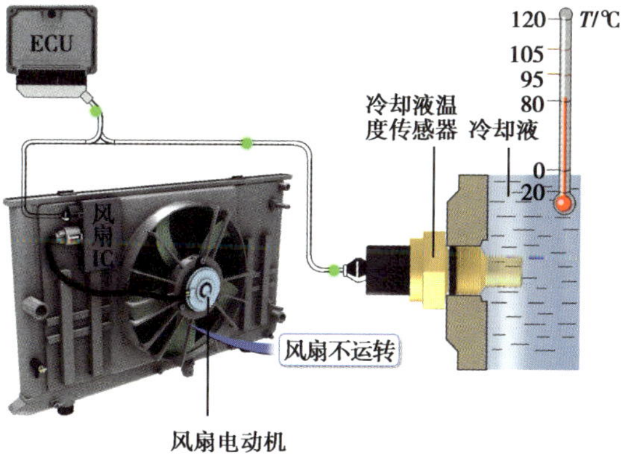

图 6-78　风扇未运转状态

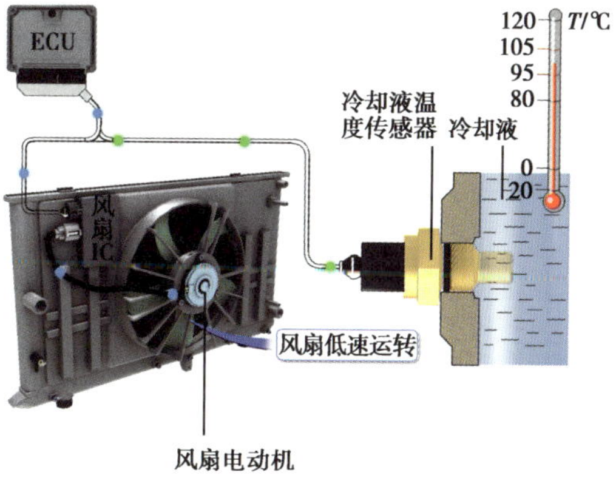

图 6-79　风扇低速运转状态

②当冷却液温度为 95~105 ℃时，微机控制风扇电动机低速运转，风扇低速转动，如图 6-79 所示。

③当冷却液温度到达 105 ℃及以上时，微机控制风扇电动机高速运转，风扇高速转动，如图 6-80 所示。

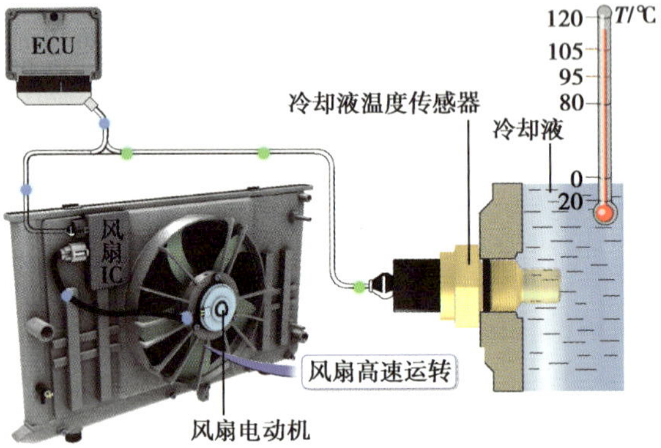

图 6-80　风扇高速运转状态

6.温控开关控制电动冷却风扇的工作原理

温控开关控制电动冷却风扇的转速由温控热敏电阻开关控制。以卡罗拉汽车为例，其工作特性如下：

①当冷却液温度达到 95 ℃时，温控开关接通低速继电器电路，低速继电器触点闭合，风扇低速运转，如图 6-81 所示。

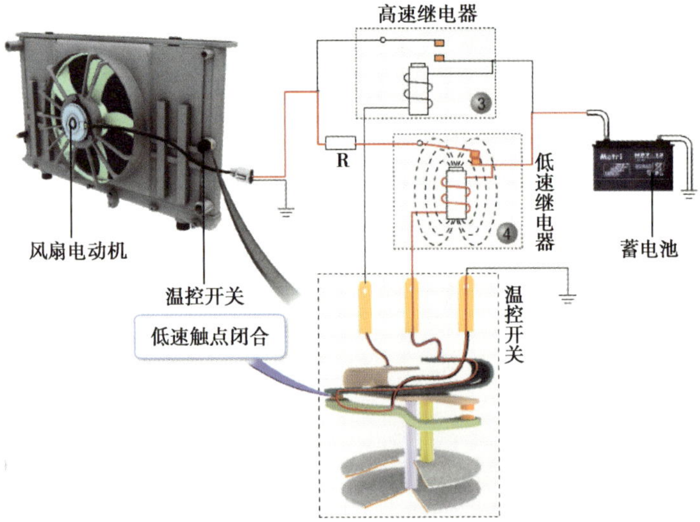

图 6-81　风扇低速运转状态

②当冷却液温度达到 105 ℃时，温控开关接通高速继电器电路，低速挡电阻被短接，风扇高速运转，如图 6-82 所示。

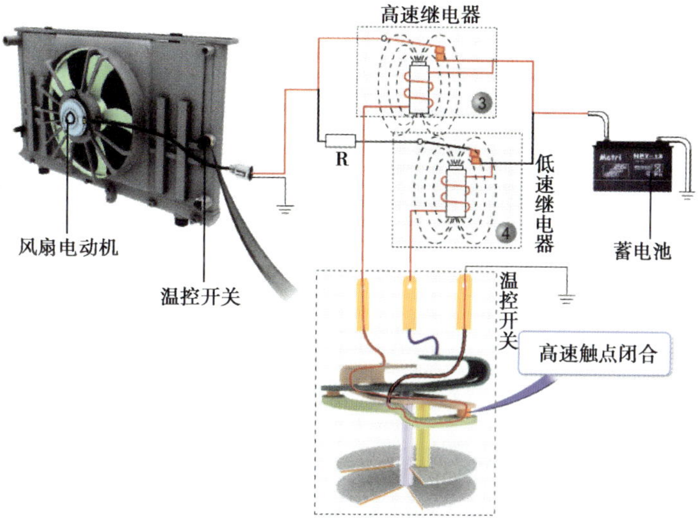

图 6-82　风扇高速运转状态

7.冷却液

(1)冷却液的成分

冷却液主要由软水、防冻剂、添加剂 3 部分组成。软水可以防止发动机水套中产生水垢。防冻剂可以是酒精、甘油或乙二醇,最常用的是乙二醇。防冻剂用以防止冷却液的冻结,并提高冷却液的沸点。添加剂包括防锈剂、泡沫抑制剂和着色剂。冷却液和水的沸点比较如图 6-83 所示。

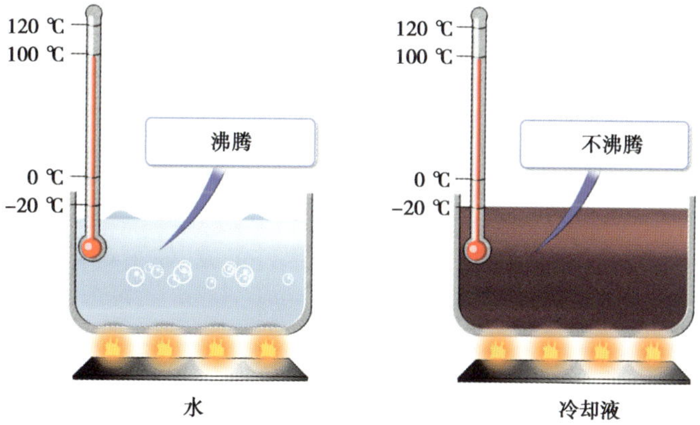

图 6-83　冷却液和水的沸点比较

(2)冷却液的作用

根据冷却液的成分,冷却液所起的主要作用有防冻、防沸、防腐、防锈、防垢,如图 6-84 所示。

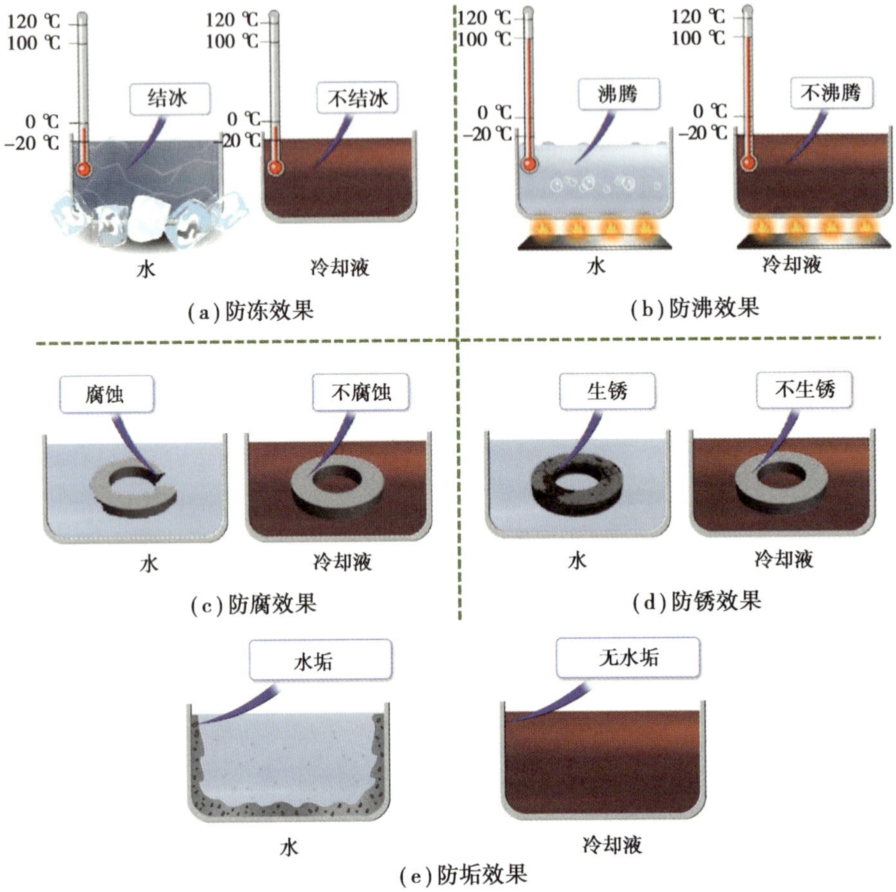

图 6-84　冷却液的作用

8.水泵

(1)离心式水泵的结构

汽车发动机多采用离心式水泵,并安装在发电机下部。离心式水泵主要由水泵皮带轮、水泵轴、水泵轴承、水泵盖、密封组件、水泵叶轮等部件组成,如图 6-85 所示。

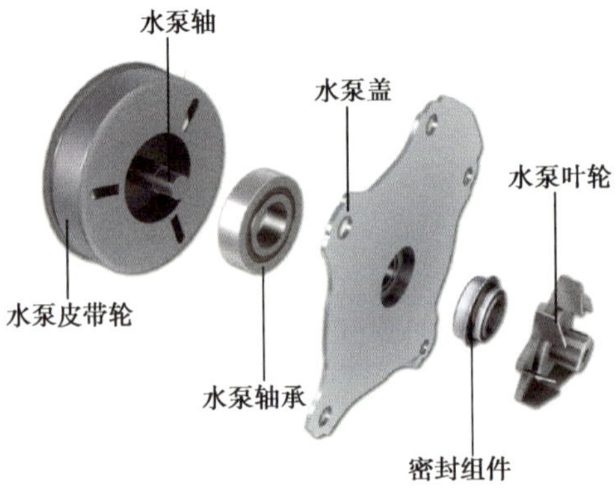

图 6-85　离心式水泵的结构

水泵一般由曲轴通过V带或带肋的V带传动。水泵壳体上有进、出水管，进水管与散热器出水管相连，出水管与水套相连。水泵叶轮上有6~8个径向直叶片或后弯叶片。

(2)离心式水泵的作用

离心式水泵对冷却液加压，保证其在冷却系统中循环流动。

(3)离心式水泵的工作原理

水泵叶轮旋转时，冷却液在离心力作用下被甩向叶轮边缘，叶轮边缘压力升高，冷却液被压送至出水管，同时，在叶轮中心处压力降低，冷却液被从进水管吸入叶轮中心，如图6-86所示。

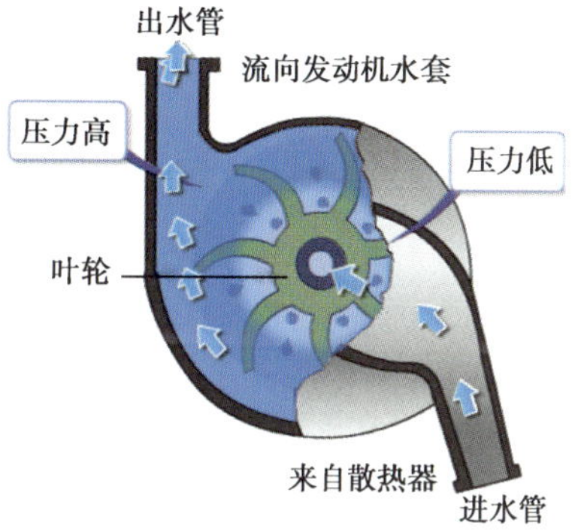

图6-86　离心式水泵的工作原理

项目七 | 配气机构认知与拆装

发动机配气机构是按照发动机每一气缸内所进行的工作循环和点火顺序的要求，定时开启和关闭各气缸的进、排气门，使新鲜的可燃混合气（汽油机）或空气（柴油机）得以及时进入气缸，废气得以及时从气缸排出。在压缩与做功行程中，关闭气门保证燃烧室的密封。

本项目主要通过对配气机构中主要部件进行拆装作业，认识和理解其主要机件的结构原理。配气机构如图 7-1 所示。

图 7-1　配气机构

技能目标

- 根据技术标准对配气机构正时链条、凸轮轴、气门组等进行拆装。

知识目标

- 能够正确描述配气机构的组成、作用、各零部件之间的连接关系。
- 能够正确叙述配气机构主要部件的结构及其工作原理。

素养目标

- 了解安全操作要求，养成安全文明操作的习惯。
- 养成组员之间互相协作的习惯。
- 实施操作结束后，清洁工具，并将工具设备归位，清洁场地。

/学习任务一/ 拆装正时链条

任务目标

①能够正确描述配气机构的作用、组成和工作原理。

②能够指出配气机构在发动机上所处的位置，识别各组成部件的外形结构及其位置。

③能够正确描述气门驱动组的组成。

④能够正确描述正时链条的作用。

⑤能够正确描述正时链条的张紧器结构。

⑥能够依据汽车维修安全规范操作要求，规范、熟练地对正时链条进行拆装作业。

学习重点

发动机配气机构的作用、组成和工作原理。

知识准备

一、配气机构的作用

配气机构的作用是按照发动机每一气缸内所进行的工作循环和点火顺序的要求，定时开启和关闭各气缸的进、排气门，使新鲜充量得以及时进入气缸，废气得以及时从气缸排出。在压缩与做功行程中，保证燃烧室的密封，如图 7-2 所示。新鲜充量对于汽油机而言是汽油和空气的混合气，对于柴油机而言是纯空气。

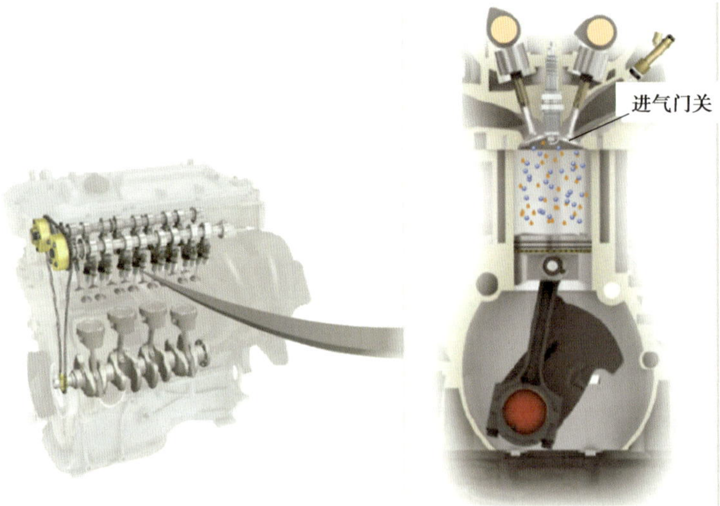

图 7-2 配气机构的作用

二、配气机构的组成

配气机构主要由气门组、气门传动组和气门驱动组组成，如图 7-3 所示。

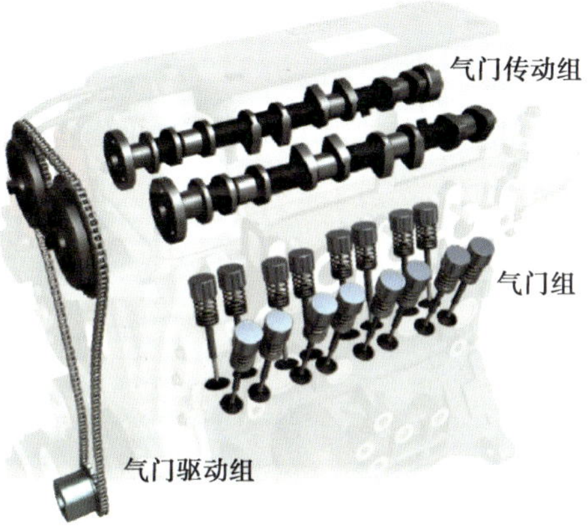

图 7-3　配气结构的组成及安装位置

①气门组由气门、气门导管、气门弹簧、气门锁片等组成。

②气门传动组由凸轮轴、摇臂等组成。

③气门驱动组由正时链条、凸轮轴正时齿轮及曲轴正时齿轮等组成。

三、配气机构的工作原理

凸轮轴通过正时齿轮由曲轴驱动。四冲程发动机完成一个工作循环曲轴转两圈(720°)，各缸进、排气门各开启一次，凸轮轴只需转一圈，曲轴转速与凸轮轴转速之比为 2∶1。

当凸轮(下置式)凸起部分与挺柱接触时，将挺柱顶起，挺柱通过推杆、调整螺钉使摇臂绕摇臂轴顺时针摆动，摇臂的长臂端向下推动气门，压缩气门弹簧，将气门头部推离气门座而打开；当凸轮凸起部分的顶点转过挺柱后，逐渐减少对挺柱的推力，气门在其弹簧张力的作用下，开度逐渐减少，直至最后关闭，使气缸密封。工作原理如图 7-4 所示。

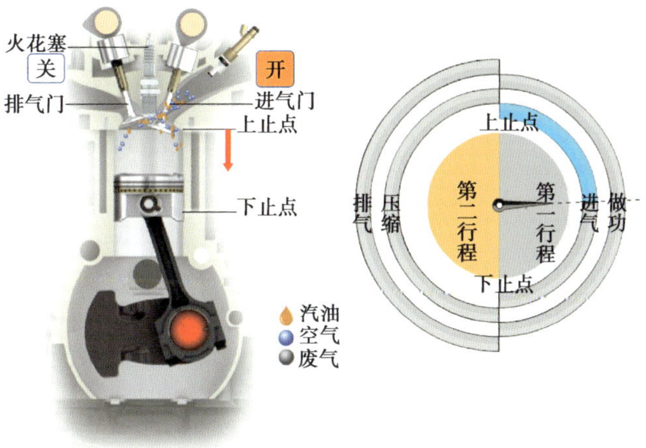

图 7-4　配气机构的工作原理

从上述工作过程可知,气门的开启是通过气门传动组的作用完成的,而气门的关闭则是由气门弹簧来完成的。气门的开闭时刻与规律完全取决于凸轮的轮廓曲线形状。每次气门打开时,压缩弹簧,为气门关闭积蓄能量。

四、气门驱动组的组成

以卡罗拉为例,气门驱动为链式驱动。气门驱动组主要由正时链条、凸轮轴正时齿轮和曲轴正时齿轮等组成,如图 7-5 所示。气门驱动组通过正时链条和正时齿轮使曲轴驱动凸轮轴转动。

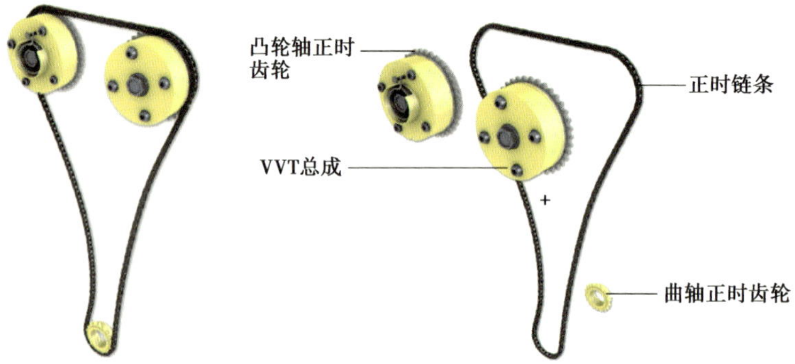

图 7-5　气门驱动组的组成

五、正时链条的作用

正时链条的作用是将曲轴正时齿轮的动力传递给凸轮轴正时齿轮,并且保证曲轴正时齿轮与凸轮轴正时齿轮正确的相对位置,如图 7-6 所示。

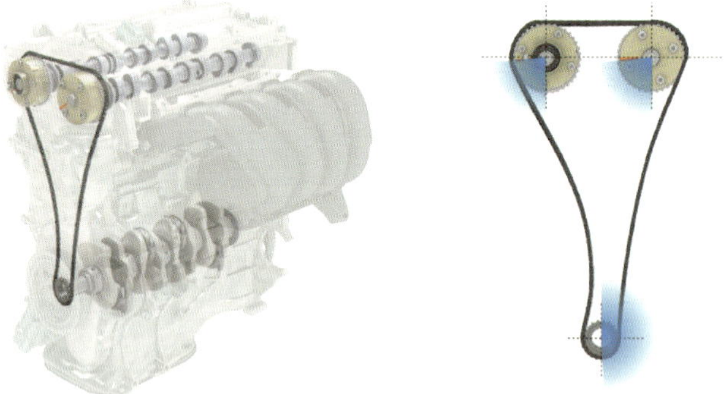

图 7-6　正时链条的作用

六、正时链条的张紧器结构

配气机构采用链条式驱动时,为使链条在工作时具有一定的张力而不致脱链,在正时链条上装有张紧器和导链板。正时链条张紧器主要由张紧器壳体、单向阀、减容器、导向销、柱塞、张紧滑轨等组成,如图 7-7 所示。

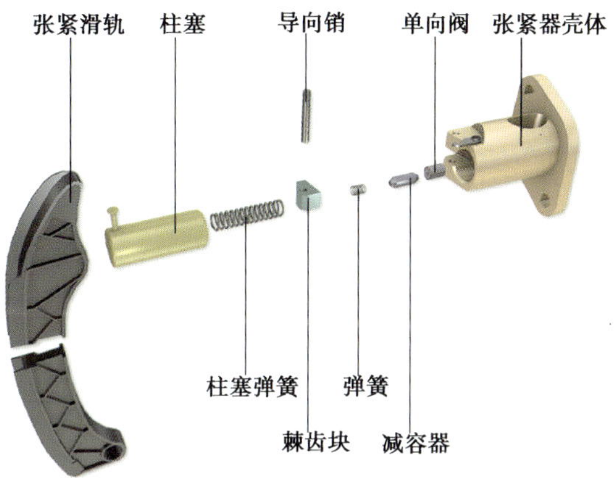

图 7-7　正时链条张紧器的结构

任务实施

一、操作准备

> ☆ **注意事项**
>
> 参照厂家的质量标准要求，禁止在不使用链条张紧器的情况下转动曲轴，安装时曲轴正时齿轮上的键槽要对准曲轴上的正时齿轮键，并确保安装可靠，确保正时链条上橙色标记板和正时标记对准，并使标记板位于发动机前侧，在第一缸活塞压缩上止点时，重新检查每个正时标记。

1.组织方式

每 4 位同学一组，按照企业岗位操作规范认识 2007 款卡罗拉 1.6 L/AT 轿车 1ZR-FE 发动机上配气机构结构的正时链条，对正时链条进行拆装作业。每组作业时间为 40 min。

2.作业准备

安装完正时链条后，应涂密封胶，2 h 内不能起动发动机。

3.设备设施

2007 款卡罗拉 1.6 L/AT 轿车 1ZR-FE 发动机、发动机台架、工具车、零件车、垃圾桶。

二、操作过程

1.拆卸正时链条

(1)拆卸气缸盖罩

①依次按照对角线方向，拆下 13 个螺栓、密封垫圈和气缸盖罩，如图 7-8 所示。

②拆卸气缸盖罩衬垫，如图 7-9 所示。

(2)将 1 号气缸活塞设置到压缩上止点

①转动曲轴皮带轮，使其凹槽与正时链条盖上的正时标记“0”对准，如图 7-10 所示。

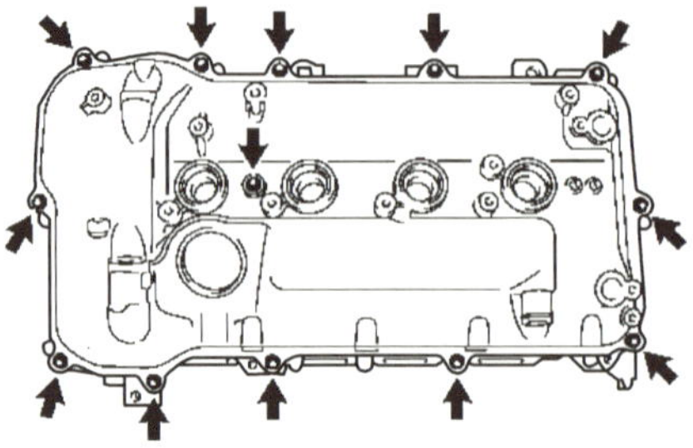

图 7-8　拆下螺栓

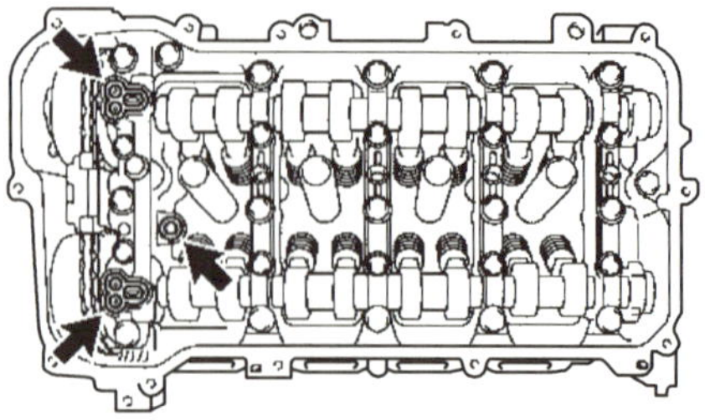

图 7-9　拆下衬垫

②检查并确认凸轮轴正时齿轮和链轮的各正时标记和位于 1 号、2 号轴承盖上的正时标记对准，如图 7-11 所示。若没有对准，则需转动曲轴一圈，使上述正时标记对准。

图 7-10　转动曲轴皮带轮

图 7-11　确认标记位置

（3）拆卸曲轴皮带轮

①安装曲轴皮带轮拆装专用工具，并用螺栓固定，如图 7-12 所示。

②使用 19 mm 套筒、接杆、指针式扭力扳手拧松皮带轮固定螺栓，如图 7-13 所示。

图 7-12　用螺栓固定

图 7-13　拧松固定螺栓

③拆下曲轴皮带轮拆装专用工具，并按顺序摆放，同时取下曲轴皮带轮固定螺栓，如图 7-14 所示。

④安装曲轴皮带轮取出器，使用工具转动曲轴皮带轮取出器的推杆。曲轴皮带轮被拉出后，取下曲轴皮带轮取出器，并拆下曲轴皮带轮，如图 7-15 所示。

（4）拆卸 1 号链条张紧器

拆下两个螺母、托架、张紧器和衬垫，如图 7-16 所示。

图 7-14　取下固定螺栓

图 7-15　拆下曲轴皮带轮

☆ **注意事项**

禁止在不使用链条张紧器的情况下转动曲轴。

(5)拆卸正时链条盖

①使用指针式扭力扳手依次拆下链条盖固定螺栓,如图 7-17 所示。

图 7-16　拆下螺母

图 7-17　拆下链条固定螺栓

②使用扭力扳手依次拧松并取下正时链条盖固定螺栓,如图 7-18 所示。

③使用头部缠有胶带的螺丝刀撬动正时链条盖和气缸盖或气缸体之间的部位,拆下正时链条盖,如图 7-19 所示。

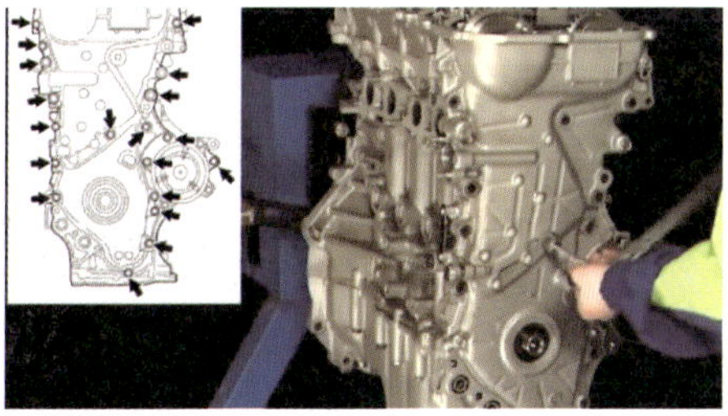

图 7-18　拆下链条固定螺栓

图 7-19　拆下正时链条盖

(6)拆卸正时链条张紧器导板

拆卸正时链条张紧器导板,如图 7-20 所示。

(7)拆卸 1 号链条振动阻尼器

正确使用扭力扳手拆下两个螺栓和 1 号链条振动阻尼器,如图 7-21 所示。

图 7-20　拆卸正时链条张紧器导板

图 7-21　拆下振动阻尼器

(8)拆卸正时链条

①用扳手固定住凸轮轴的六角头部分,并逆时针旋转凸轮轴正时齿轮总成,以松弛凸轮轴正时齿轮之间的链条,如图 7-22 所示。

②在链条松弛时,将链条从凸轮轴正时齿轮上松开,错开若干齿后仍放置在凸轮轴正时齿轮上,如图 7-23 所示。

图 7-22　松弛链条

图 7-23　链条放置在凸轮轴正时齿轮上

☆ **注意事项**

确保链条从链轮上完全松开。

③顺时针转动凸轮轴,使其回到原来的位置,并拆下链条,如图 7-24 所示。

(9)拆卸 2 号链条振动阻尼器

拆下两个螺栓和 2 号链条振动阻尼器,如图 7-25 所示。

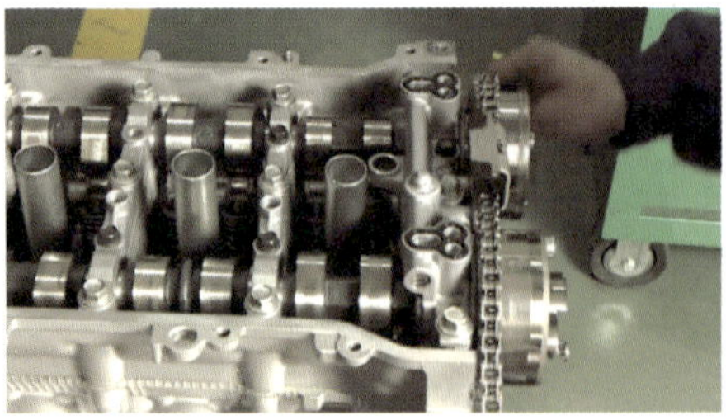

图 7-24　顺时针转动凸轮轴并拆下链条

图 7-25　拆下链条振动阻尼器

(10)取下曲轴正时链轮

用手取下曲轴正时链轮,如图 7-26 所示。

2.安装链条振动阻尼器和正时链条

(1)安装 1 号链条振动阻尼器

用两个螺栓安装 1 号振动阻尼器,并用定扭扳手紧固螺栓至 21 N·m,如图 7-27 所示。

图 7-26　取下曲轴正时链条

图 7-27　安装 1 号链条振动阻尼器

(2)安装 2 号链条振动阻尼器

用两个螺栓安装 2 号振动阻尼器,并用定扭扳手紧固螺栓至 10 N·m,如图 7-28 所示。

(3)安装曲轴正时齿轮

安装曲轴正时齿轮,如图 7-29 所示。

图 7-28　安装 2 号链条振动阻尼器

图 7-29　安装曲轴正时齿轮

☆ **注意事项**

安装时,曲轴正时齿轮上的键槽要对准曲轴上的正时齿轮键,并确保安装可靠。

(4)安装正时链条

①将链条上橙色标记板和正时标记对准并安装链条,使正时链条穿过 1 号振动阻尼器,如图 7-30 所示。

☆ **注意事项**

确保标记板位于发动机前侧。

禁止使链条缠绕在凸轮轴正时齿轮的链轮周围,只将其放置在链轮上。

②用扳手固定住凸轮轴的六角头部分,并逆时针旋转凸轮轴正时齿轮,使橙色标记板和正时标记对准,如图 7-31 所示。

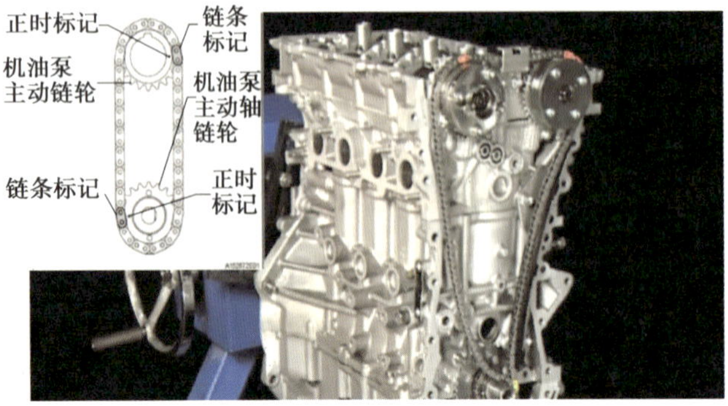

图 7-30　对准标记

③用扳手固定住凸轮轴的六角头部分，并顺时针旋转凸轮轴正时齿轮，以张紧链条，缓慢地顺时针旋转凸轮轴正时齿轮，防止链条错位，如图 7-32 所示。

图 7-31　橙色标记板和正时标记对准

图 7-32　固定正时链条

④将正时链条黄色标记板和正时标记对准，并将链条安装至曲轴正时齿轮，如图 7-33 所示。

☆ **注意事项**

在第一缸活塞压缩上止点时，重新检查每个正时标记。

(5)安装正时链条张紧器导板

安装正时链条张紧器导板，如图 7-34 所示。

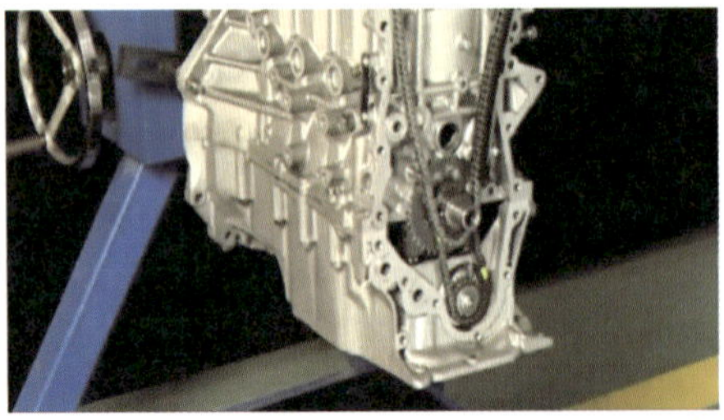

图 7-33　安装正时齿轮

图 7-34　安装正时链条张紧器导板

(6)安装正时链条盖

对准正时链条盖的安装位置，用 26 个螺栓安装正时链条盖。使用定扭扳手将螺栓 A，E

紧固至 26 N · m,螺栓 B,C 紧固至 51 N · m,螺栓 D 紧固至 10 N · m。如图 7-35 所示。

(7)安装 1 号链条张紧器

①松开棘轮爪,完全推入柱塞,将挂钩固定在销上以使柱塞位于压缩位置,如图 7-36 所示。

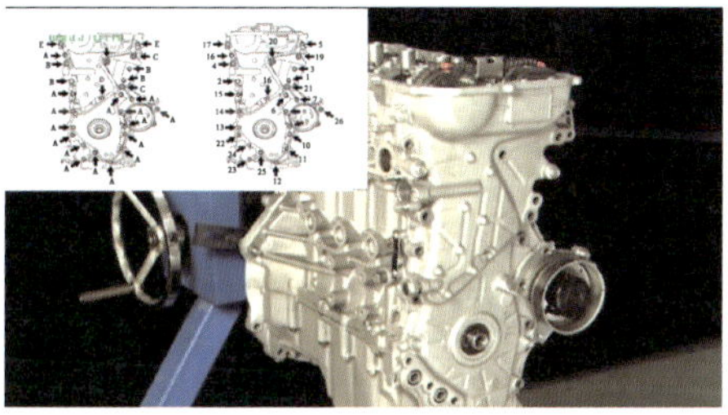

图 7-35　安装正时链条盖

图 7-36　将挂钩固定在销上

> ☆ **注意事项**
>
> 确保凸轮固定在柱塞的第一个齿上,并使挂钩穿过销。

②用两个螺母安装 1 号链条张紧器,并用定扭扳手紧固螺母至 10 N · m,如图 7-37 所示。如果安装链条张紧器时挂钩松开柱塞,则需重新固定挂钩。

③逆时针转动曲轴,从挂钩上断开柱塞锁销。

④顺时针转动曲轴,检查并确认柱塞伸出。

(8)安装曲轴皮带轮

①将曲轴皮带轮定位键对准皮带轮上的键槽,如图 7-38 所示。

图 7-37　固定挂钩

图 7-38　对准键槽

②用 SST 固定皮带轮就位并拧紧螺栓至 190 N · m,如图 7-39 所示。

(9)安装气缸盖罩衬垫及气缸盖罩

①清除接触面所有机油,将衬垫安装至气缸盖罩,如图 7-40 所示。

②将 3 个新衬垫安装至 1 号凸轮轴轴承盖,如图 7-41 所示。

③在如图 7-42 所示区域,涂抹密封胶。

④用 1 个新密封垫圈和 13 个螺栓安装气缸盖罩,螺栓紧固扭矩为 10 N · m,如图 7-43 所示。

图 7-39　用 SST 固定皮带轮就位

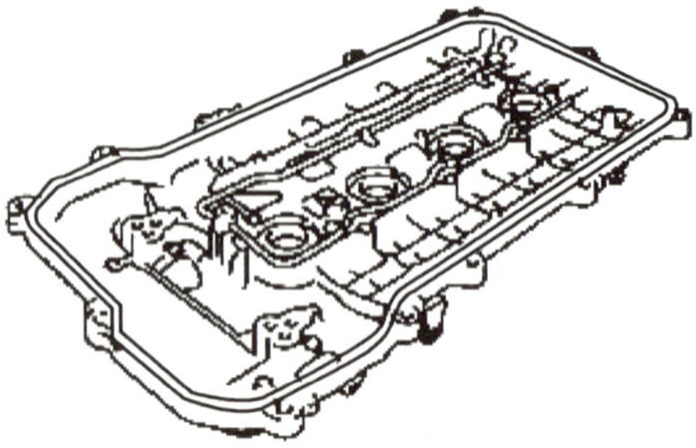

图 7-40　清除机油

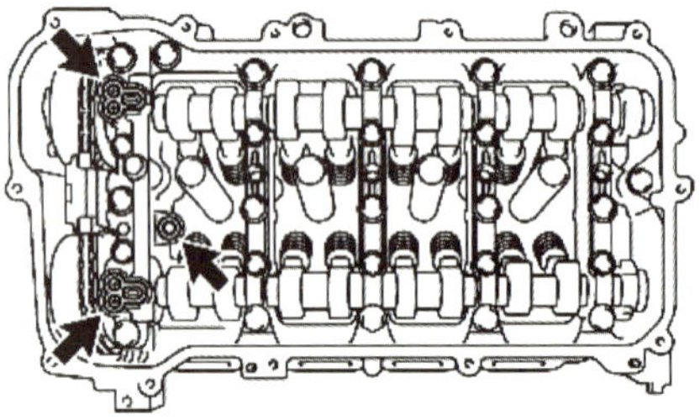

图 7-41　将新衬垫安装至轴承盖

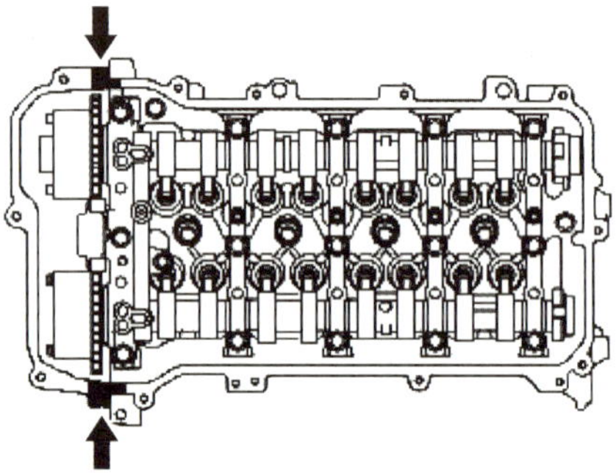

图 7-42　涂抹密封胶

任务小结

1.配气机构的作用

配气机构的作用是按照发动机各缸的做功次序、工作循环和配气相位的要求，定时地开启和关闭进、排气门，以便发动机进气、压缩、做功和排气等工作行程的顺利进行。

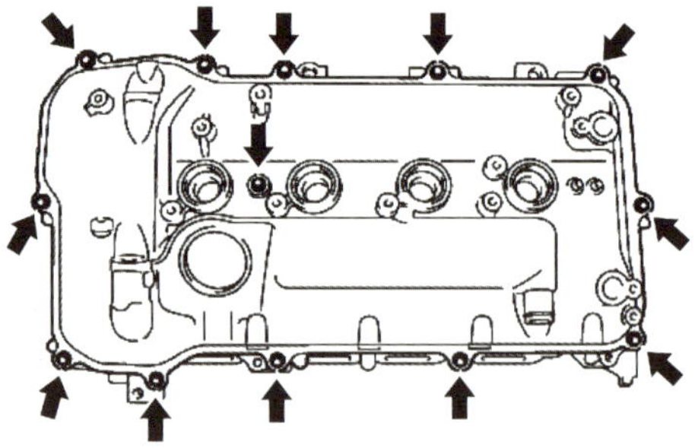

图 7-43　紧固螺栓

2.配气机构的组成

配气机构主要由气门组、气门传动组和气门驱动组组成。

3.配气机构的工作原理

当凸轮(下置式)凸起部分与挺柱接触时，将挺柱顶起，挺柱通过推杆、调整螺钉使摇臂绕摇臂轴顺时针摆动，摇臂的长臂端向下推动气门，压缩气门弹簧，将气门头部推离气门座而打开。当凸轮凸起部分的顶点转过挺柱后，逐渐减少对挺柱的推力，气门在其弹簧张力的作用下，开度逐渐减少，直至最后关闭，使气缸密封。

4.气门驱动组的组成

气门驱动组主要由正时链条、凸轮轴正时齿轮及曲轴正时齿轮等组成。

5.正时链条的作用

正时链条的作用是将曲轴正时齿轮的动力传递给凸轮轴正时齿轮，并且保证曲轴正时齿轮与凸轮轴正时齿轮正确的相对位置。

6.正时链条拆卸作业的主要步骤

拆卸气缸盖罩、拆卸气缸盖罩衬垫、将1号气缸活塞设置到压缩上止点、拆卸曲轴皮带轮、拆卸1号链条张紧器、拆卸正时链条盖、拆卸正时链条张紧器导板、拆卸1号链条振动阻尼器、拆卸正时链条、拆卸2号链条振动阻尼器、拆卸曲轴正时链条(安装时按照相反的顺序)。

7.正时链条拆装作业中的注意事项

①禁止在不使用链条张紧器的情况下转动曲轴。

②安装时曲轴正时齿轮上的键槽要对准曲轴上的正时齿轮键,并确保安装可靠。

③确保正时链条上橙色标记板和正时标记对准,并使标记板位于发动机前侧。

④在第一缸活塞压缩上止点时,重新检查每个正时标记。

任务检测

一、判断题

1.曲轴与凸轮轴之间的传动方式有齿轮传动、链传动和带传动3种。　(　　)

2.凸轮轴的转速比曲轴的转速快一倍。　(　　)

3.正时齿轮装配时,必须使正时标记对准。　(　　)

4.配气机构是根据发动机工作循环需要适时地打开和关闭进、排气门的装置。　(　　)

二、单选题

1.曲轴与凸轴的传动比是(　　)。

A.1∶1　　B.1∶2　　C.2∶1　　D.置于仓库放置

2.下述零件不属于气门驱动组的是(　　)。

A.正时链条　　B.凸轮轴正时齿轮

C.曲轴正时齿轮　　D.气门

三、填空题

1.配气机构主要由________、________和________组成。

2.正时链条的作用是将________正时齿轮的动力传递给________正时齿轮,并且保证曲轴________与凸轮轴________正确的相对位置。

任务评价

表7-1　任务评价表

序号	内　容	分值/分	得分
1	转动曲轴皮带轮,对准正时标记	5	
2	检查凸轮轴正时齿轮、链轮上的正时标记与1号、2号轴承盖上的正时标记对准	5	

续表

序号	内　容	分值/分	得分
3	使用专用工具拆卸曲轴皮带轮	15	
4	拆卸 1 号链条张紧器	5	
5	拆卸正时链条盖	10	
6	拆卸正时链条	5	
7	调整定扭扳手扭矩至 21 N·m,并用定扭扳手紧固两个 1 号链条振动阻尼器固定螺栓	5	
8	调整定扭扳手扭矩至 10 N·m,并用定扭扳手紧固两个 2 号链条振动阻尼器固定螺栓	5	
9	正确安装正时链条	15	
10	安装正时链条张紧器导板	15	
11	调整定扭扳手扭矩至 10 N·m,并用定扭扳手紧固两个 1 号链条张紧器固定螺母	5	
12	使用专用工具安装曲轴皮带轮,并紧固曲轴皮带轮固定螺栓至190 N·m	10	
总　分		100	

注:操作规范即得分,操作错误或未进行操作不得分。

学习任务二　拆装凸轮轴

任务目标

①能够正确描述气门传动组的组成。

②能够正确描述凸轮轴的结构和作用。

③能够正确描述摇臂的结构和作用。

④能够依据汽车维修安全规范操作要求,规范、熟练地完成配气机构的凸轮轴拆装作业。

学习重点

气门传动组的组成。

知识准备

一、气门传动组的组成

气门传动组主要由排气凸轮轴、进气凸轮轴、摇臂、液压挺柱等组成，如图 7-44 所示。气门传动组的作用是使进、排气门能按发动机工作需求在规定的时刻开闭，并且保证有足够的开度。

图 7-44　气门传动组的组成

二、凸轮轴的结构

凸轮轴上有进、排气凸轮，前端轴，凸轮轴轴颈以及凸轮轴位置传感器信号盘等，如图 7-45 所示。现代发动机多采用凸轮轴顶置式配气机构，即凸轮轴安装在气缸盖上。

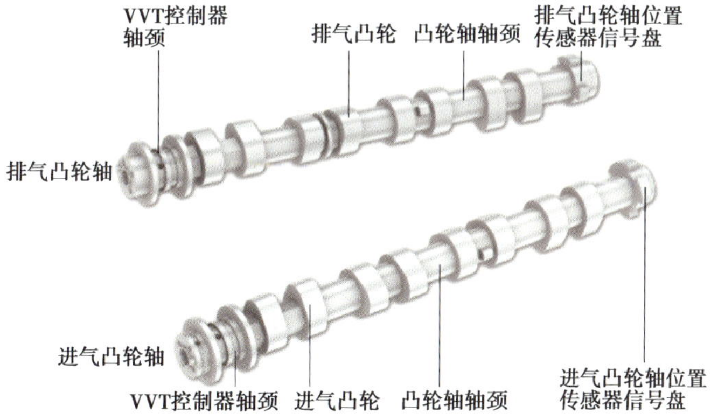

图 7-45　凸轮轴的结构

三、凸轮轴的作用

凸轮轴的作用是使气门按一定的工作次序和配气相位及时开闭，并保证气门有足够的升程。凸轮轴是由发动机曲轴驱动旋转，并将力传递给摇臂，如图 7-46 所示。

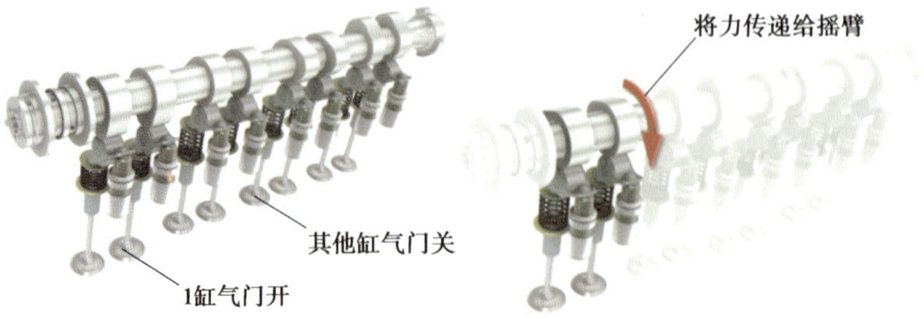

图 7-46 凸轮轴的作用

四、摇臂的结构

摇臂主要由摇臂支架、衬套、滚轮、滚针、滚轮轴组成，如图 7-47 所示。摇臂的实质是杠杆，凸轮轴顶置式配气机构采用的摇臂为单臂杠杆。摇臂的支点为摇臂支座。

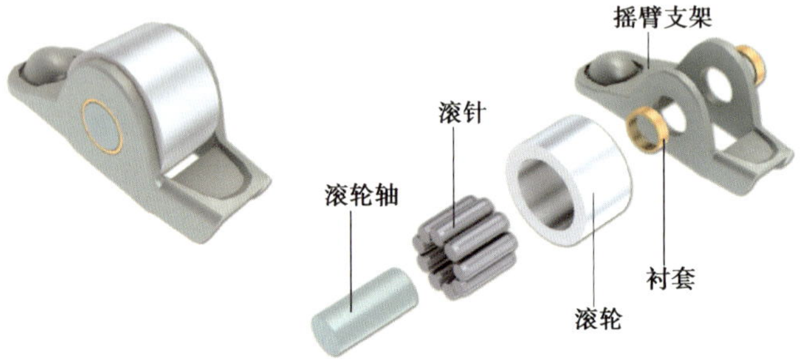

图 7-47 摇臂的结构

五、摇臂的作用

摇臂的作用是通过将凸轮轴的旋转运动转变为摇臂的上下摆动，从而控制气门的开启。

任务实施

一、操作准备

> ☆ **注意事项**
>
> 参照厂家的质量标准要求，拆卸凸轮轴轴承盖固定螺栓时，须按照从两边到中间的顺序安装进、排气凸轮轴，确保凸轮轴的锁销位置正确。安装凸轮轴轴承盖时，确保凸轮轴轴承盖的标记和位置正确。安装凸轮轴轴承盖固定螺栓时，须按照从中间到两边的顺序。

1.组织方式

每 4 位同学一组，按照企业岗位操作规范认识 2007 款卡罗拉 1.6 L/AT 轿车 1ZR-FE 发动机上配气机构的凸轮轴，对凸轮轴进行拆装作业。每组作业时间为 15 min。

2.作业准备

①安装进、排气凸轮轴时，须确保凸轮轴的锁销位置正确。

②安装凸轮轴轴承盖时，须确保凸轮轴轴承盖的标记和位置正确。

3.设备设施

2007 款卡罗拉 1.6 L/AT 轿车 1ZR-FE 发动机一台、发动机台架、工具车、零件车、垃圾桶。

二、操作过程

1.拆卸凸轮轴

①使用 10 mm 套筒、接杆、棘轮扳手按从两边到中间的顺序，分 2~3 次均匀地拧松并拆下 10 个轴承盖螺栓，如图 7-48 所示。

②在曲轴的连杆轴颈处于水平状态时，使用 12 mm 套筒、接杆、棘轮扳手按从两边到中间的顺序，分 2~3 次均匀拧松并拆下 15 个轴承盖螺栓，如图 7-49 所示。

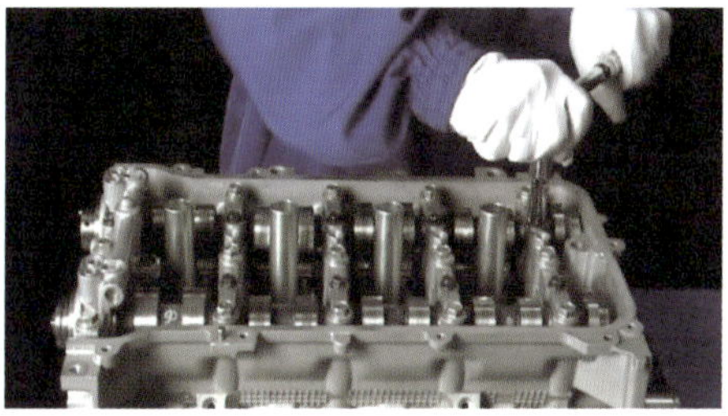

图 7-48　拆下轴承盖螺栓

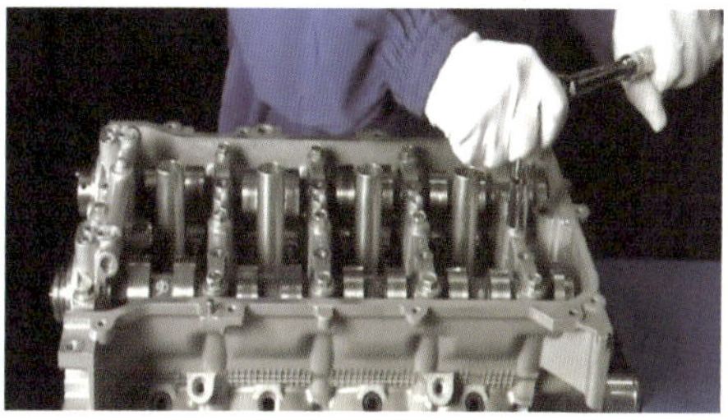

图 7-49　拆下轴承盖螺栓

③拆下轴承盖，并按正确的顺序摆放拆下的零件，如图 7-50 所示。

☆ **注意事项**

凸轮轴固定螺栓按从两边到中间的顺序拆卸。

④用手取下进、排气凸轮轴，如图 7-51 所示。

图 7-50　拆下轴承盖

图 7-51　取下进、排气凸轮轴

2.安装凸轮轴

①使用压缩空气清洁凸轮轴接触面，如图 7-52 所示。

②安装进、排气凸轮轴，并确保凸轮轴的锁销位置正确，如图 7-53 所示。

图 7-52　清洁凸轮轴接触面

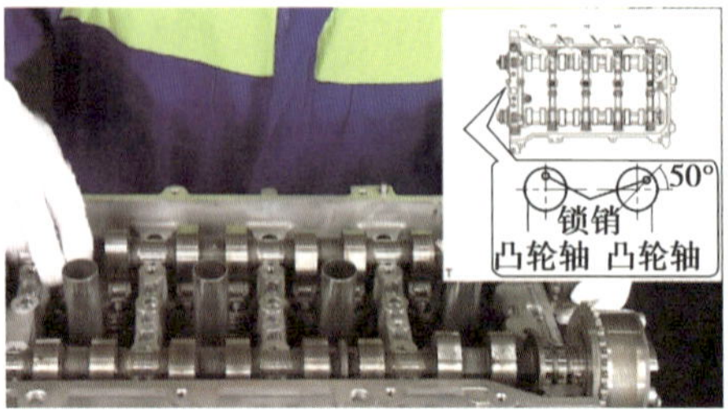

图 7-53　安装凸轮轴

3.安装凸轮轴轴承盖

①使用压缩空气清洁凸轮轴轴承盖，如图 7-54 所示。

②依次安装 5 个凸轮轴轴承盖，并确保凸轮轴轴承盖的标记和位置正确，如图 7-55 所示。

图 7-54　清洁凸轮轴承盖

图 7-55　安装凸轮轴轴承盖

③从中间往两边依次安装拧紧 10 个凸轮轴轴承盖螺栓，使用 10 mm 套筒、接杆、定扭扳手按照从中间到两边的顺序将螺栓紧固至 16 N · m，如图 7-56 所示。

④安装 15 个轴承盖固定螺栓，使用 12 mm 套筒、接杆、定扭扳手按照从中间到两边的顺序将螺栓紧固至 27 N · m，如图 7-57 所示。

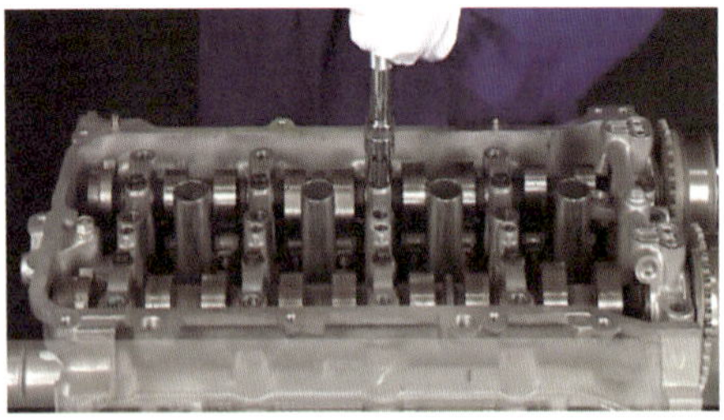

图 7-56　安装螺栓

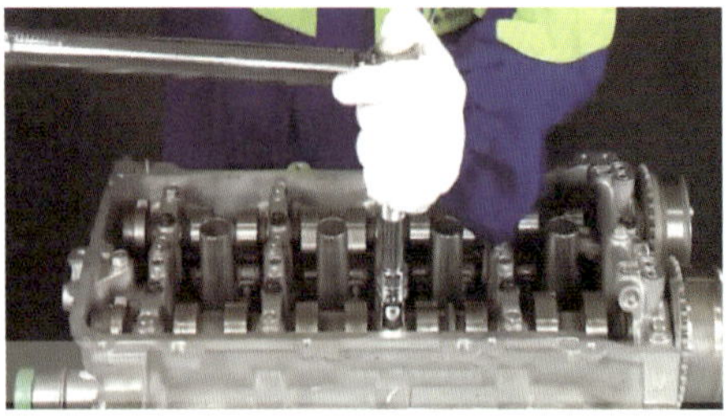

图 7-57　安装固定螺栓

任务小结

1.气门传动组的组成

气门传动组主要由排、进气凸轮轴，摇臂，液压挺柱等组成。

2.凸轮轴的作用

进、排气凸轮轴上有进、排气凸轮，前端轴，凸轮轴轴颈以及凸轮轴位置传感器信号盘等。它的作用是使气门按一定的工作次序和配气定时及时开闭，并保证气门有足够的升程。凸轮轴是由发动机曲轴驱动而旋转的，并将力传递给摇臂。

3.凸轮轴拆卸作业的主要步骤

拆卸凸轮轴轴承，拆卸进、排气凸轮轴(安装时按照相反的顺序)。

4.凸轮轴拆装作业中的注意事项

①拆卸凸轮轴轴承盖固定螺栓时，须按照从两边到中间的顺序。

②安装进、排气凸轮轴时，须确保凸轮轴的锁销位置正确。

③安装凸轮轴轴承盖时，须确保凸轮轴轴承盖的标记和位置正确。

④安装凸轮轴轴承盖固定螺栓时，须按照从中间到两边的顺序。

任务检测

一、判断题

1.凸轮轴的作用是控制气门的开启和闭合动作。（　　）

2.现在大多数量产车的发动机配备的是顶置式凸轮轴。（　　）

3.安装凸轮轴轴承盖时可不按顺序紧固螺栓。（　　）

4.卡罗拉配气机构中凸轮轴传动方式采用齿形带传动。（　　）

5.卡罗拉配气机构中凸轮轴为上置式，安装在气缸盖上。（　　）

6.安装凸轮轴轴承盖时，须确保凸轮轴轴承盖的标记和位置正确。（　　）

7.凸轮轴的转速比曲轴的转速快一倍。（　　）

8.凸轮轮廓形状包括以凸轮旋转中心为中心的圆弧、凸轮上升段和下降段。（　　）

9.配气机构按凸轮轴的位置，可分为凸轮轴下置式、凸轮轴中置式和凸轮轴上置式。（　　）

二、单选题

1.卡罗拉配气机构中凸轮轴布置形式为(　　)。

A.凸轮轴上置式　　B.凸轮轴中置式

C.凸轮轴后置式　　D.凸轮轴下置式

2.下述各零件中，不属于气门传动组的是(　　)。

A.气门弹簧　　B.气门　　C.气门弹簧座　　D.凸轮轴

3.拆卸凸轮轴轴承盖固定螺栓时，应按照以下哪种顺序要求进行操作？(　　)

A.无要求　　B.从中间向两边　　C.从两边向中间　　D.对角顺序

4.在凸轮轴拆装过程中,拆下凸轮轴壳需用到以下哪个工具?(　　)

A.一字螺丝刀(头部缠有胶带)　　B.空气喷枪

C.指针式扭力扳手　　D.铲刀

5.气门的升程取决于(　　)。

A.凸轮的轮廓　　B.凸轮轴的转速　　C.配气相位　　D.凸轮的大小

6.发动机排气门的锥角一般较大,是因为(　　)。

A.排气门热负荷大　　B.排气门头部直径小

C.配气相位的原因　　D.没有特别原因

7.下面哪种凸轮轴布置形式最适合于高速发动机?(　　)

A.凸轮轴下置式　　B.凸轮轴上置式　　C.凸轮轴中置式　　D.各种形式都一样

8.在配气机构中,气门盘有一锥面,其主要作用是(　　)。

A.密封　　B.提高进气量　　C.增大点火提前角　　D.增加喷油量

三、填空题

1.凸轮轴的作用是使气门按一定的工作次序和________及时开闭,并保证气门有足够的________。

2.摇臂的作用是通过将凸轮轴的________运动转变为摇臂的________摆动,从而控制气门的开启。

3.气门的开闭时刻与规律完全取决于________的轮廓曲线形状。

任务评价

表 7-2　任务评价表

序号	内　容	分值/分	得分
1	使用 10 mm 套筒、接杆、棘轮扳手按从两边到中间的顺序,依次拆下 10 个凸轮轴轴承盖固定螺栓	10	
2	使用 12 mm 套筒、接杆、棘轮扳手按从两边到中间的顺序,依次拆下 15 个凸轮轴轴承盖固定螺栓	10	
3	拆卸凸轮轴轴承盖,并按顺序摆放	10	
4	拆卸进、排气凸轮轴	20	
5	清洁并润滑摇臂,气门间隙调节器及进、排气凸轮轴	10	
6	检查凸轮轴正时位置	10	

续表

序号	内　容	分值/分	得分
7	将 5 个凸轮轴轴承盖安装至正确位置	10	
8	用 10 mm 套筒、接杆、定扭扳手将 10 个凸轮轴轴承盖固定螺栓按照从中间到两边的顺序紧固至 16 N·m	10	
9	用 12 mm 套筒、接杆、定扭扳手将 15 个凸轮轴轴承盖固定螺栓按照从中间到两边的顺序紧固至 27 N·m	10	
总　分		100	

注：操作规范即得分，操作错误或未进行操作不得分。

学习任务三　拆装气门组

任务目标

①能够正确描述气门组的组成和气门结构。

②能够正确描述气门导管、气门弹簧和气门锁片的作用。

③能够依据汽车维修操作要求，规范、熟练地完成配气机构的气门组拆装作业。

学习重点

配气机构气门组的组成和气门结构。

知识准备

一、气门组的组成

气门组主要由气门、气门导管、气门油封、气门弹簧、弹簧座、气门锁片组成，如图 7-58 所示。气门传动组的作用是使进、排气门能按发动机工作需求在规定的时刻开闭，并且保证有足够的开度。

二、气门的结构

气门由头部、杆部和锁止部分组成，包括气门头部、气门杆、锁片环槽等，如图 7-59 所示。气门密封锥面的锥角，称为气门锥角，一般为 45°或 30°。气门边缘应保持一定的厚度，一般为 1~3 mm。气门杆为圆柱形，在气门导管中不断进行往复运动。

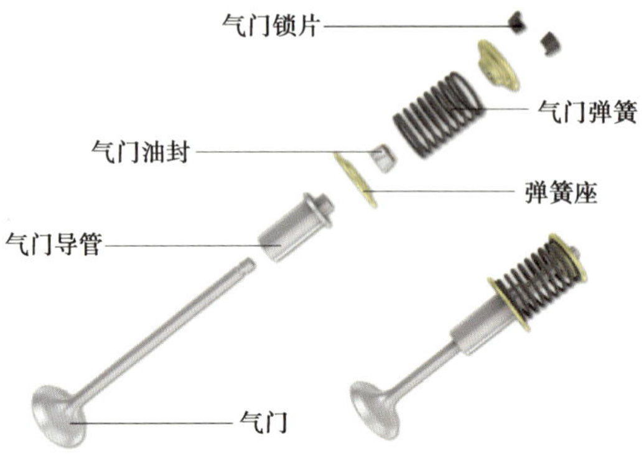

图 7-58　气门组的组成

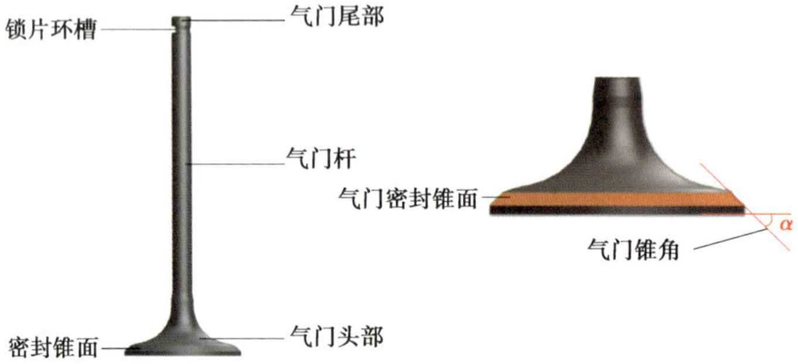

图 7-59　气门的结构

三、气门的作用

气门是燃烧室的组成部分，在活塞压缩、做功过程中密封气缸，进、排气行程中打开或关闭进排气道，如图 7-60 所示。

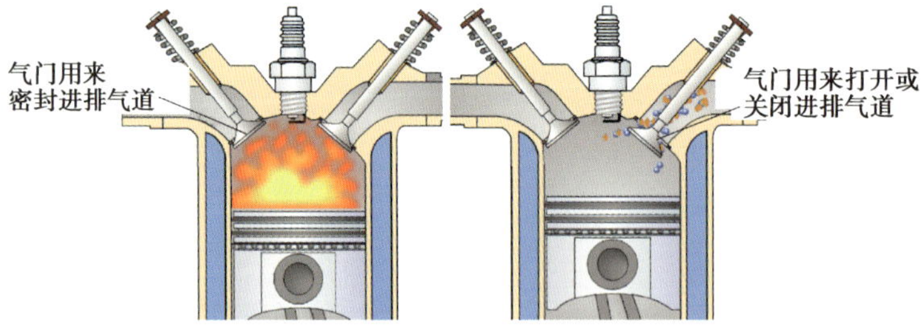

图 7-60　气门的作用

四、气门导管的作用

气门导管作为气门的运动导向，其主要作用是保证气门做直线往复运动，同时，气门还为气门杆散热，如图 7-61 所示。

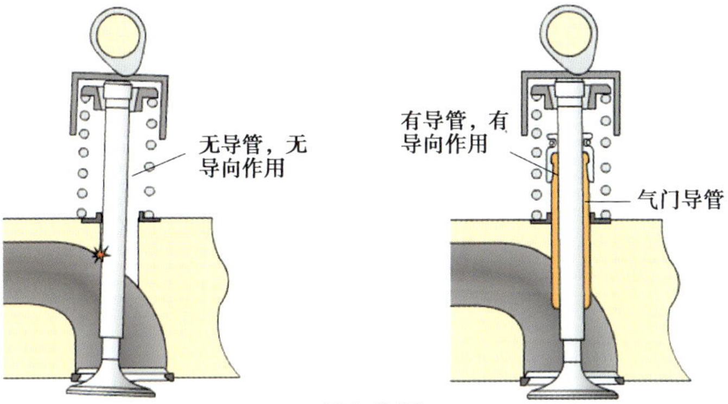

(a) 导向作用

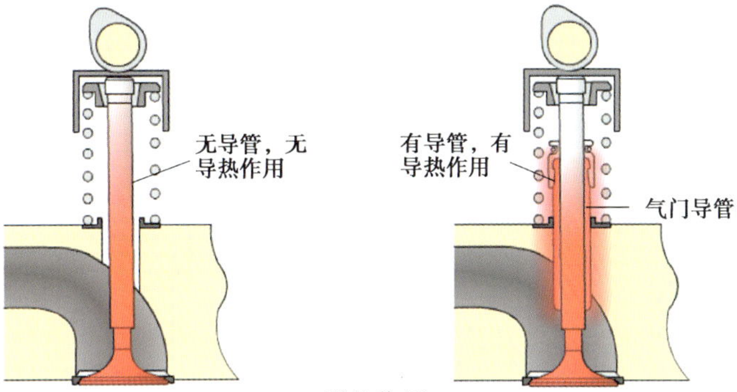

(b) 散热作用

图 7-61　气门导管的作用

五、气门弹簧的作用

气门弹簧的作用是使气门及时关闭，并保证气门与气门座紧密贴合，防止气门发生跳动，如图 7-62 所示。

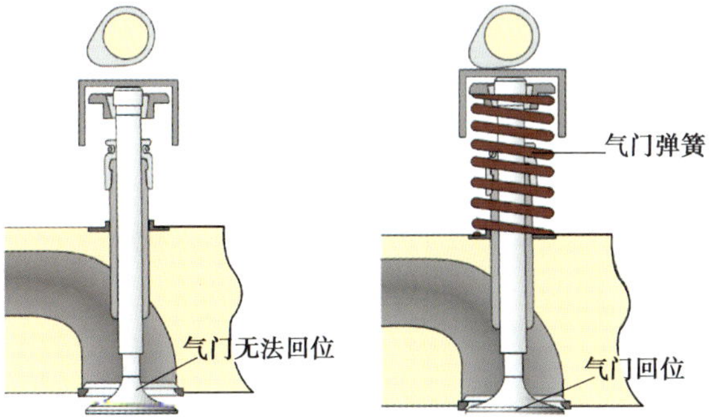

图 7-62　气门弹簧的作用

六、气门锁片的作用

气门锁片的作用是使气门与气门弹簧座紧密贴合，防止气门在运动过程中脱落，如图 7-63所示。

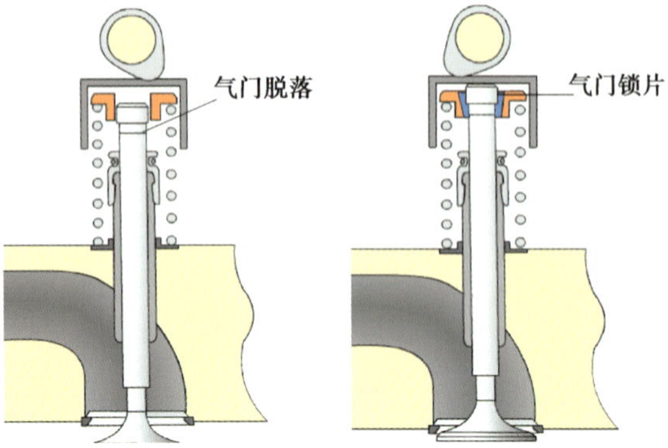

图 7-63　气门锁片的作用

任务实施

一、操作准备

☆ **注意事项**

参照厂家的质量标准要求进行项目作业，在满足厂家的生产规范和质量要求的前提下，能够熟练、快速地拆卸和安装气门组。装配前必须对零部件进行清洗与检验，气门组部件必须按照原位装入，不得装错。

1.组织方式

每4位同学一组，按照企业岗位操作规范认识2007款卡罗拉1.6 L/AT轿车1ZR-FE发动机上配气机构的气门组，对气门组进行拆装作业。每组作业时间为20 min。

2.作业准备

①拆下气门油封后需更换新的气门油封。

②安装前要对相关部件进行清洁和润滑。

3.设备设施

2007款卡罗拉1.6 L/AT轿车1ZR-FE发动机一台、发动机台架、工具车、零件车、垃圾桶。

二、操作过程

1.拆卸气门组

(1)拆卸气缸盖

拆卸气缸盖，如图7-64所示。

(2)拆卸气门弹簧

①将拆下的气缸盖平放在垫木上，使用气门拆装钳逐步压紧气门弹簧使气门锁片露出，如图7-65所示。

图 7-64　拆卸气缸盖

图 7-65　使用气门拆装钳逐步压紧气门弹簧使气门锁片露出

②使用磁力吸棒依次取出每个气门中的两个气门锁片，如图 7-66 所示。

③用拆装钳依次取下气门弹簧座和气门弹簧，如图 7-67 所示。

图 7-66　使用磁力吸棒去除气门锁片

图 7-67　取下弹簧座和气门弹簧

(3)拆卸气门

将气缸盖侧立放置在垫木上，取下进、排气门，如图 7-68 所示。

(4)拆卸气门油封

将气缸盖平放在垫木上，选择油封拆卸专用尖嘴钳拆下气门油封，如图 7-69 所示。

图 7-68　拆卸气门

图 7-69　拆卸气门油封

2.安装气门组

(1)安装气门油封

①使用压缩空气清洁新的气门油封，如图 7-70 所示。

②在新的气门油封上涂抹一薄层发动机机油，如图 7-71 所示。

③使用导管将气门油封压紧在各气门导管上，如图 7-72 所示。

(2)安装气门

①将气缸盖侧立在垫木上，使用压缩空气清洁表面及气门导管，如图 7-73 所示。

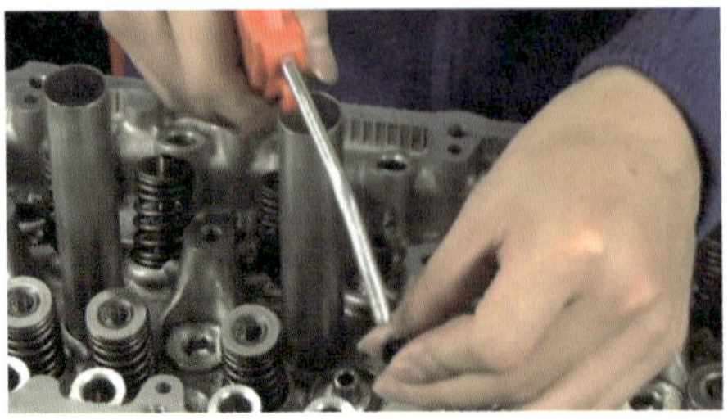

图 7-70　清洁气门油封

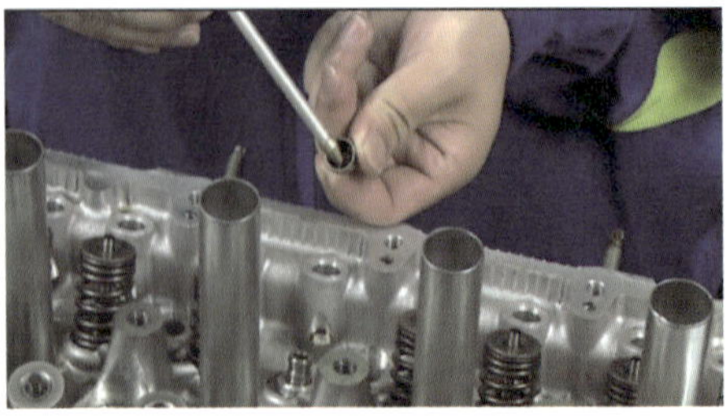

图 7-71　涂抹发动机机油

图 7-72　使用导管将气门油封压紧

图 7-73　清洁气门导管

②依次在进、排气门的气门杆端处涂抹一薄层发动机机油，并按顺序装入，如图 7-74 所示。

(3) 安装气门弹簧

①将气缸盖平放在垫木上，依次安装气门弹簧及弹簧座，如图 7-75 所示。

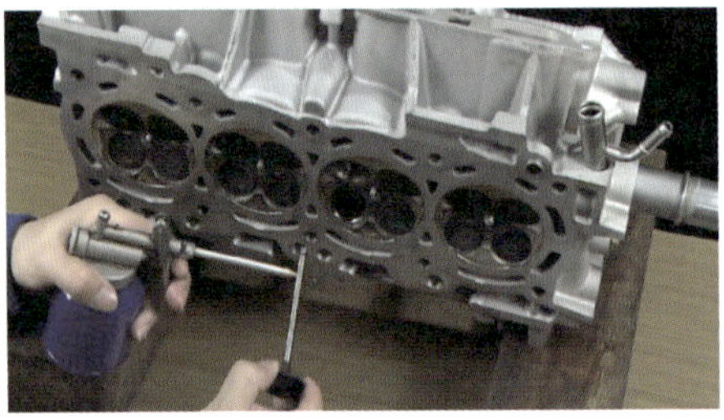

图 7-74　涂抹发动机机油并按顺序装入

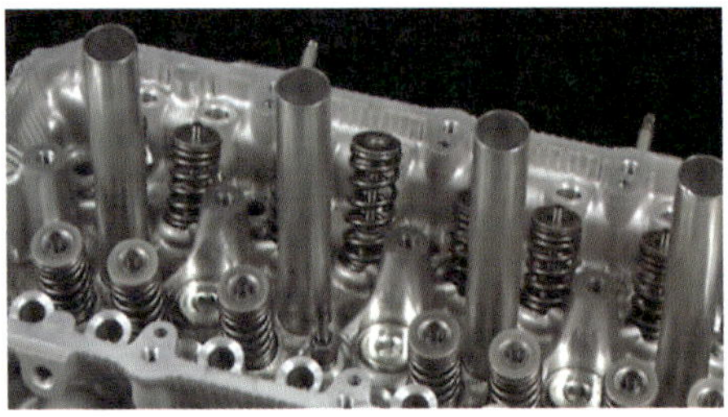

图 7-75　安装气门弹簧及弹簧座

②用气门拆装钳压紧气门弹簧，使气门端部环槽露出，如图 7-76 所示。

③安装气门锁片，缓慢松开气门拆装钳使两个气门锁片可靠落座，取下气门拆装钳，如图 7-77 所示。

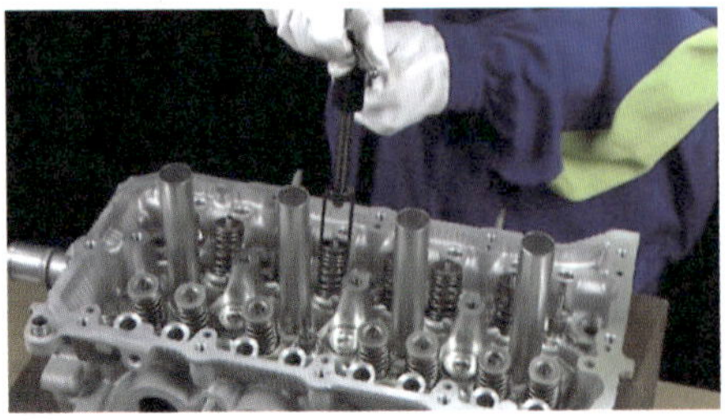

图 7-76　使用气门拆卸钳压紧气门弹簧

图 7-77　安装气门锁片

④使用塑料锤轻敲气门杆顶部，以确保气门锁片、气门弹簧等安装到位，如图 7-78 所示。

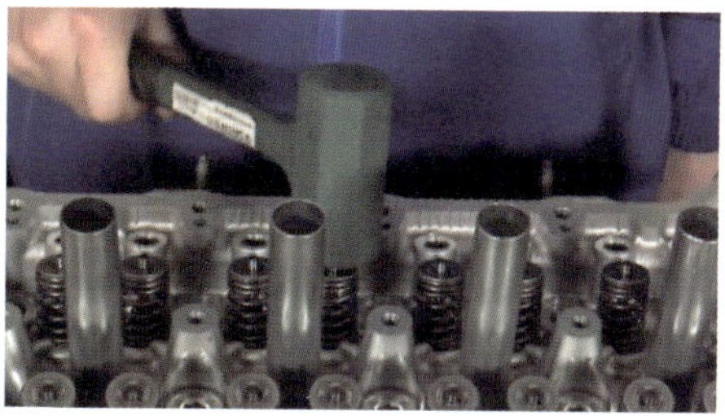

图 7-78 用塑料锤轻敲气门杆

任务小结

1.气门组的组成

气门组主要由气门、气门导管、气门油封、气门弹簧、弹簧座、气门锁片组成。

2.气门的作用

气门由气门头部、气门杆、锁片环槽等组成。它的作用是在活塞压缩、做功过程中密封气缸，在进气、排气行程中打开或关闭进、排气通道。

3.气门弹簧的作用

气门组中气门导管为气门的运动导向，同时还为气门杆散热；气门弹簧的作用是使气门及时关闭，并保证气门与气门座紧密贴合，防止气门发生跳动；气门锁片用来保证气门与气门弹簧紧密贴合，防止气门在运动过程中发生脱落。

4.气门组拆卸作业的主要步骤

拆卸气缸盖、拆卸气门弹簧、拆卸气门、拆卸气门油封（安装时按照相反的顺序）。

任务检测

一、判断题

1.气门的作用是专门负责向发动机内输入燃料并排出废气。 (   )

2.拆卸气门弹簧座时，用空气喷枪吹入空气，用磁棒拆下气门弹簧座。 (   )

3.将进气门油封安装至排气侧，不会产生影响。 (   )

4.气门锥角一般为 30°或 45°。 (   )

5.配气机构由气门组、气门传动组和气门驱动组组成。 (   )

6.进气门头部直径通常比排气门的大，而气门锥角有时比排气门的小。 (   )

二、单选题

1.下述零件不属于气门组的是(   )。

A.气门弹簧　　B.气门座　　C.摇臂轴　　D.气门导管

2.以下哪个步骤不是安装进气门的步骤？(   )

A.在进气门的底部涂抹足量发动机机油

B.将气门、气门弹簧和弹簧座圈安装到气缸盖上

C.用 SST 和木块压缩弹簧并安装两个座圈锁片

D.用塑料锤轻敲气门杆顶部以确保安装到位

3.四冲程发动机在压缩行程时，进气门和排气门分别处于什么状态？(   )

A.开，开　　B.开，关　　C.关，关　　D.关，开

4.卡罗拉采用的顶置式气门关闭时由以下哪个部件来实现?(　　)

A.气门弹簧　　B.气门导管　　C.气门油封　　D.气门杆

5.在气门组拆装过程中,拆卸气门锁片需用到以下哪个工具?(　　)

A.密封胶　　B.机油壶　　C.磁力吸棒　　D.一字螺丝刀

6.当采用双气门弹簧时,两气门弹簧的旋向(　　)。

A.相同　　B.相反　　C.无所谓　　D.其他

7.进、排气门在进气行程下止点时,(　　)。

A.进气门开,排气门关　　B.排气门开,进气门关

C.进、排气门全关　　D.进、排气门全开

三、填空题

1.________由气门、气门导管、气门弹簧、气门锁片及气门弹簧等组成。

2.气门的开启是通过________的作用完成的,而气门的关闭则是由________来完成的。

3.气门弹簧的作用是使气门________,并保证气门与气门座紧密贴合,防止气门发生跳动。

4.填写图 7-79 所示中对应零部件的名称。

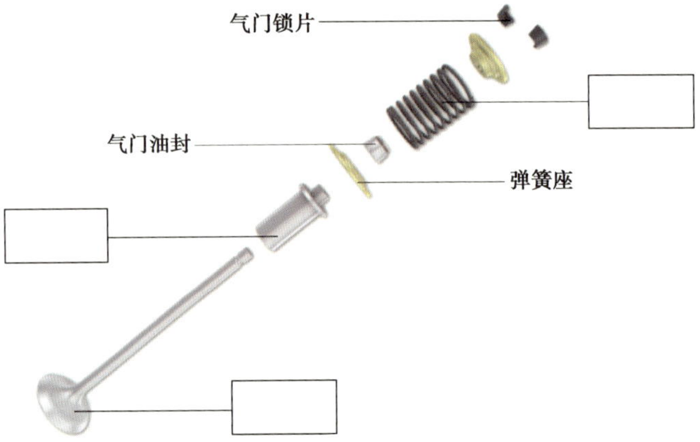

图 7-79　气门组的组成

任务评价

表 7-3　任务评价表

序号	内　容	分值/分	得分
1	使用气门拆装钳逐步压紧气门弹簧使气门锁片露出,并使用磁力吸棒取出气门锁片	15	
2	拆卸气门弹簧座和气门弹簧	5	
3	拆卸进、排气门	10	

续表

序号	内　容	分值/分	得分
4	使用油封拆卸专用尖嘴钳拆下气门油封	10	
5	更换新的气门油封，并对其涂抹一层薄的发动机机油	10	
6	使用气门导管安装新的气门油封	10	
7	清洁气门，并在气门杆端处涂抹一薄层发动机机油	10	
8	按顺序依次安装进、排气门	10	
9	用气门拆装钳压紧气门弹簧，使气门弹簧端部环槽露出，安装气门锁片	10	
10	使用塑料锤轻敲气门杆顶部，以确保气门锁片、气门弹簧等安装到位	10	
总　分		100	

注：操作规范即得分，操作错误或未进行操作不得分。

任务拓展

1.配气机构的类型

配气机构可以从以下不同的角度进行分类：

①根据气门布置位置不同可分为气门侧置式和气门顶置式，如图 7-80 所示。现代汽车发动机均采用气门顶置式。

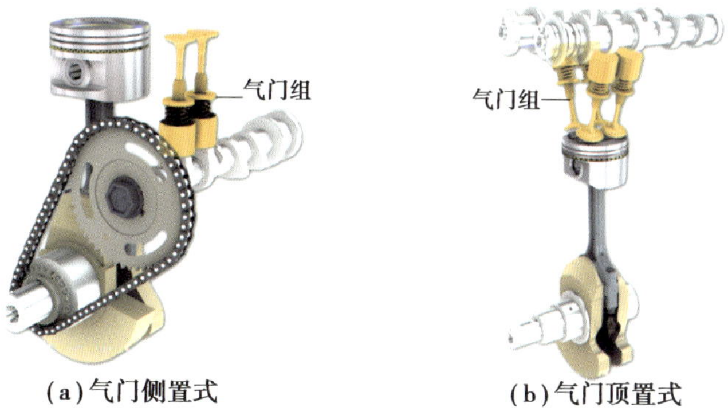

图 7-80　按气门布置位置分类

②根据凸轮轴布置形式不同可分为凸轮轴上置式、凸轮轴中置式和凸轮轴下置式，如图 7-81 所示。凸轮上置式多适用于高速发动机。

③根据凸轮轴传动方式不同可分为齿形带传动式、链条传动式和齿轮传动式，如图 7-82 所示。凸轮中置或下置的配气机构多采用圆柱形定时齿轮传动。凸轮轴上置式多选择链条

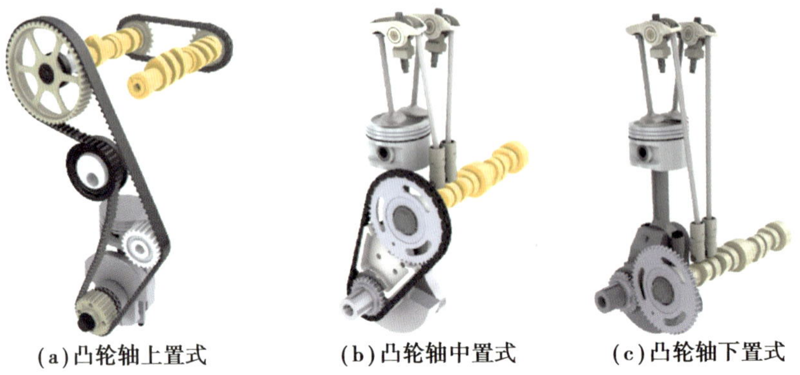

图 7-81　按凸轮轴位置分类

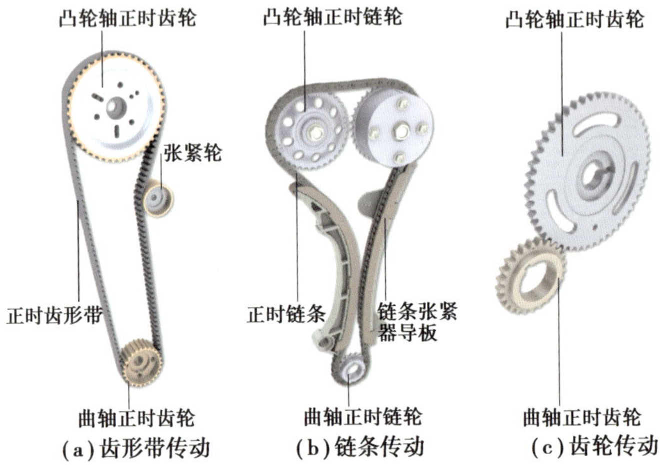

图 7-82　按凸轮轴传动方式分类

或链轮传动。高速汽车发动机上广泛采用传动带来代替链轮。

④根据每缸气门数目不同可分为二气门式、四气门式和五气门式,如图 7-83 所示。

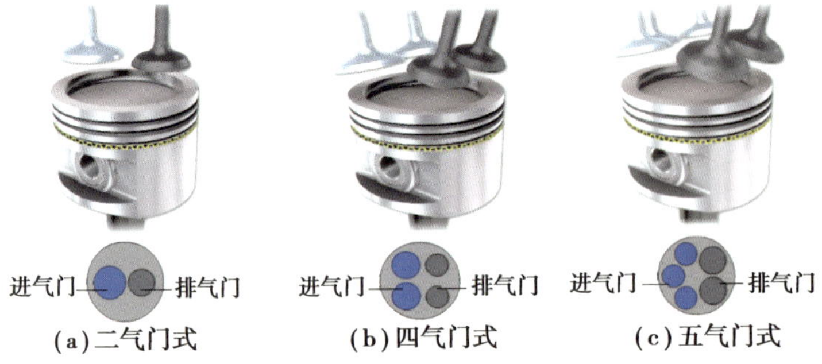

图 7-83　按每缸气门数目分类

2.气门顶部形状

气门顶部有平顶型、凹面型及球面型,如图 7-84 所示。平顶型气门吸热面小,质量小,进、排气门都可采用,目前使用最多的是平顶式。凹面型气门流动阻力小,但受热面积大,适合做进气门。球面型气门排气阻力小，废气清除效果好，适合做排气门。

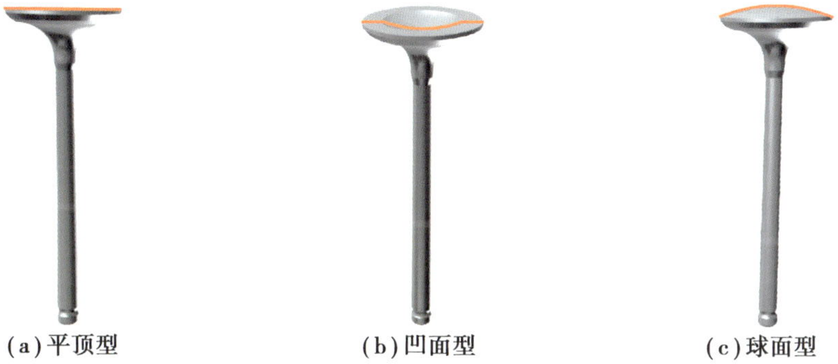

图 7-84　气门顶部形状

3.气门弹簧结构形式

气门弹簧根据其结构形态不同可分为圆柱形螺旋弹簧、双弹簧和变螺距弹簧，如图 7-85 所示。圆柱形螺旋弹簧上下螺距及直径相等；双弹簧内外弹簧旋向相反，当一个弹簧发生共振时，另一弹簧起减振作用；变螺距弹簧上下螺距不等，在弹簧压缩时，螺距较小的弹簧两端逐渐贴合，使有效圈数逐渐减少，防止弹簧发生共振。

图 7-85　气门弹簧结构形式

4.气门弹簧座的固定方式

气门弹簧座的固定方式有锁片式固定和锁销式固定，如图 7-86 所示。

图 7-86　气门弹簧座的固定方式

5.配气相位

配气相位是指用曲轴转角来表示进、排气门实际开闭时间和开启持续时间。通常用相对于上、下止点曲拐位置的曲轴转角的环形图来表示，环形图被称为配气相位图，如图 7-87 所示。

发动机气门实际开闭时刻是早开迟闭，延长进、排气时间，以保证进气充足，废气排放完全，如图 7-88 所示。

进气门提前角一般为 10°～30°，进气门延迟角一般为 40°～80°。排气门提前角一般为 40°～80°，排气门延迟角一般为 10°～30°，如图 7-89 所示。

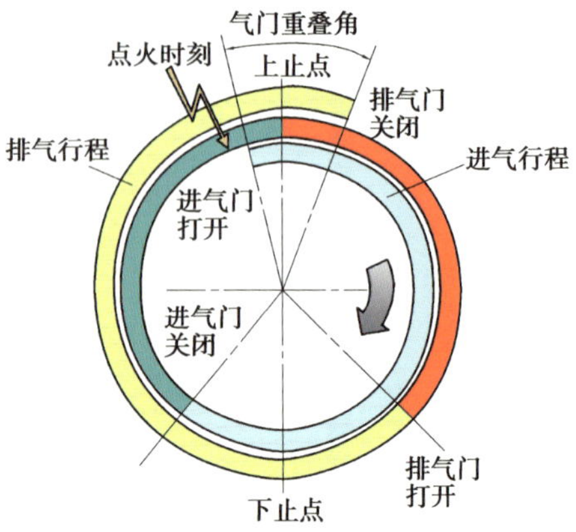

图 7-87　配气相位图

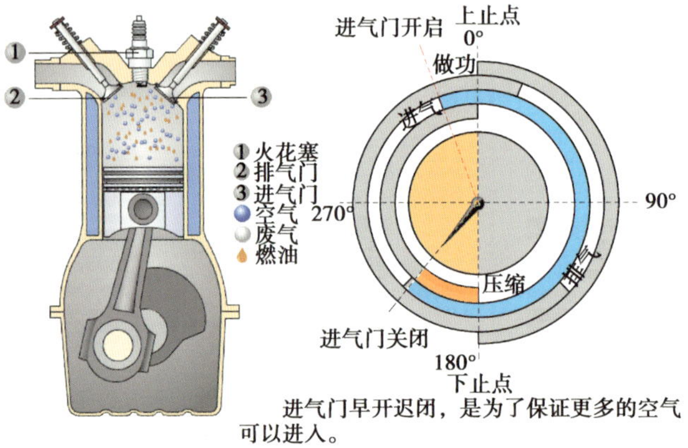

图 7-88　进气相位图

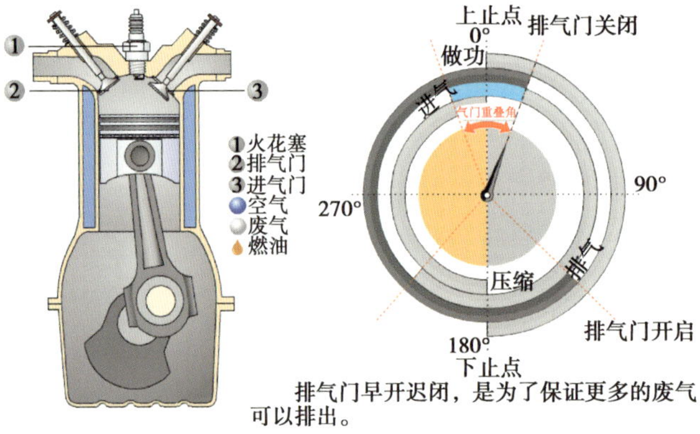

图 7-89　排气相位图

项目八 | 曲柄连杆机构认知与拆装

曲柄连杆机构是发动机的重要组成部件，是往复活塞式发动机将热能转换为机械能的主要机构。曲柄连杆机构的作用是提供燃烧场所，把燃料燃烧后产生的气体作用于活塞顶上的膨胀压力转变为曲轴旋转的转矩，不断输出动力。

本项目主要通过对曲柄连杆机构进行拆装作业，使学生认识、理解其主要机件的结构和原理。曲柄连杆机构如图 8-1 所示。

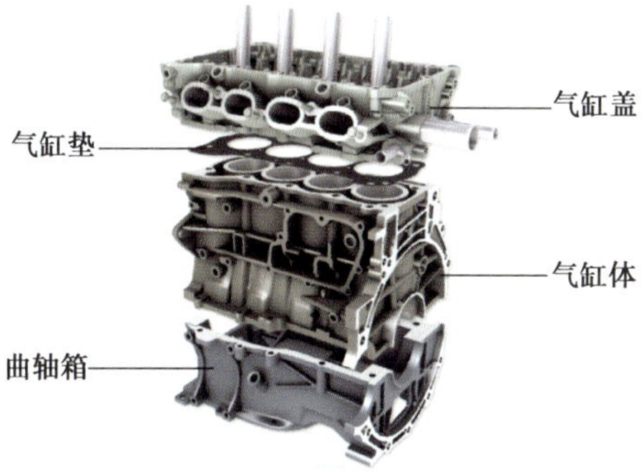

图 8-1　曲柄连杆机构

技能目标

- 根据技术标准对曲柄连杆机构的气缸盖、油底壳、活塞连杆组件和曲轴飞轮组件进行拆装。

知识目标

- 能够描述曲柄连杆机构的结构、组成和作用。
- 阐述曲柄连杆机构组成的各主要部件，指出其所处位置，说出各主要部件之间的关系。

素养目标

- 了解安全操作要求，养成安全文明操作的习惯。
- 养成组员之间互相协作的习惯。
- 实施操作结束后，清洁工具，并将工具设备归位，清洁场地。

/学习任务一/ 拆装气缸盖

任务目标

①能够正确描述曲柄连杆机构的组成和作用。

②能够指出曲柄连杆机构在发动机上所处的位置,认识其主要部件的外形结构及其连接关系。

③能够正确描述曲柄连杆机构中机体组的组成。

④能够正确描述曲柄连杆机构中机体组气缸盖、气缸垫的结构和作用。

⑤按照汽车维修操作要求,规范、熟练地对曲柄连杆机构的气缸盖进行拆装。

学习重点

曲柄连杆机构的组成和作用。

知识准备

一、曲柄连杆机构的组成

曲柄连杆机构主要由机体组、活塞连杆组和曲轴飞轮组三部分组成,如图 8-2 所示。

①机体组由气缸盖、气缸垫、气缸体、油底壳等组成。

②活塞连杆组由活塞、活塞环、活塞销、连杆等部件组成。

③曲轴飞轮组由曲轴、飞轮及其他具有不同作用的零件和附件组成。

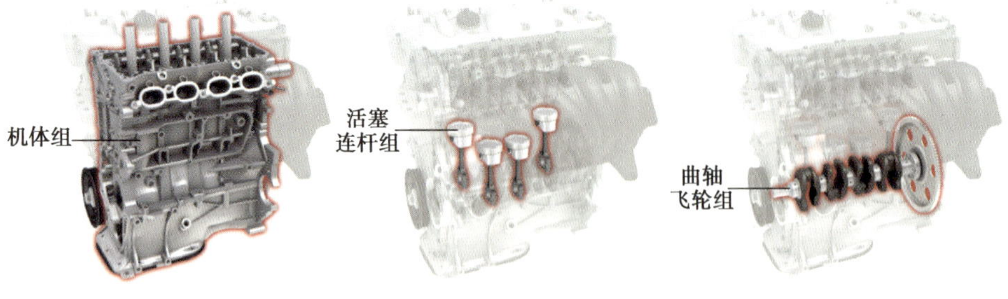

图 8-2 曲柄连杆机构的组成

二、曲柄连杆机构的作用

曲柄连杆机构的作用是把燃气作用在活塞顶上的压力转变为曲轴的转矩,对外输出机械能。它将活塞的往复直线运动转换为曲轴的旋转运动,如图 8-3 所示。

- 机体组的作用:发动机骨架、安装各机构系统的基础。
- 活塞连杆组、曲轴飞轮组的作用:作为主要工作机构,实现能量、运动转换。

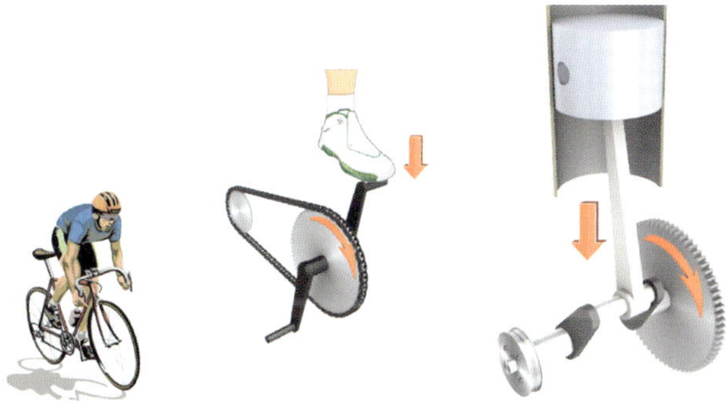

图 8-3　曲柄连杆机构的作用

三、机体组的组成

机体组是发动机的支架，是曲柄连杆机构、配气机构和发动机各系统主要零件的装配基体。它主要由气缸体、气缸盖、气缸垫和油底壳等组成，如图 8-4 所示。

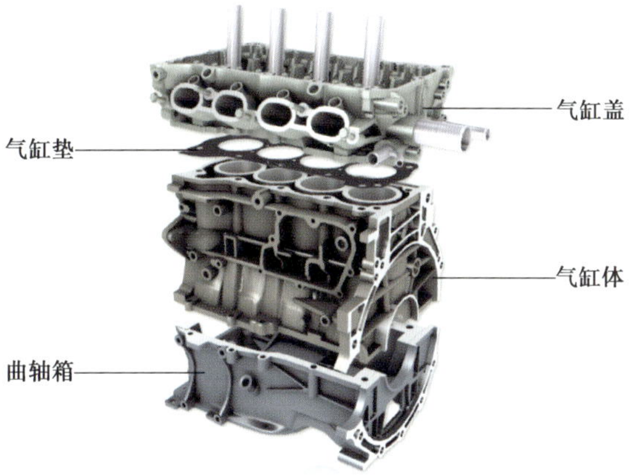

图 8-4　机体组的组成

气缸体上半部有一个或若干个圆柱形空腔，称为气缸，引导活塞在其中运动。气缸体内还加工有引导润滑油的油道及让冷却液流通的冷却水套，如图 8-5 所示。

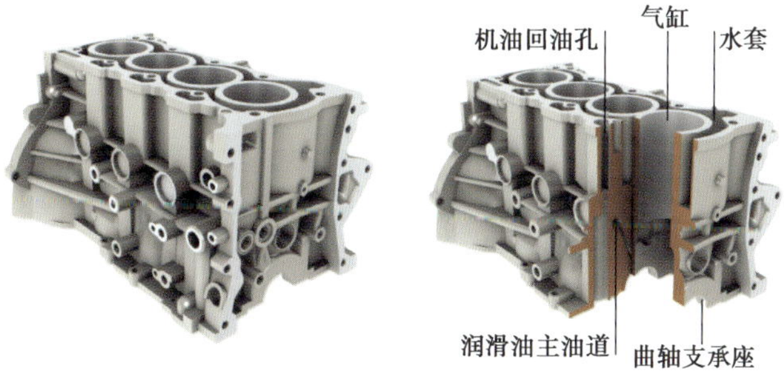

图 8-5　气缸体的结构

四、气缸盖

1.气缸盖的结构

气缸盖上安装有进、排气门，气门摇臂（或凸轮轴），火花塞（或喷油器）及进、排气歧管，气缸盖内有与气缸体相通的冷却水套、润滑油道、火花塞座孔、喷油器座孔、燃烧室、进排气道等，如图 8-6 所示。

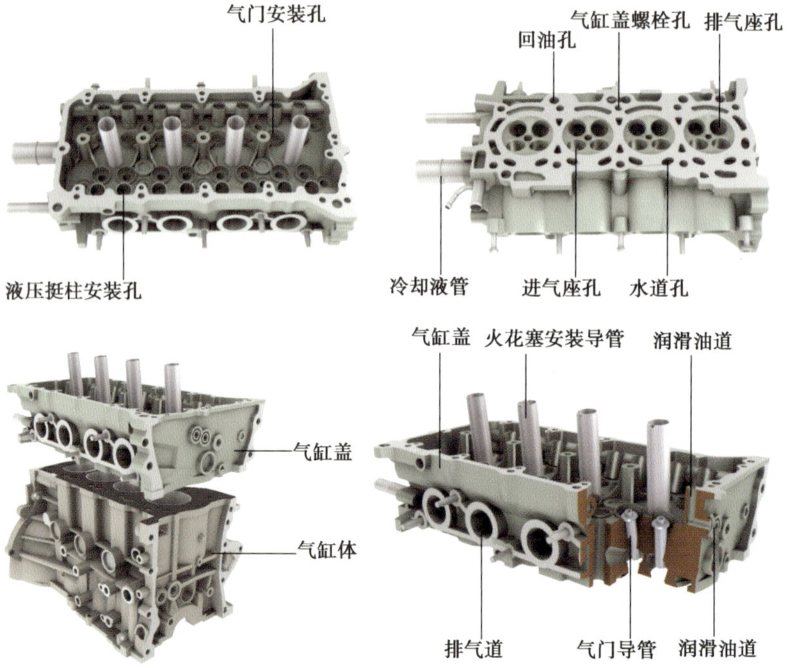

图 8-6　气缸盖的结构

2.气缸盖的作用

气缸盖用来封闭气缸的上部，并与活塞顶、气缸壁共同构成一个密闭的可变空间（燃烧室），如图 8-7 所示。

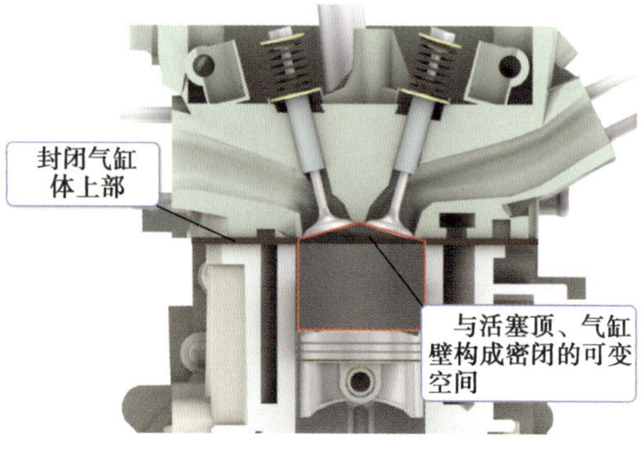

图 8-7　气缸盖的作用

五、气缸垫

1.气缸垫的结构

气缸垫安装在气缸盖和气缸体中间，安装时要定向安装，如图 8-8 所示。气缸垫通常是一次性使用。

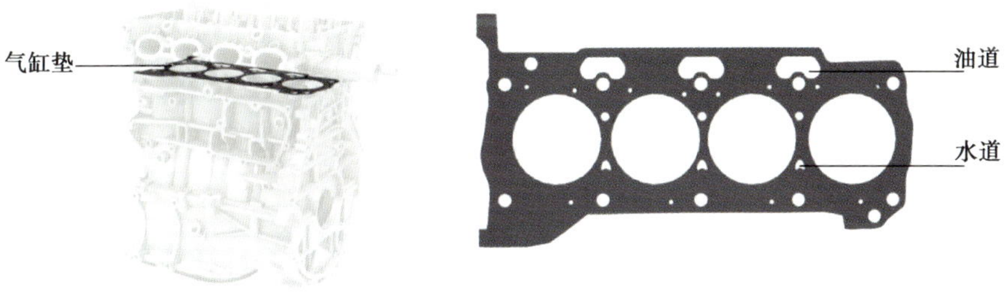

图 8-8　气缸垫的安装位置及结构

2.气缸垫的作用

气缸垫用来保证气缸体与气缸盖结合面间的密封，如图 8-9 所示。

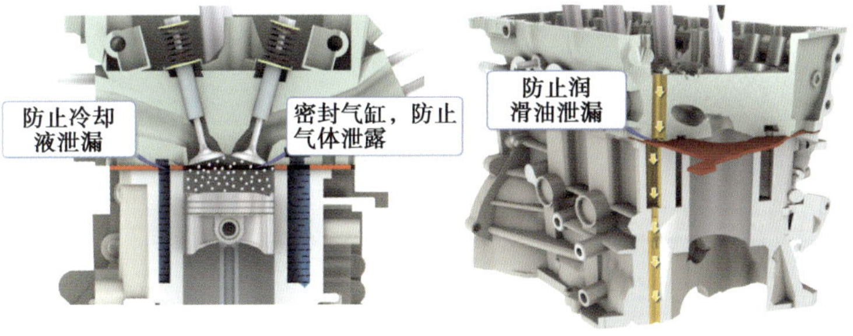

图 8-9　气缸垫的作用

任务实施

一、操作准备

> ☆ **注意事项**
>
> 参照厂家的质量标准要求和安全操作规程进行项目作业，在满足厂家生产规范及质量要求的前提下，能熟练快速地拆卸和安装气缸盖，拆卸和安装气缸盖要在常温下进行。

1.组织方式

每 4 位同学一组，按照企业岗位操作规范识别 2007 款卡罗拉 1.6L/AT 轿车 1ZR-FE 发动机上曲柄连杆机构的机体组的外形结构，对机体组中的气缸盖和气缸垫进行拆装。每组作业时间为 15 min。

2.作业准备

①安装气缸盖前需清洁与检查气缸盖接合面。

②安装气缸盖固定螺栓时,需按规定顺序分次拧紧。

3.设备设施

2007 款卡罗拉 1.6L/AT 轿车 1ZR-FE 发动机、发动机台架、工具车、零件车、垃圾桶。

二、操作过程

1.拆卸气缸盖

①从气缸盖两边到中间,按对角的顺序,用 10 mm 六角套筒、接杆、指针式扭力扳手,分步均匀地松开 10 个气缸盖螺栓,如图 8-10 所示。

②用棘轮扳手拆下螺栓,用磁力吸棒吸取 10 个平垫圈,按顺序摆放好,如图 8-11 所示。

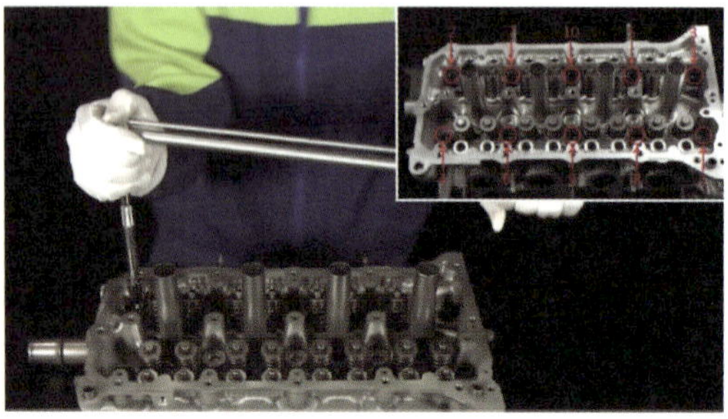

图 8-10 松开气缸盖螺栓

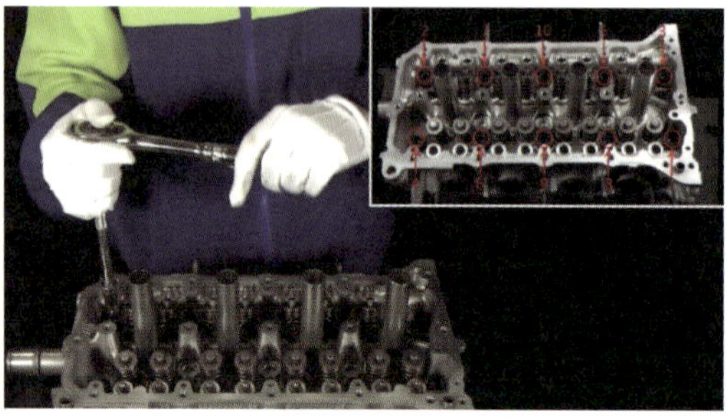

图 8-11 拆下螺栓

☆ 注意事项

螺栓拆卸顺序不正确可导致气缸盖翘曲和开裂。

③使用头部缠有胶带的螺丝刀,撬动气缸盖和气缸体之间的部位,拆下气缸盖,如图 8-12所示。

图 8-12 拆下气缸盖

☆ 注意事项

按照维修手册规定位置进行撬动。

④抬下气缸盖，放置在支撑木上，如图 8-13 所示。

⑤用铲刀将气缸垫从气缸体上铲下，如图 8-14 所示。

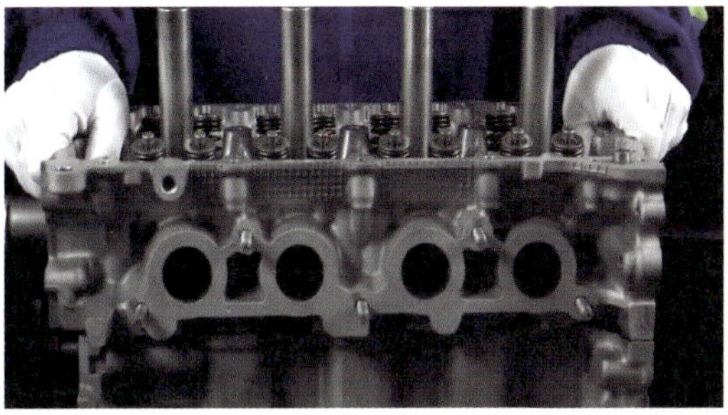

图 8-13　放置气缸盖

图 8-14　用铲刀将气缸垫从气缸体上铲下

> ☆ **注意事项**
>
> 使用铲刀分离气缸垫时，小心不要损坏气缸体平面。

2.安装气缸盖

①使用气枪清洁气缸体、油道、水道和螺栓孔，如图 8-15 所示。

②检查定位销是否固定牢靠，如图 8-16 所示。

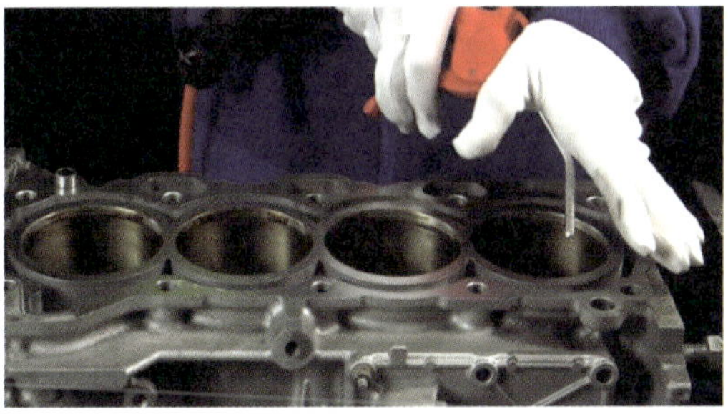

图 8-15　清洁

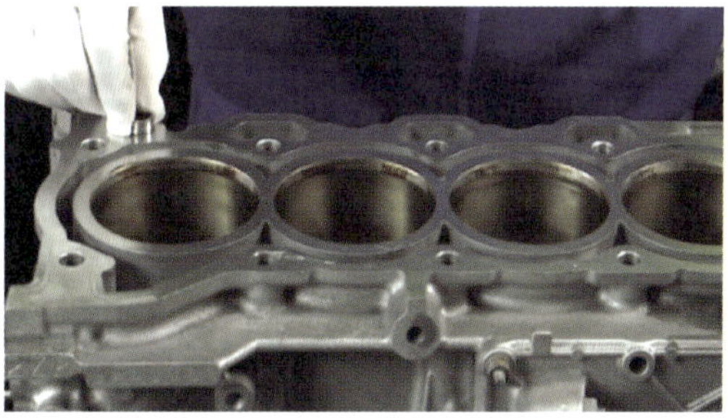

图 8-16　检查定位销

③将衬垫放在气缸体表面上，并使印有批次号的一面朝上，如图 8-17 所示。

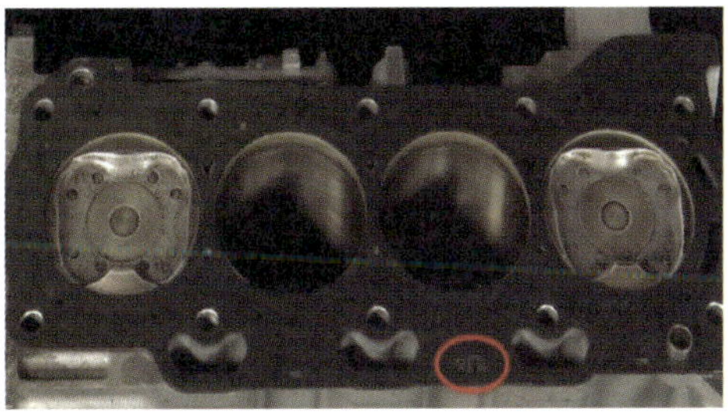

图 8-17　将衬垫放在气缸体表面

> ☆ **注意事项**
>
> 清除接触面的所有机油。
>
> 确保衬垫按正确的方向安装。

④检查水道孔、油道孔、定位销孔是否和气缸垫孔对准，如图 8-18 所示。

⑤安装气缸盖分总成。

a.对准定位销，将气缸盖平稳放到气缸体上，如图 8-19 所示。

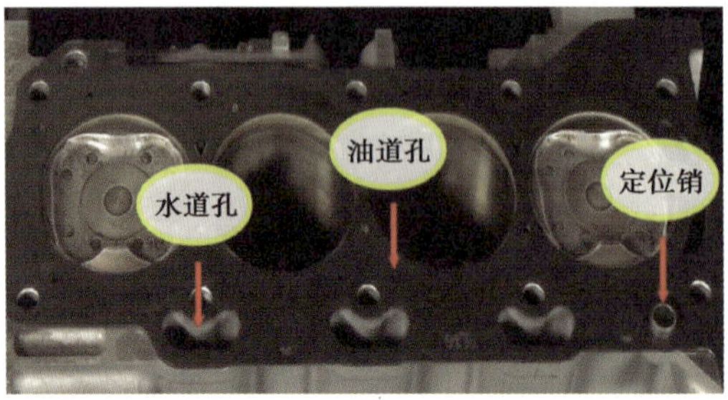

图 8-18　校准

图 8-19　对准定位销

☆ **注意事项**

在对准定位销时注意气缸盖不要滑动，以免定位销损坏气缸盖下平面。

b.在螺栓的螺纹和与垫圈相接触的螺栓头下的部位，涂抹一薄层发动机机油，如图 8-20 所示。

c.将螺栓和平垫圈安装至气缸盖，如图 8-21 所示。

图 8-20　涂抹发动机机油

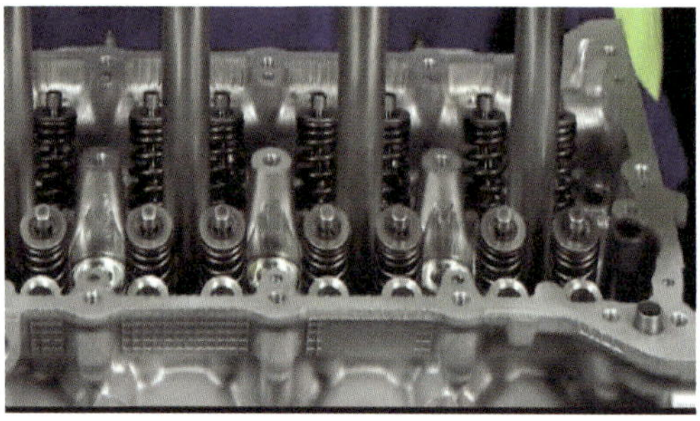

图 8-21　安装螺栓

d.从气缸盖中间到两边按对角线的顺序，用 10 mm 双六角套筒、接杆、棘轮扳手，分步均匀对 10 个气缸盖固定螺栓和平垫圈进行预紧，再选用扭力扳手进行紧固，将螺栓紧固至 49 N · m，如图 8-22 所示。

e.用油漆在气缸盖螺栓前端做标记，如图 8-23 所示。

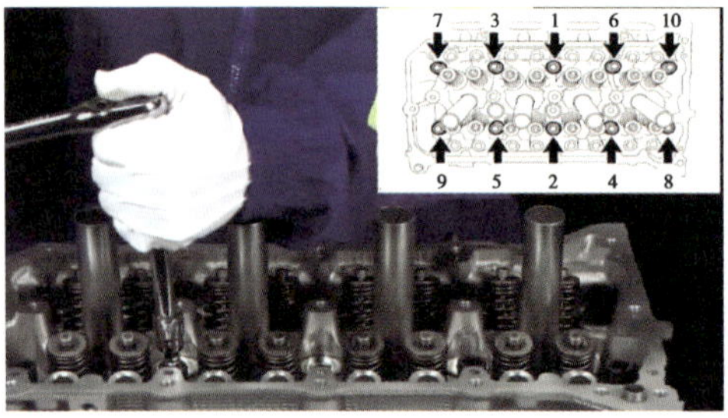

图 8-22　预紧螺栓

图 8-23　螺栓前端做标记

f.将气缸盖螺栓再次用指针式扭力扳手旋转紧固 90°,再旋转紧固 45°,如图 8-24 所示。

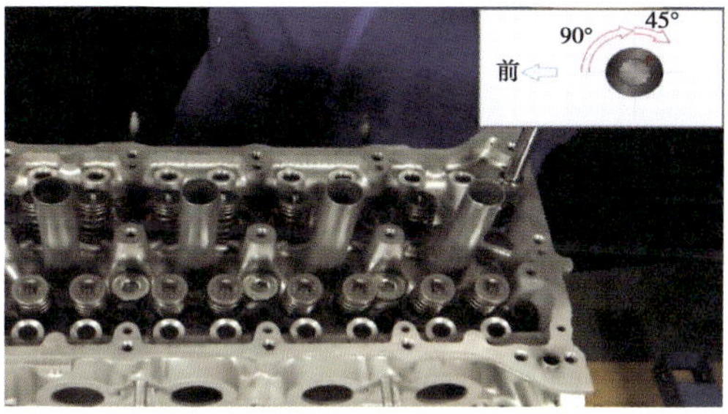

图 8-24 紧固螺栓

任务小结

1.曲柄连杆机构的组成

曲柄连杆机构主要由机体组、活塞连杆组和曲轴飞轮组组成。

2.曲柄连杆机构的作用

曲柄连杆机构的作用是把燃气作用在活塞顶上的压力转变为曲轴的转矩,对外输出机械能。它将活塞的往复直线运动转换为曲轴的旋转运动。

3.气缸盖的作用

气缸盖用来封闭气缸的上部,并与活塞顶、气缸壁共同构成燃烧室。

4.气缸垫的作用

气缸垫用来保证气缸体与气缸盖结合面间的密封。

5.拆卸气缸盖操作的主要步骤

拆卸气缸盖、拆卸气缸垫(安装时顺序相反)。

6.拆卸气缸盖的注意事项

①拆卸气缸盖螺栓时,需按由外到内对角的顺序拆卸。

②安装时按中间向两边对角的顺序,分次拧紧螺栓。

③安装气缸垫时,批次号需要朝上摆放。

④安装气缸盖时,需要在规定扭矩旋紧后,旋转紧固 90°,再旋转紧固 45°。

任务检测

一、判断题

1.安装气缸垫时,印有批次号的一面应朝下。 ( )

2.气缸盖是用来封闭气缸的上部,并与活塞顶、气缸壁共同构成燃烧室。 ( )

3.安装气缸盖螺栓时,可以按任意顺序进行安装固定。 ( )

4.安装气缸盖螺栓时,需要用定扭扳手旋转 90°,再旋转 45°加以紧固。 ( )

5.拆卸气缸盖前,需要用头部缠有胶带的螺丝刀进行撬动。 ( )

6.曲柄连杆机构主要由机体组、活塞连杆组和曲轴飞轮组三部分组成。 ( )

二、单选题

1.在拆卸气缸盖时,应采取的方式是( )。

A.圆圈式顺序拆卸　　B.由外到内对角线拆卸

C.由内到外对角线拆卸　　D.任意拆卸

2.气缸盖螺栓的拧紧顺序为( )。

A.从左到右　　B.从右至左

C.由中间到两端逐个对称拧紧　　D.由两端到中间逐个对称拧紧

3.气缸盖是用来封闭气缸的上部,并与( )、气缸壁共同构成燃烧室。

A.活塞头部　　B.活塞顶部

C.活塞裙部　　D.活塞底部

三、填空题

1.曲柄连杆机构是发动机的重要组成部件,是往复活塞式发动机将__________转换为__________的主要机构。

2.曲柄连杆机构的作用是提供燃烧场所,把燃料燃烧后产生的气体作用于活塞顶上的膨胀压力转变为曲轴旋转的__________,不断输出动力。

3.曲柄连杆机构机体组由__________、__________、__________和油底壳等组成。

4.曲柄连杆机构将活塞的__________运动转换为曲轴的__________运动。

5.气缸盖是用来封闭__________的上部,并与活塞顶、气缸壁共同构成一个密闭的可变空间__________。

6.气缸垫用来保证__________与__________结合面间的密封。

任务评价

表 8-1　任务评价表

序号	内　容	分值/分	得分
1	使用指针式扭力扳手按照从两端到中间对角的顺序依次拧松 10 个气缸盖螺栓	10	
2	使用棘轮扳手拆卸 10 个气缸盖螺栓	10	
3	使用磁力吸棒拆卸气缸盖螺栓垫圈	5	
4	使用一字螺丝刀在规定位置撬动气缸盖与气缸体接触面	5	

续表

序号	内　容	分值/分	得分
5	使用铲刀铲起气缸垫	5	
6	安装气缸垫,保证气缸垫批次号朝上	5	
7	安装气缸盖螺栓垫圈	5	
8	润滑并安装气缸盖螺栓	5	
9	使用棘轮扳手预紧气缸盖螺栓	10	
10	使用扭力扳手调节扭矩为 49 N · m	5	
11	使用扭力扳手按照从中间到两端对角的顺序紧固 10 个气缸盖螺栓	10	
12	使用油漆标记 10 个气缸盖螺栓	5	
13	使用指针式扭力扳手按照从中间到两端的顺序依次转动 10 个气缸盖螺栓 90°	10	
14	使用指针式扭力扳手按照从中间到两端的顺序依次转动 10 个气缸盖螺栓 45°	10	
总　分		100	

注:操作规范即得分,操作错误或未进行操作不得分。

学习任务二　拆装油底壳

任务目标

①能够正确指出油底壳的安装位置,识别油底壳的外形结构。

②能够正确描述曲柄连杆结构中油底壳的作用。

③依据汽车维修操作要求,规范、熟练地对曲柄连杆机构的油底壳进行拆装。

学习重点

油底壳拆装的任务实施。

知识准备

一、油底壳的结构

油底壳一般由薄钢板冲压而成,有的发动机为了加强散热效果采用铝合金铸造。油底壳的形状取决于发动机的总体布置和所需机油的容量。

油底壳中后部的深度更深,以便发动机纵向倾斜时机油泵仍能吸到机油。底部装有磁性的放油螺塞。放油螺塞的密封垫为一次性使用,拆过后要予以更换。油底壳的结构如图8-25所示。

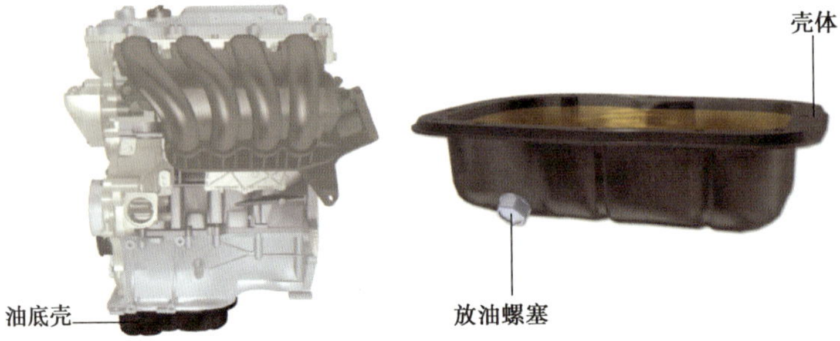

图8-25　油底壳的结构

二、油底壳的作用

油底壳主要用来储存机油(润滑油)并封闭曲轴箱,同时,底部的磁性放油螺栓能吸附机油中的金属屑,以减少发动机中运动零件的磨损,如图8-26所示。

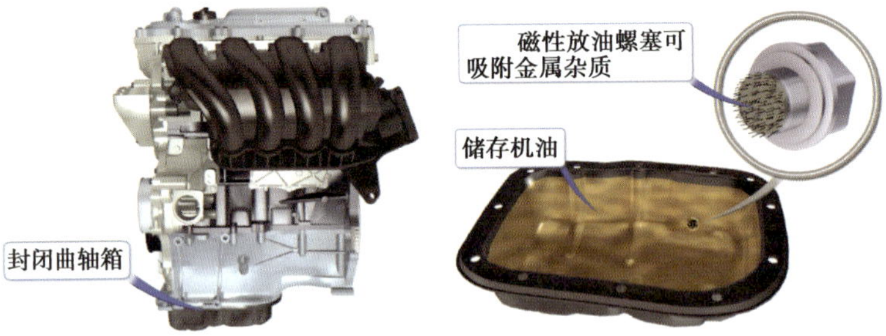

图8-26　油底壳的功用

任务实施

一、操作准备

1.组织方式

每4位同学一组,按照企业岗位操作规范识别2007款卡罗拉1.6L/AT轿车1ZR-FE发动机上曲柄连杆机构中的油底壳,并对油底壳进行拆装作业。每组作业时间为10 min。

2.作业准备

①装配零部件前需对部件进行清洗与检查。

②安装油底壳后,至少 2 h 内不能起动发动机。

3.设备设施

2007 款卡罗拉 1.6L/AT 轿车 1ZR-FE 发动机一台、发动机台架、工具车、零件车、垃圾桶。

二、操作过程

1.拆卸油底壳

①用 10 mm 双六角套筒、接杆、棘轮扳手,按如图 8-27 所示顺序拆下 10 个螺栓和两个螺母。

②将专用工具油底壳密封刮刀的刃片插入曲轴箱和油底壳之间,切断密封胶并拆下油底壳,如图 8-28 所示。

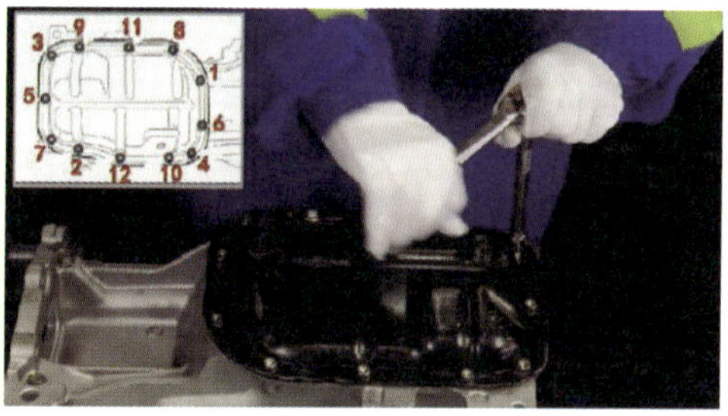

图 8-27 拆下螺栓和螺母

图 8-28 切断密封胶并拆下油底壳

☆ 注意事项

小心不要损坏曲轴箱、链条盖和油底壳的接触面。

2.安装油底壳

①使用铲刀清除油底壳接触面上所有旧的填料,清除后用抹布将接触面擦拭干净,如图 8-29 所示。

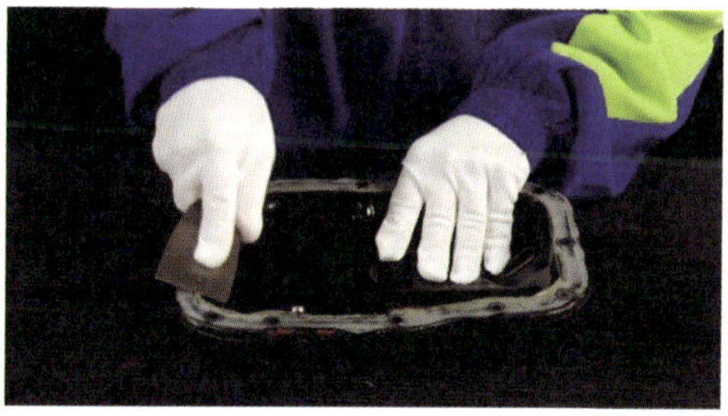

图 8-29 清除油底壳

☆ 注意事项

不要将机油滴在气缸体和油底壳的接触面上。

②在油底壳上涂抹一条连续的密封胶，如图 8-30 所示。密封胶：丰田原厂黑密封胶、Three Bond 1207B 或同等产品。

> ☆ **注意事项**
>
> 涂抹密封胶后 3 min 内安装油底壳。

③用 10 mm 双六角套筒、接杆、棘轮扳手和定扭扳手，按顺序将 10 个螺栓和两个螺母分次拧紧并紧固至 10 N · m，完成油底壳安装，如图 8-31 所示。

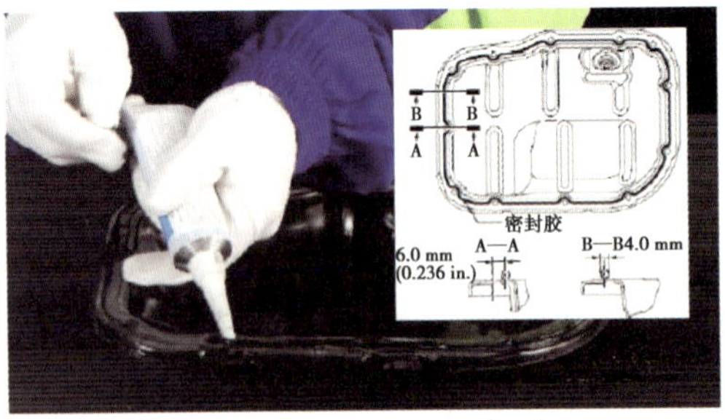

图 8-30　涂抹密封胶

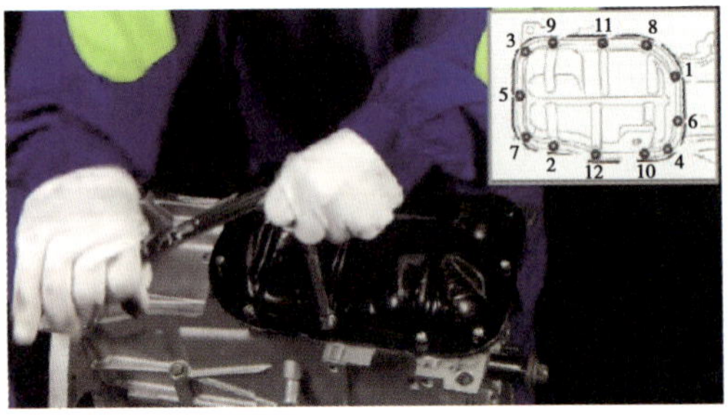

图 8-31　拧紧螺栓螺母

任务小结

一、油底壳的结构

油底壳中后部一般做得较深，以便发动机纵向倾斜时机油泵仍能吸到机油。底部装有磁性的放油螺栓。

二、油底壳的作用

油底壳主要用来储存机油并封闭曲轴箱。磁性放油螺栓能吸附机油中的金属质。

任务检测

一、判断题

1.油底壳底部装有磁性放油螺栓可吸附机油中铁屑，减少发动机磨损。（　　）

2.卡罗拉发动机的油底壳是通过垫圈进行密封的。（　　）

3.拆卸油底壳固定螺栓时，应按照从外到内对角线的形式拆卸。（　　）

4.油底壳（下曲轴箱）为了加工方便，一般各处是等深的。（　　）

二、填空题

油底壳主要用来储存机油（润滑油）并__________。

任务评价

表 8-2　任务评价表

序号	内　容	分值/分	得分
1	使用棘轮扳手按规定顺序拆卸油底壳固定螺栓和螺母，取下油底壳固定螺栓	30	
2	使用油底壳密封刮刀切开油底壳密封胶，用铲刀清除油底壳上的旧涂料	10	
3	清洁油底壳与气缸体接触面，涂抹油底壳密封胶	10	
4	涂抹密封胶 3 min 内，安装完油底壳，安装油底壳固定螺栓	20	
5	使用棘轮扳手按规定顺序预紧油底壳固定螺栓和螺母，调整定扭扳手扭矩为 10 N · m	20	
6	使用定扭扳手按照规定顺序紧固油底壳固定螺栓和螺母	10	
总　分		100	

注：操作规范即得分，操作错误或未进行操作不得分。

/学习任务三/　拆装活塞连杆组

任务目标

①能够正确描述活塞连杆组的组成。

②能够正确描述活塞、活塞环、活塞销、连杆与连杆轴承的结构和作用。

③依据汽车维修操作要求，规范、熟练地对活塞连杆组进行拆装。

学习重点

活塞连杆组的组成和作用。

知识准备

一、活塞连杆组的组成

活塞连杆组安装在气缸体内，主要由活塞、活塞环、活塞销、连杆等机件组成。活塞连杆组将活塞的往复运动转变为曲轴的旋转运动，同时将作用于活塞上的力转变为曲轴对外输出的扭矩。活塞连杆组安装位置如图 8-32 所示。

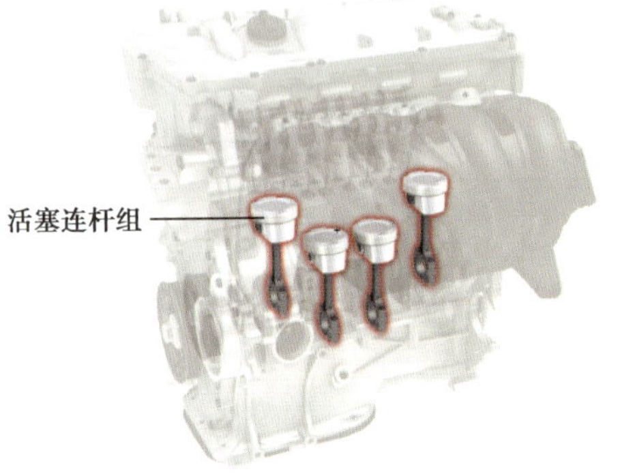

图 8-32　活塞连杆组安装位置

二、活塞的结构

活塞可分为活塞顶部、活塞头部和活塞裙部 3 部分，如图 8-33 所示。

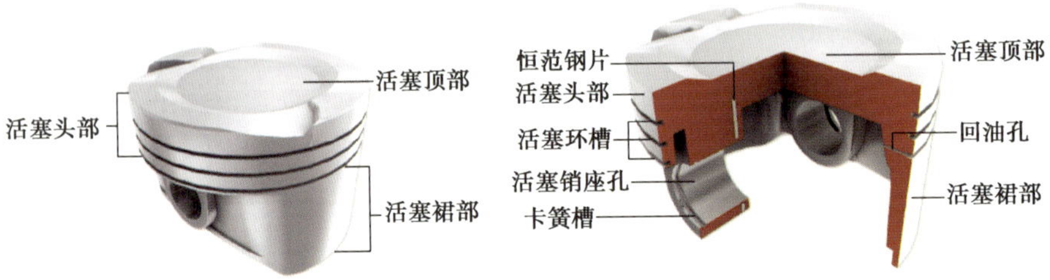

图 8-33　活塞的结构

①活塞顶部是燃烧室的组成部分，常制成不同的形状。汽油机活塞顶部多采用平顶或凹顶。有的活塞顶部有装配标记，装配时要指向发动机前端。

②活塞头部上一般有 2~3 道槽用来安装气环，最下面一道槽用来安装油环。油环槽的底部钻有很多被称为回油孔的径向小孔，使油环从气缸壁上刮下的多余润滑油经此流回油底壳。

③活塞裙部上开有圆孔用来安装活塞销，圆孔上有卡簧槽。活塞裙部用来引导活塞在气缸中做往复运动。

三、活塞的作用

活塞的主要作用是承受气缸中的气体压力，并将此压力通过活塞销传递给连杆，以推动曲轴旋转，如图 8-34 所示。活塞顶部还与气缸盖、气缸壁等共同组成燃烧室。

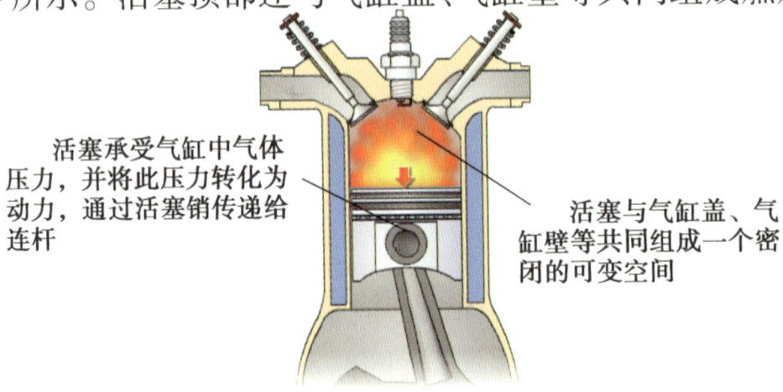

图 8-34　活塞的作用

四、活塞环

活塞环是中间断开的弹性金属环，它包括气环和油环两种，如图 8-35 所示。活塞上部安装气环，下部为油环。活塞环装在活塞上时，环的开口相互错开。以卡罗拉为例，三道环之间相互错开 120°。

图 8-35 活塞环

1.气环

气环用于保证活塞与气缸壁间的密封，防止气缸中的高温、高压燃气大量漏入曲轴箱，同时还将活塞顶部的大部分热量传给气缸壁，起到导热作用，如图 8-36 所示。

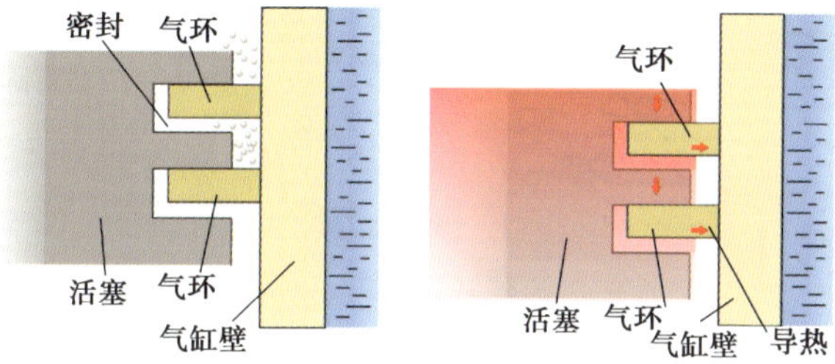

图 8-36 气环的功用

2.油环

在活塞下行时，油环刮除气缸壁上多余的机油；在活塞上行时，将机油均匀涂布在气壁上，如图 8-37 所示。这样既可以防止机油窜入气缸燃烧，又可以减小活塞、活塞环与气缸壁的磨损与摩擦力。

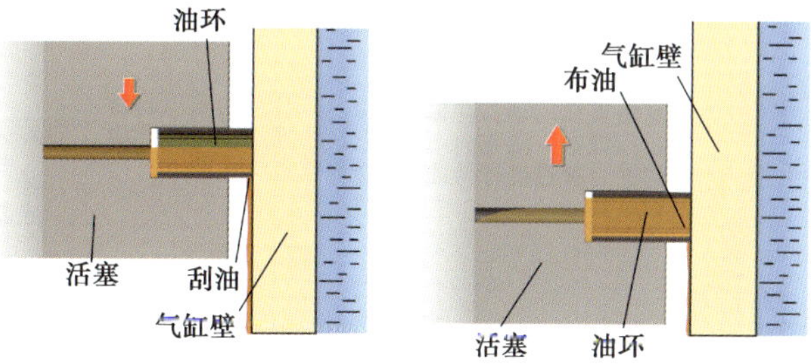

图 8-37 油环的功用

五、活塞销

活塞销通常用低碳钢或低碳合金钢做成空心圆柱体，它的作用是连接活塞和连杆，将活塞承受的气体作用力传给连杆。

六、连杆与连杆轴承的结构

连杆分为连杆小头、杆身和连杆大头 3 部分，如图 8-38 所示。

①连杆小头用于安装活塞销，连接活塞。全浮式连杆小头内压有润滑衬套。

②杆身多采用“工”字形断面，以提高其抗弯刚度。杆身内有纵向的压力油通道，以对活塞销进行压力润滑。

③连杆大头通过轴承与曲轴的连杆轴颈相连。为便于安装，通常将连杆大头做成剖分式，上半身与杆身一体，下半部即为连杆盖，两者通过螺栓装合，其中有油道通向活塞销。

连杆轴承采用钢背和减磨层组成的分开式薄壁滑动轴承，内表面有油槽，用以储油和保证润滑。

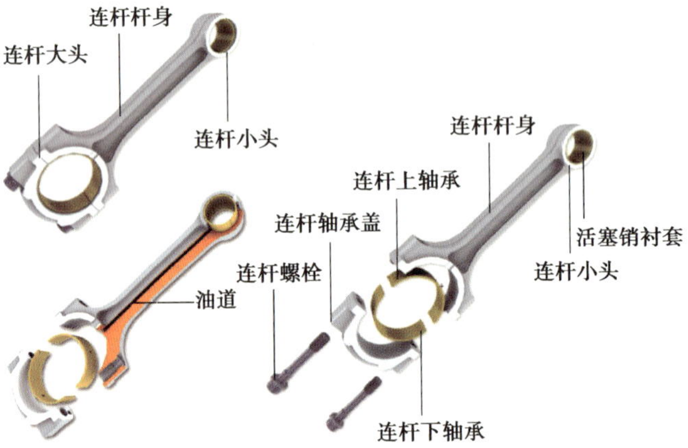

图 8-38　连杆结构

七、连杆与连杆轴承的作用

连杆与轴承的作用是连接活塞和曲轴，把活塞的往复运动转变为曲轴的旋转运动，并将活塞承受的力传给曲轴，如图 8-39 所示。

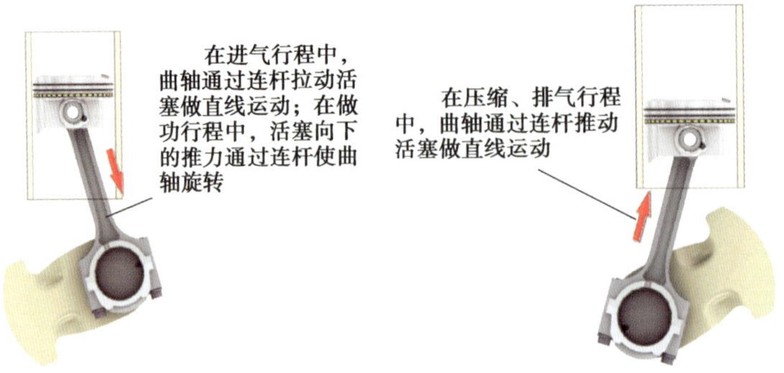

图 8-39　连杆与连杆轴承的功用

任务实施

一、操作准备

☆ **注意事项**

参照厂家的质量标准要求，能够熟练地拆装活塞连杆组。拧松螺纹，不允许使用冲击力，否则可能导致螺纹损伤，取出活塞时要注意安全，避免掉落造成损伤。安装活塞环时要均匀涂抹润滑油，用力要均匀，避免折断活塞环。

1.组织方式

每4位同学一组，按照企业岗位操作规范识别2007款卡罗拉1.6L/AT轿车1ZR-FE发动机上曲柄连杆机构结构中的活塞连杆组，并对活塞连杆组进行拆装作业。每组作业时间为40 min。

2.作业准备

①拆装活塞连杆组件时，应处于下止点位置。

②装配零部件前需对部件进行清洗与检查。

③轴承边缘到连杆边缘、轴承边缘到轴承盖边缘的距离为0.7 mm。

④安装连杆螺栓时扭矩为10 N·m。

3.设备设施

2007款卡罗拉1.6L/AT轿车1ZR-FE发动机、发动机台架、工具车、零件车、垃圾桶。

二、操作过程

1.拆卸活塞连杆组

(1)拆卸带连杆的活塞分总成

①用铰刀去除气缸顶部的所有积炭，如图8-40所示。

②检查并确认连杆和连杆盖上的装配标记相互对准以确保正确地重新装配，如图8-41所示。

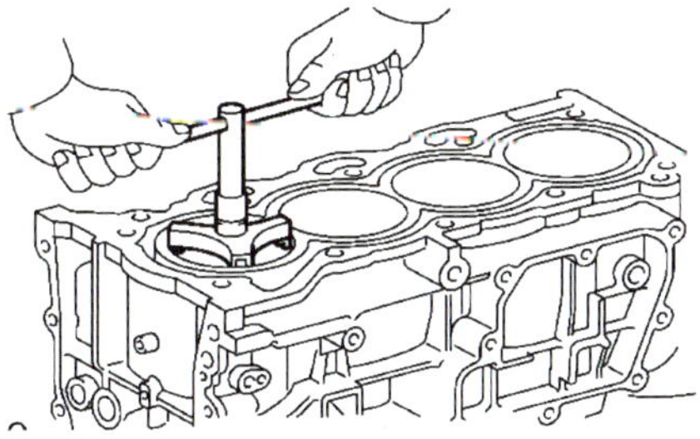

图8-40　去除积炭

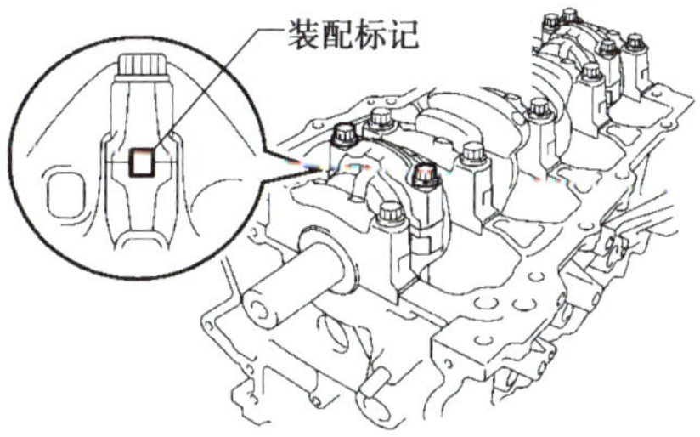

图8-41　对准装配标记

☆ **注意事项**

连杆和连杆盖的装配标记是为了确保正确地重新安装。

若没有装配标记,用号码钢印在连杆盖侧面做好标记。

③用连杆螺栓套筒和棘轮扳手均匀松开两个连杆螺栓,如图 8-42 所示。

④用两个已拆下的连杆盖螺栓,通过左右摇动连杆盖,拆下连杆盖和下轴承,如图 8-43 所示。

图 8-42　松开螺母

图 8-43　拆下连杆盖和下轴承

☆ **注意事项**

连杆轴承应保持在连杆盖中。

⑤从气缸体的上部推出活塞连杆总成和上轴承,如图 8-44 所示。

图 8-44　推出活塞连杆总成和上轴承

☆ **注意事项**

使轴承、连杆和连杆盖连在一起。

拆下后按正确的顺序摆放活塞和连杆总成。

(2)拆卸活塞环组件

①用活塞环扩张器拆卸两个压缩环,如图 8-45 所示。

②用手拆下油环刮片和油环胀圈,如图 8-46 所示。

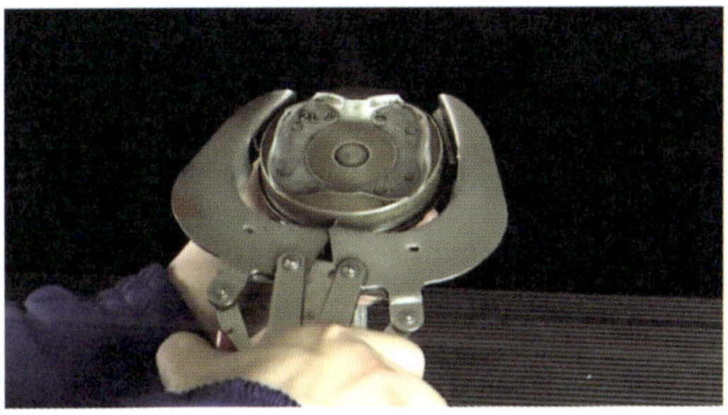

图 8-45　拆卸压缩环

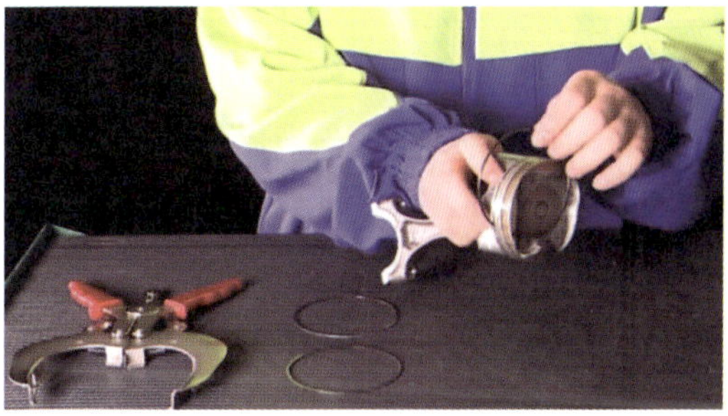

图 8-46　拆下油环刮片和油环胀圈

(3)拆卸连杆轴承

①更换连杆轴承时,从下连杆轴承盖上拆下连杆下轴承。

②从连杆上拆下连杆上轴承,如图 8-47 所示。

2.安装活塞连杆组

(1)安装连杆轴承

若更换了连杆轴承,则先将连杆轴承安装到连杆和轴承盖上。

图 8-47　拆卸连杆轴承

> ☆ **注意事项**
>
> 不要在轴承背面和连杆大头接触表面上涂抹发动机机油。

(2)安装活塞环组件

①用手安装油环胀圈和油环刮片,如图 8-48 所示。

图 8-48　安装油环胀圈

> ☆ **注意事项**
>
> 安装胀圈和油环时,使其环端处于相反的两侧。
>
> 将胀圈牢固地安装至油环的内槽。

②用活塞环扩张器安装两个压缩环,使油漆标记处于如图 8-49 所示位置。

☆ **注意事项**

安装 1 号压缩环，使代码标记 A1 朝上。

安装 2 号压缩环，使代码标记 A2 朝上。

油漆标记仅在新活塞上能检查到。重新使用活塞环时，检查各活塞环外形，将其安装到正确位置。

③放置活塞环以使活塞环端处于如图 8-50 所示位置。

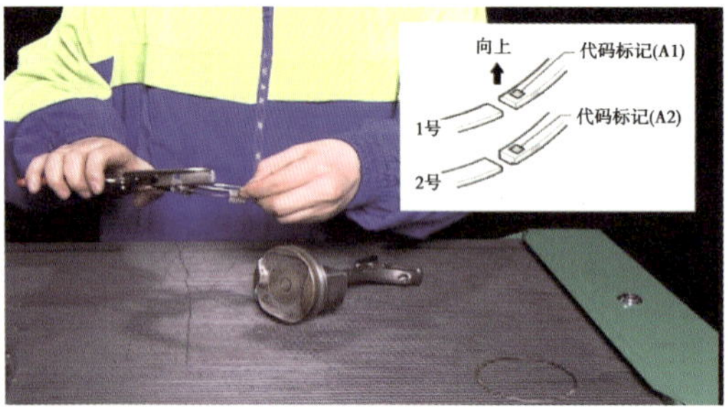

图 8-49　对准油漆标记

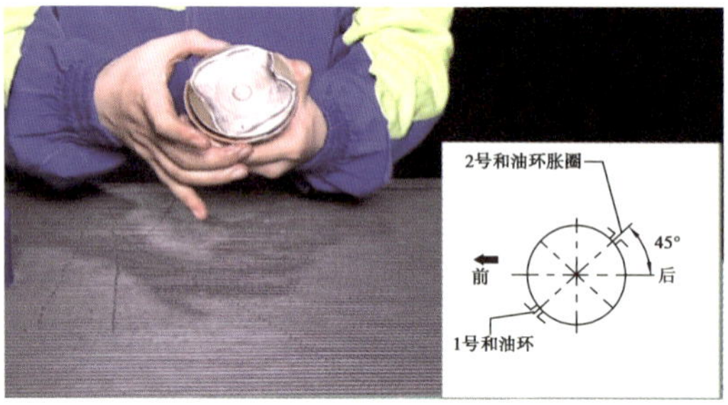

图 8-50　放置活塞环

☆ **注意事项**

各活塞环端必须错开。

(3)安装带连杆的活塞分总成

①在气缸壁、活塞、连杆轴承表面上涂抹发动机机油，如图 8-51 所示。

②把曲轴的连杆轴颈转到下止点。

③活塞环开口按要求错开布置；使活塞标记朝前，用活塞环压缩器将活塞环压缩，如图 8-52 所示。

图 8-51　涂抹发动机机油

图 8-52　安装活塞连杆

④将活塞连杆总成放入对应气缸内，如图 8-53、图 8-54 所示。

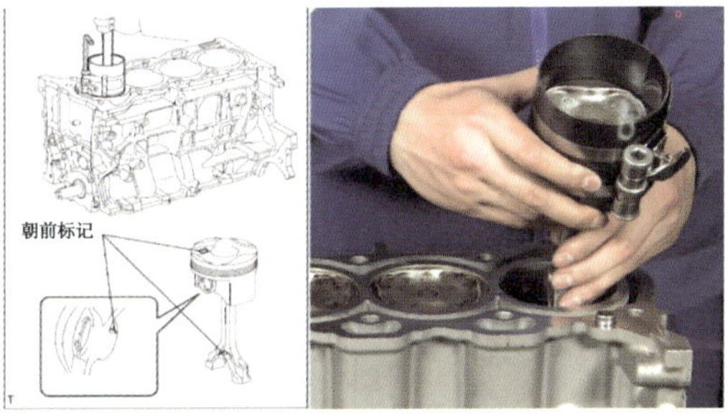

图 8-53　将活塞连杆总成放入气缸中

图 8-54　紧固活塞环压缩器

⑤用手锤木柄将活塞连杆轴承推入气缸，如图 8-55 所示。

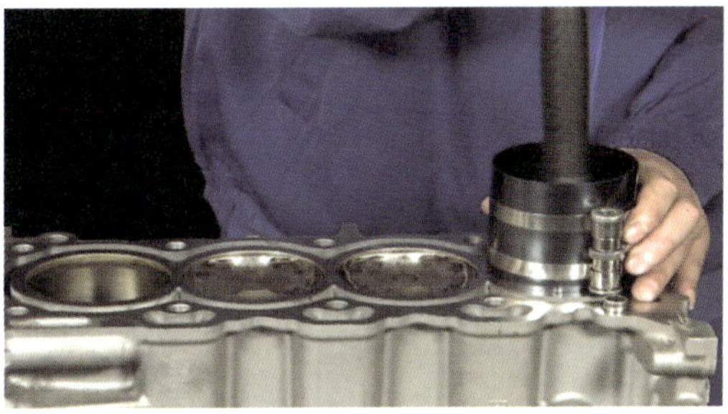

图 8-55　推入活塞连杆轴承

☆ 注意事项

将活塞连杆组装入气缸时，应使记号朝向机体前方。

使连杆盖与连杆的编号(或记号)相匹配。

⑥检查并确认连杆盖的凸起部分朝向正确的方向，如图 8-56 所示。

⑦在连杆盖螺栓的螺纹上和螺栓头下部涂抹一薄层发动机机油。

(4)安装连杆盖螺栓

①用连杆螺栓套筒和棘轮扳手分几次交替拧紧连杆盖螺栓，再用定扭扳手将连杆盖螺栓紧固至 20 N · m，如图 8-57 所示。

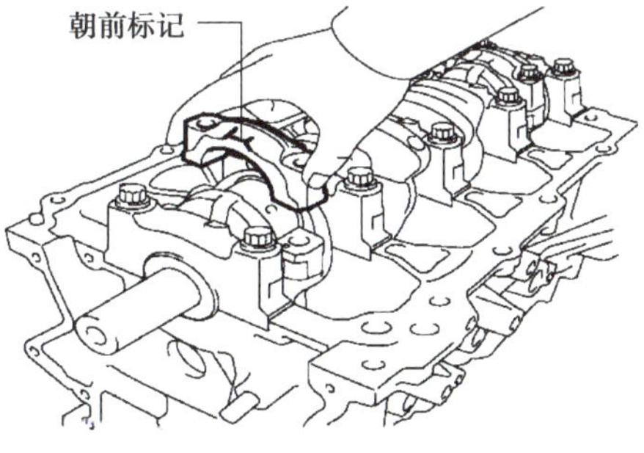

图 8-56　朝前标记

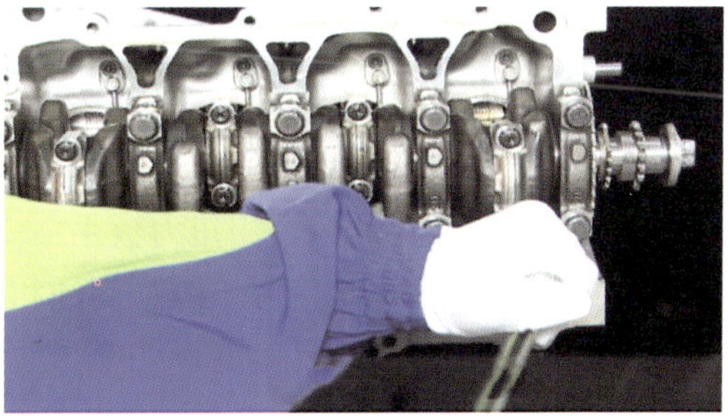

图 8-57　拧紧连杆盖螺栓

②用油漆在连杆螺栓前端做标记，如图 8-58 所示。

③将连杆螺栓再次旋转紧固 90°，如图 8-59 所示。

图 8-58　用油漆做标记

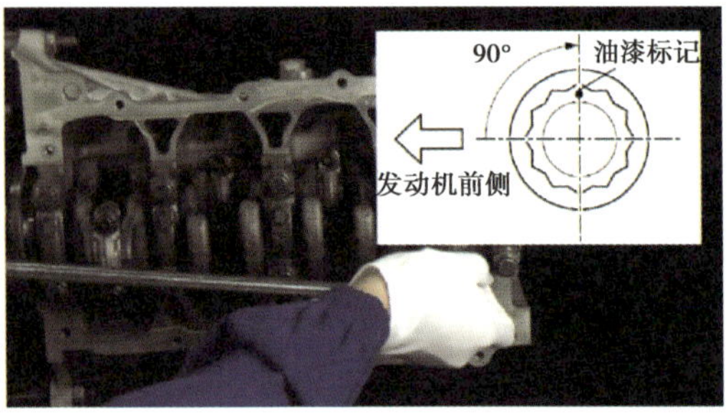

图 8-59　紧固连杆螺栓

任务小结

1.活塞连杆组的组成

活塞连杆组由活塞、活塞环、活塞销、连杆等机件组成。

2.活塞连杆拆卸的主要步骤

拆卸带连杆的活塞分总成、拆卸活塞环组件、拆卸连杆轴承(安装时按照相反顺序进行)。

3.活塞连杆组拆卸作业中的注意事项

①拆卸活塞连杆组前必须先用铰刀清除气缸上部积炭。

②用两个已拆下的连杆盖螺栓,通过左右摇动连杆盖有助于拆卸连杆盖。

③安装连杆轴承需要用游标卡尺测量连杆大端和轴承盖边缘与连杆轴承边缘之间的距离(边距之差≤0.7 mm)。

④安装连杆螺栓时,用定扭扳手按规定扭矩紧固后,需要再旋转拧紧 90°。

任务检测

一、判断题

1.活塞连杆组由活塞、活塞环和连杆 3 部分组成。（　　）

2.拆卸了连杆盖螺栓后,可以轻松地将连杆盖取下。（　　）

3.安装连杆盖螺栓,只要用扭力扳手用 20 N · m 的扭矩固定。（　　）

4.气环的主要作用是密封、导热、刮油和布油。（　　）

5.活塞环密封时由于环的背压力远大于环的弹力,因此,只要背压力足够大,就能保证环面与气缸壁面间的密封。（　　）

6.气环的作用是密封活塞和气缸壁,防止漏气,并将活塞头部的热传给气缸壁。（　　）

7.油环的作用是刮除气缸壁上多余的润滑油,并使润滑油均匀地分布于气缸壁上。（　　）

8.连杆杆身的断面形状为工字形。（　　）

二、单选题

1.拆卸活塞连杆组之前,需先清除积炭使用的是(　　)。

A.铲刀　　B.铰刀　　C.刮刀　　D.螺丝刀

2.安装连杆轴承后,需要用游标卡尺测量连杆大端和轴承盖边缘与连杆轴承边缘之间的距离,应值应小于(　　)mm。

A.1.5　　B.1.0　　C.0.7　　D.0.4

3.安装连杆盖螺栓时,需要按规定扭矩紧固后,再旋转紧固(　　)。

A.45°　　B.90°　　C.135°　　D.180°

4.以下哪项不是活塞连杆组的组成部件之一?(　　)

A.活塞环　　B.活塞销　　C.凸轮　　D.连杆

5.安装活塞连杆组时,以下哪句描述是不正确的?(　　)

A.将连杆插入活塞时,不要使其接触机油喷嘴

B.使连杆盖与连杆的号相匹配

C.连杆盖螺栓的紧固分 3 步完成

D.不要在连杆轴承表面涂抹机油

三、填空题

1.活塞环是中间断开的弹性金属环,它包括气环和油环两种。活塞上部安装__________,下部为__________。

2.活塞环气环的主要作用是__________和__________,油环的主要作用是__________和__________。

3.活塞销通常用低碳钢或低碳合金钢做成空心圆柱体,它的作用是连接__________和__________,并传递作用力。

任务评价

表 8-3　任务评价表

序号	内　容	分值/分	得分
1	拆卸带连杆的活塞分总成	25	
2	拆卸活塞环组件	10	
3	拆卸连杆轴承	10	
4	安装连杆轴承	10	
5	安装活塞环组件	10	
6	安装带连杆的活塞分总成	25	
7	安装连杆盖螺栓	10	
总　分		100	

注:操作规范即得分,操作错误或未进行操作不得分。

学习任务四 拆装曲轴飞轮组

任务目标

①能够正确描述曲轴飞轮组的组成和作用。

②依据汽车维修操作要求，规范、熟练地对曲轴飞轮组进行拆装。

学习重点

曲轴飞轮组的组成和作用。

知识准备

一、曲轴飞轮组的组成

曲轴飞轮组主要由曲轴和飞轮以及其他具有不同作用的零件和附件组成，其零件和附件的种类和数量取决于发动机的结构和性能要求。曲轴飞轮组安装位置及外观展示如图8-60所示。

图 8-60 曲轴飞轮组安装位置及外观展示图

二、曲轴的结构

曲轴主要由前端轴、平衡重、连杆轴颈、主轴颈、曲柄臂和后端凸缘等部件组成，如图8-61所示。在发动机工作中，曲轴要承受弯曲与扭转载荷，要求曲轴要具有足够的刚度、强度和耐磨性。

1.曲拐的布置

一个连杆轴颈与它两端的曲柄及主轴颈构成一个曲拐。曲轴的曲拐数取决于气缸的数目及其排列方式，如图 8-62 所示。直列式发动机曲轴的曲拐数等于气缸数，V 形发动机曲轴的曲拐数等于气缸数的一半。

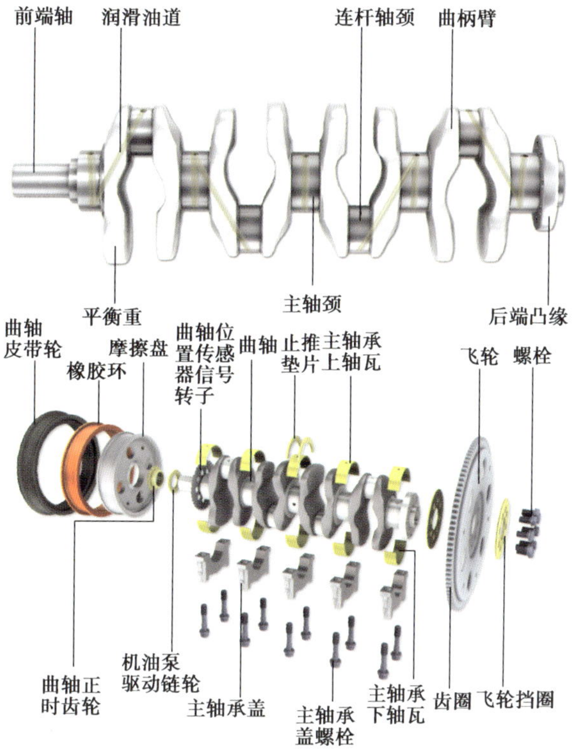

图 8-61　曲轴的结构

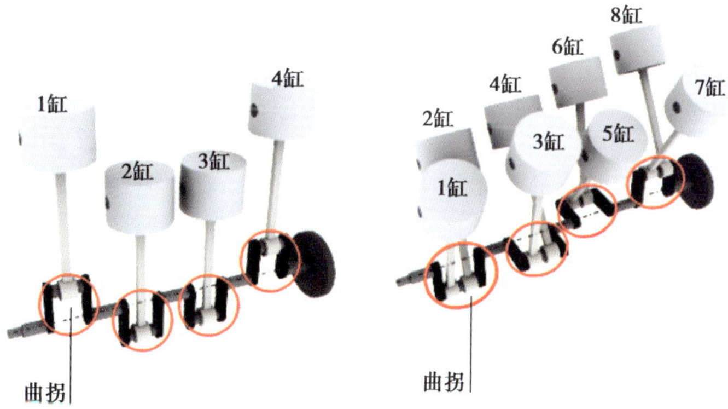

(a)直列四缸发动机曲拐布置　　(b)V形八缸发动机曲拐布置

图 8-62　曲拐数

2.平衡重

平衡重在曲拐的对面,用来平衡发动机不平衡的离心力和离心力矩,有时还用来平衡一部分往复惯性力,如图 8-63 所示。

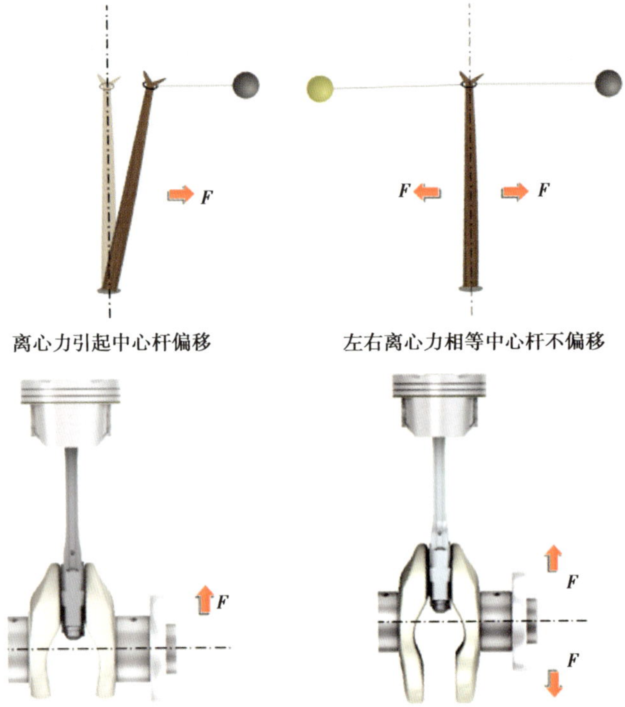

图 8-63　平衡重的功用

三、曲轴的作用

曲轴的作用是承受活塞连杆组传来的力，并由此产生绕其本身轴线的力矩，并将转矩对外输出。同时，曲轴还为活塞连杆组的上行运动提供动力。曲轴结构如图 8-64 所示。

图 8-64　曲轴的作用

四、飞轮的结构

飞轮是一个转动惯量很大的圆盘，外缘上压有一个齿圈，与起动机的驱动齿轮啮合，供起动机起动发动机时使用。为了保证足够的转动惯量，飞轮轮缘通常做得宽而厚。飞轮结构如图 8-65 所示。

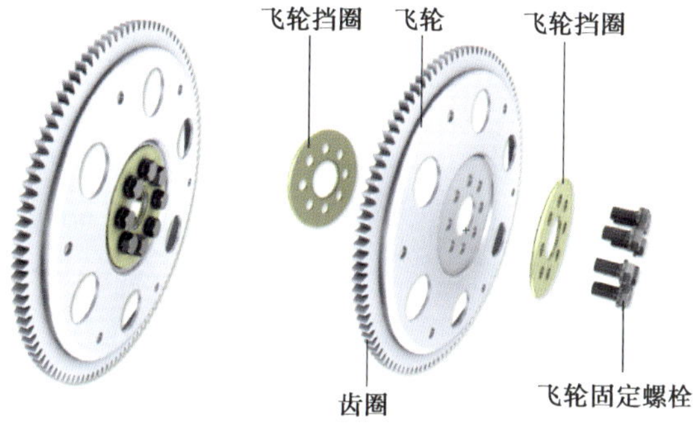

图 8-65　飞轮的结构

五、飞轮的作用

飞轮的作用是储存做功行程的一部分动能,以克服其他行程中的阻力,使曲轴均匀旋转,使发动机具有克服短时超载的能力。

任务实施

一、操作准备

1.组织方式

每 4 位同学一组,按照企业岗位操作规范识别 2007 款卡罗拉 1.6L/AT 轿车 1ZR-FE 发动机上曲柄连杆机构中的曲轴飞轮组的外形结构,并对曲轴飞轮组进行拆装作业。每组作业时间为 40 min。

2.作业准备

①气缸体边缘和上轴承边缘间的距离、轴承盖边缘和下轴承边缘之间的距离小于 0.7 mm。

②按规定扭矩紧固各部件固定螺栓。

③安装前要对相关部件进行清洗与检查。

3.设备设施

2007 款卡罗拉 1.6L/AT 轿车 1ZR-FE 发动机一台、发动机台架、工具车、零件车、垃圾桶。

二、操作过程

1.拆卸曲轴飞轮组

(1)拆卸飞轮分总成

①用曲轴皮带轮固定工具和结合法兰固定工具固定住曲轴,如图 8-66 所示。

②按对角顺序拆下 8 个飞轮螺栓和飞轮分总成,如图 8-67 所示。

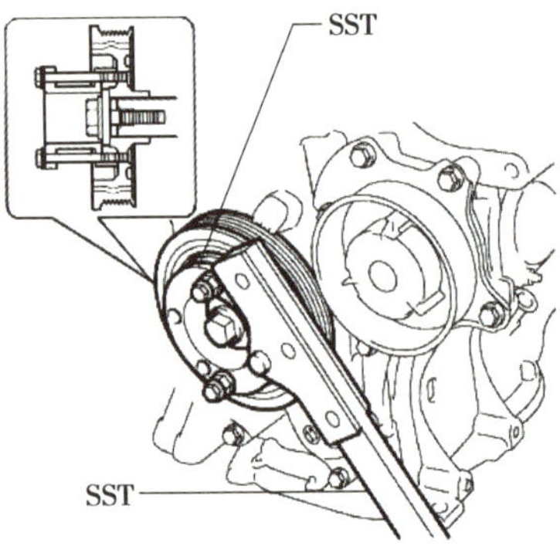

图 8-66 固定曲轴

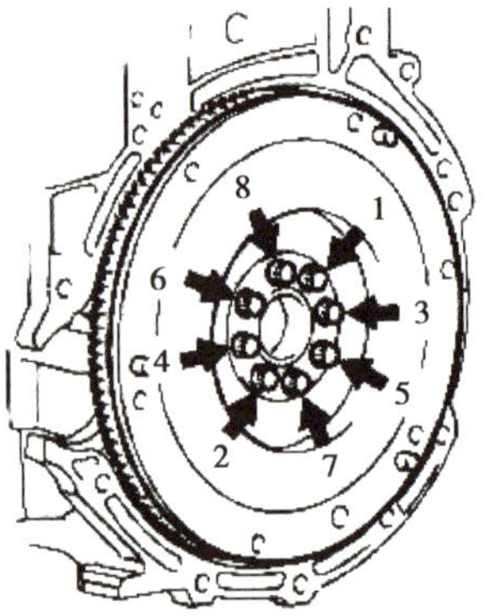

图 8-67 按顺序拆卸飞轮螺栓

(2)拆卸曲轴

①按由两边向中间的顺序,均匀分次地拧松并拆下 10 个主轴承盖螺栓,如图 8-68 所示。

②用两个已拆下的主轴承盖螺栓依次插入轴承盖,左右摇动并向上用力将轴承盖拉出。同样方法拆卸 5 个主轴承盖和下主轴承,如图 8-69 所示。

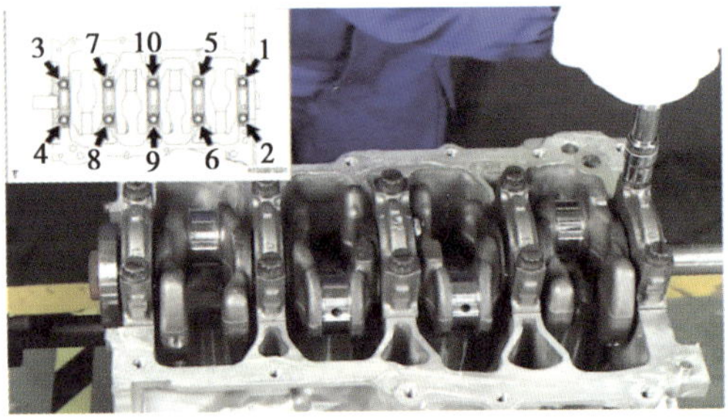

图 8-68 顺序拧松轴承盖螺栓

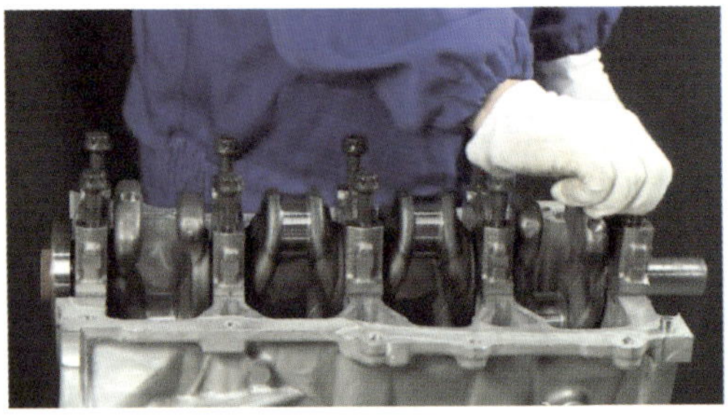
图 8-69 拆卸主轴承盖和小主轴承

☆ 注意事项

小心不要损坏轴承盖和气缸体的接触面。

将下轴承和主轴承盖作为一个组件保存,并按正确的顺序摆放。

③取出曲轴,如图 8-70 所示。

④从气缸体上拆下曲轴上止推垫圈,如图 8-71 所示。

图 8-70 取出曲轴

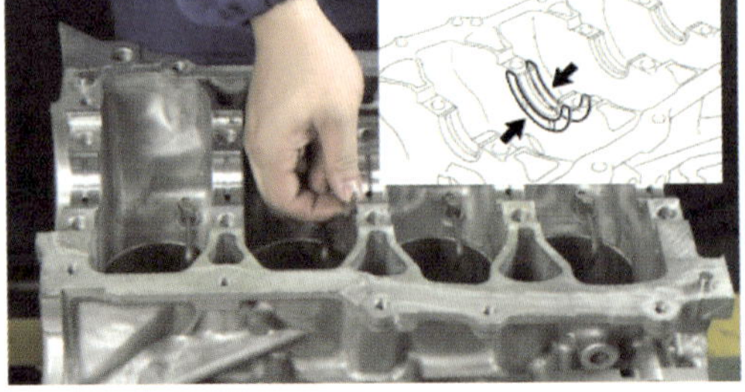
图 8-71 拆下曲轴上止推垫圈

☆ **注意事项**

按正确的顺序摆放轴承。

(3)拆卸曲轴主轴承

①从气缸体上拆下5个上主轴承,并按顺序摆放,如图8-72所示。

②从5个主轴承盖上拆下5个下主轴承,并按顺序摆放。

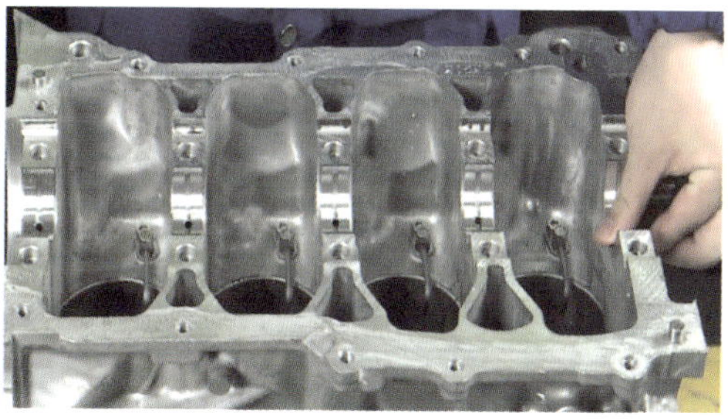

图8-72　拆下上主轴承

2.安装曲轴飞轮组

(1)安装曲轴轴承

①清洁气缸体,如图8-73所示。

②将上轴瓦安装到气缸体上,如图8-74所示。

图8-73　清洁气缸体

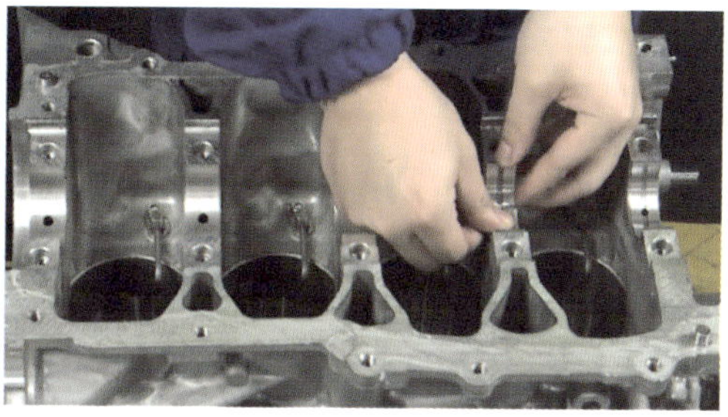

图8-74　安装上轴瓦

③用游标卡尺测量气缸体边缘和上主轴承边缘之间的距离,尺寸($A-B$)为0.7 mm或更小,如图8-75所示。

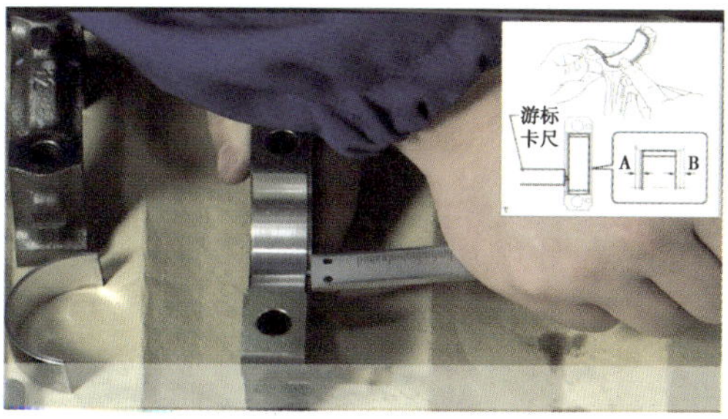

图8-75　测量

☆ **注意事项**

不要在主轴承背面和主轴承接触表面上涂抹发动机机油。

④将下主轴承安装到主轴承盖上。

⑤用游标卡尺测量主轴承盖边缘和下主轴承边缘之间的距离,尺寸($A-B$)为0.7 mm或更小。

(2)安装曲轴上止推垫圈

①使机油槽向外,将两个止推垫圈安装到气缸体的 3 号轴颈下方,如图 8-76 所示。

②在曲轴止推垫圈上涂抹发动机机油,如图 8-77 所示。

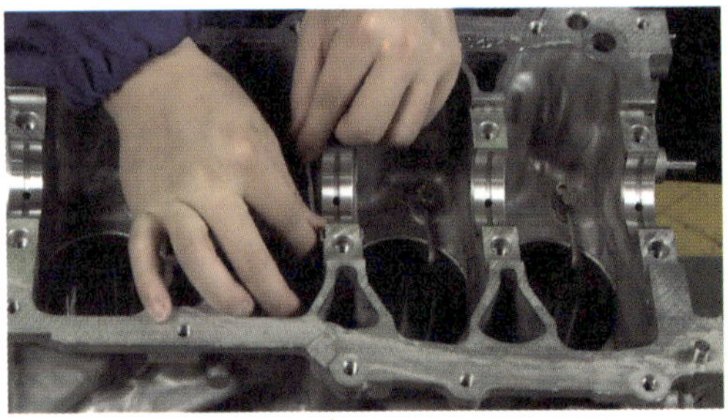

图 8-76　安装止推垫圈

图 8-77　涂抹发动机机油

(3)安装曲轴

①在上主轴承上涂抹发动机机油,并将曲轴安装到气缸体上,如图 8-78 所示。

②在下主轴承上涂抹发动机机油,如图 8-79 所示。

图 8-78　安装曲轴

图 8-79　涂抹发动机机油

③检查数字标记,并将主轴承安装到气缸体上,如图 8-80 所示。

④在主轴承盖螺栓的螺纹上涂抹一薄层发动机机油,如图 8-81 所示。

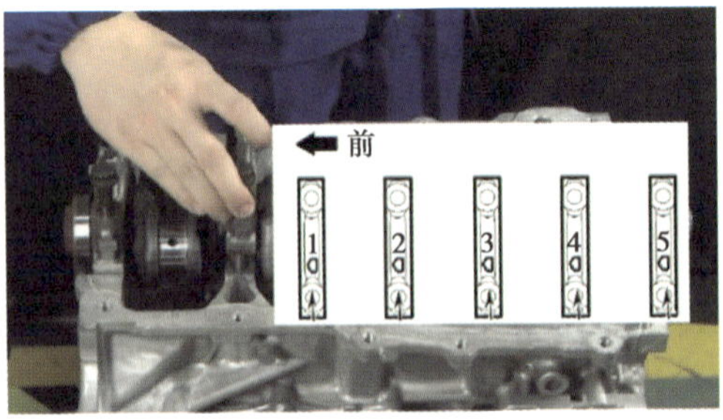

图 8-80　检查数字标记

图 8-81　涂抹发动机机油

⑤随手稍拧 10 个主轴承盖螺栓,如图 8-82 所示。

⑥使用 14 mm 套筒、接杆和棘轮扳手按顺序拧紧气缸盖螺栓,如图 8-83 所示。

图 8-82　稍拧螺栓

图 8-83　拧紧气缸盖螺栓

⑦转动曲轴，检查是否能够转动，如图 8-84 所示。

⑧使用 14 mm 套筒和扭力扳手，按由中间向两边的顺序，紧固螺栓至 40 N · m，如图 8-85所示。

图 8-84　转动曲轴

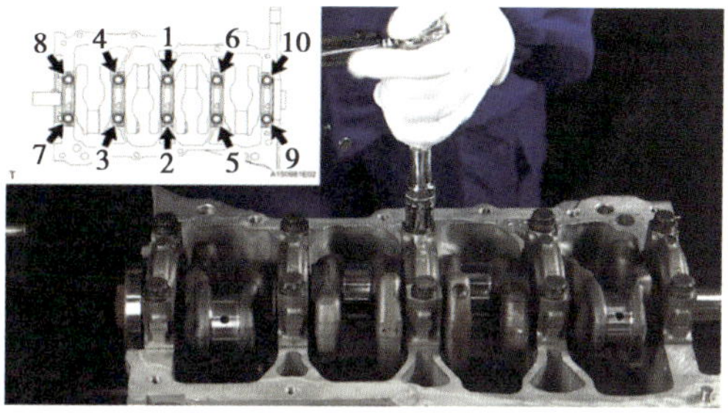

图 8-85　紧固螺栓

⑨转动曲轴，检查是否能转动，如图 8-86 所示。

⑩用记号笔在主轴承盖螺栓前端做标记，如图 8-87 所示。

图 8-86　转动曲轴

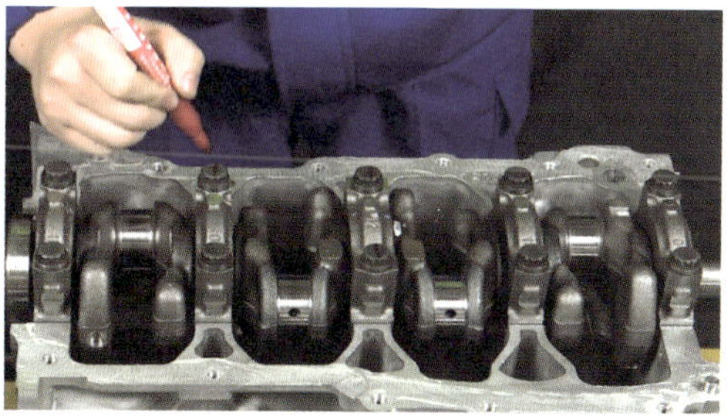

图 8-87　做标记

⑪选用 14 mm 套筒和指针扳手，按由中间向两边顺序，将主轴承盖螺栓再旋转紧固 90°，如图 8-88 所示。

⑫转动曲轴，是否能转动，如图 8-89 所示。

(4)安装飞轮分总成

①用曲轴皮带轮固定工具和结合法兰固定工具固定住曲轴，如图 8-90 所示。

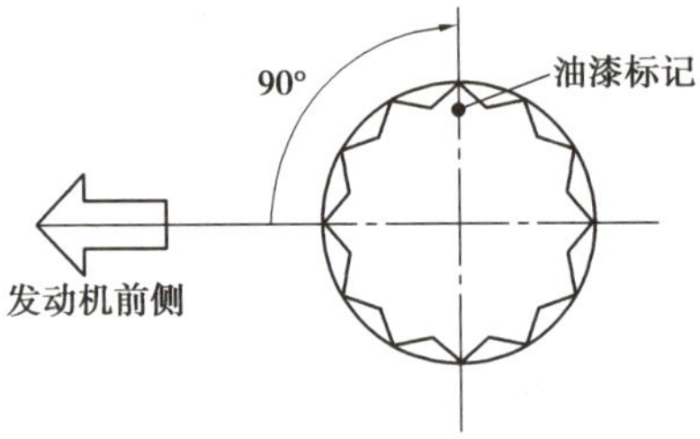

图 8-88　主轴承盖螺栓旋转紧固

图 8-89　转动曲轴

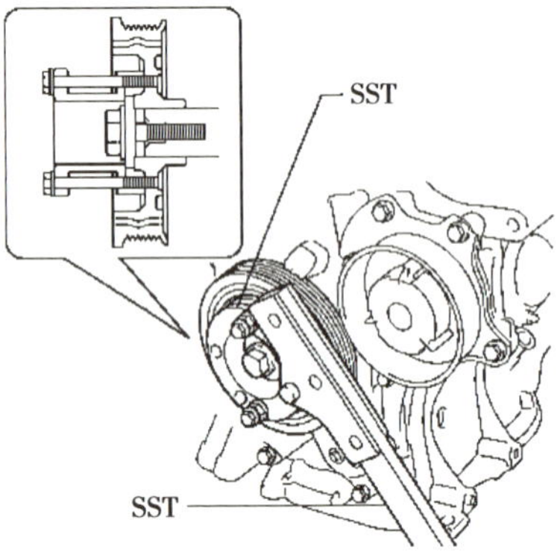

图 8-90　用工具固定住曲轴

> ☆ **注意事项**
>
> 安装曲轴皮带轮固定工具时要检查其安装位置，以防止固定工具安装螺栓接触正时链条盖分总成。

②在新飞轮螺栓末端的 2~3 个螺纹上涂抹黏合剂，如丰田原厂黏合剂 1324、THREE BOND1324 或同等产品。

③用 8 个飞轮螺栓将飞轮安装至曲轴凸缘上，按对角的顺序，分次均匀地预紧 8 个飞轮螺栓，再用定扭扳手将 8 个飞轮螺栓紧固至 49 N · m，如图 8-91 所示。

④用油漆在螺栓前端做标记。

⑤按对角的顺序，将 8 个螺栓再旋转紧固 90°，如图 8-92 所示。

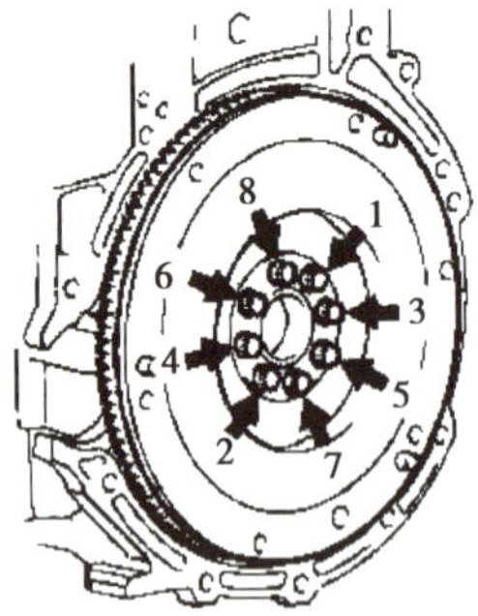

图 8-91　紧固螺栓

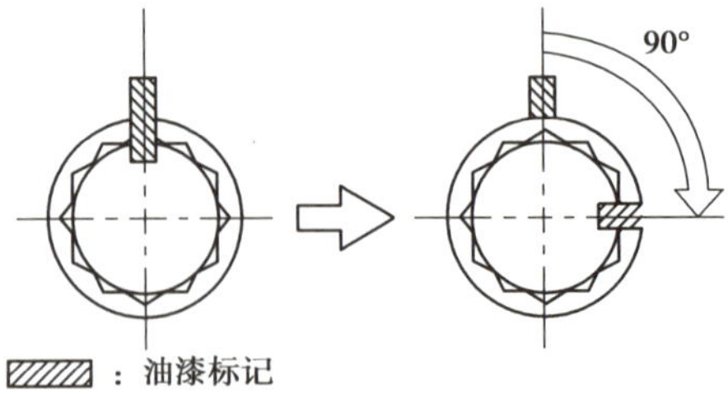

图 8-92　紧固螺栓

任务小结

1.曲轴的组成

曲轴主要由前端轴、平衡重、主轴颈、连杆轴颈、曲柄臂和后端凸缘等部件组成。

2.飞轮的作用

飞轮是一个转动惯量很大的圆盘，外缘上压有一个齿圈，与起动机的驱动齿轮啮合，供起动发动机时使用。

飞轮的主要作用是储存做功行程的一部分能量，以克服各辅助行程的阻力，使曲轴均匀旋转，使发动机具有克服短时超载的能力。

3.拆卸曲轴飞轮组的注意事项

①气缸体上主轴承座边缘和上主轴承边缘间的距离、主轴承盖边缘和下主轴承边缘之间的距离应≤0.7 mm。

②拆卸曲轴主轴承盖螺栓时，需要按照由两边到中间的顺序进行拆卸。

任务检测

一、判断题

1.拆卸了两个主轴承盖螺栓后，即可将主轴承盖取下。（　　）

2.安装飞轮固定螺栓时，只要连续安装相邻螺栓即可。（　　）

3.安装曲轴轴承盖螺栓时，按顺序由中间向两边安装并均匀紧固。（　　）

4.飞轮是一个转动惯量很大的圆盘，外缘上压有一个齿圈，与起动机的驱动齿轮啮合，供起动发动机时使用。（　　）

5.发动机活塞往复运动是匀速运动。（　　）

6.对于四冲程发动机，无论其是几缸，其做功间隔均为180°曲轴转角。（　　）

7.飞轮上通常刻有第一缸发火正时记号，以便校准发火时间。（　　）

8.活塞各个断面的热膨胀量是上小下大。（　　）

9.多缸发动机的曲轴均采用全支承。（　　）

10.为了充分发挥飞轮的作用，应尽可能使飞轮的质量均布在整个飞轮上。（　　）

11.活塞环在自然状态下是一个封闭的圆环形。（　　）

12.四冲程八缸发动机由于有8个缸，因此它的曲轴就有8个曲拐。（　　）

13.活塞径向呈椭圆形，椭圆的长轴与活塞销轴线同向。（　　）

14.当飞轮上的点火正时记号与飞轮壳上的正时记号刻线对准时，第一缸活塞无疑正好处于压缩行程上止点位置。（　　）

15.活塞的结构按其作用可分为顶部、头部和裙部3部分，其中引导活塞运动和承受侧压力的是裙部。（　　）

16.飞轮的质量越大，发动机运转的均匀性就越好。（　　）

二、单选题

1.安装曲轴轴承盖时,以两个轴承盖螺栓为导向,插入主轴承座,直到主轴承盖和气缸体主轴承座间的间隙小于(　　)mm。

A.3　　B.5　　C.7　　D.10

2.V 形发动机曲轴的曲拐数等于(　　)。

A.气缸数　　B.气缸数的一半　　C.气缸数的一半加 1　　D.气缸数加 1

3.曲轴上的平衡重一般设在(　　)。

A.曲轴前端　　B.曲轴后端　　C.曲柄上　　D.曲柄销上

4.下列不属于飞轮作用的是(　　)。

A.保证曲轴的旋转角速度和输出扭矩尽可能均匀

B.带动曲柄连杆机构越过上、下止点

C.使发动机有可能克服短时间的超载荷

D.抑制曲轴的扭转振动和弯曲振动

5.发动机的各个气缸排成一列,一般是垂直布置,六缸以下的发动机多采用的是(　　)。

A.直列式　　B.V 形　　C.对置式　　D.平卧式

6.活塞在制造中,其头部有一定锥度,主要是由于(　　)。

A.节省材料　　B.可减少往复运动惯性力

C.活塞在工作中受热不均匀　　D.润滑可靠

7.大瓦指的是(　　)。

A.主轴承座　　B.主轴承盖　　C.主轴承　　D.连杆轴承

8.发动机在某一转速发出的功率与同一转速下所可能发出的最大功率之比称为(　　)。

A.发动机工况　　B.有效功率

C.工作效率　　D.发动机负荷

9.发动机的有效转矩与曲轴角速度的乘积称为(　　)。

A.指示功率　　B.有效功率

C.最大转矩　　D.最大功率

10.同一台发动机必须选用同一厂牌活塞的原因是要保证(　　)。

A.相同修理尺寸　　B.相同组别

C.相同的尺寸和形位误差　　D.相同的膨胀系数

11.与发动机发火次序有关的是(　　)。

A.曲轴旋向　　B.曲拐的布置

C.曲轴的支承形式　　D.曲轴旋转半径

12.以下哪项不是活塞连杆组的组成部件之一?(　　)

A.活塞环　　B.活塞销　　C.凸轮　　D.连杆

三、填空题

1.如图 8-93 所示为曲轴的结构,填写出对应位置的名称。

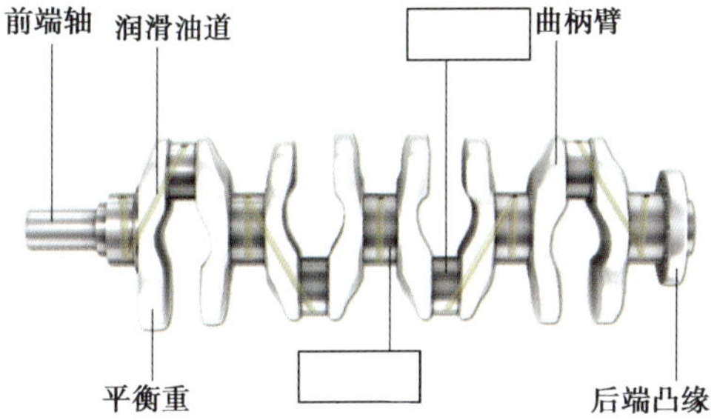

图 8-93　曲轴的结构

2.一个连杆轴颈与它两端的曲柄及主轴颈构成一个曲拐,直列式发动机曲轴的曲拐数等于__________,V 形发动机曲轴的曲拐数等于__________的一半。

3.飞轮的主要作用是储存__________行程的一部分动能,以克服其他行程中的阻力,使曲轴__________旋转,使发动机具有克服短时超载的能力。

任务评价

表 8-4　任务评价表

序号	内　容	分值/分	得分
1	使用曲轴皮带轮固定工具固定曲轴皮带轮	5	
2	使用指针式扭力扳手以对角线形式拧松飞轮螺栓并拆卸飞轮	10	
3	使用棘轮扳手按从外向内的顺序拆卸主轴承盖螺栓	10	
4	用螺栓晃动主轴承盖并拆下,提出曲轴	5	
5	拆卸曲轴止推垫圈和下轴瓦	5	
6	安装曲轴上主轴承,使用游标卡尺测量上主轴承与气缸体主轴承座边距	10	
7	对上主轴承涂抹机油,安装止推垫圈并涂抹机油	5	
8	安装曲轴、下主轴承,使用游标卡尺测量下主轴承与主轴承盖边距	10	
9	对下主轴承涂抹机油,安装主轴承盖	5	
10	对主轴承盖螺栓涂抹机油,安装主轴承盖螺栓	5	
11	使用塑料锤敲击主轴承盖	5	

续表

序号	内　容	分值/分	得分
12	使用扭力扳手按从内向外的顺序安装主轴承盖螺栓，拧紧扭矩为 40 N·m+90°	10	
13	使用皮带轮固定工具固定曲轴皮带轮	5	
14	使用扭力扳手以对角线的顺序安装飞轮螺栓，拧紧扭矩为 49 N·m+90°	10	
总　分		100	

注：操作规范即得分，操作错误或未进行操作不得分。

任务拓展

1.带扭转减振器的皮带轮结构

带扭转减振器的皮带轮主要由曲轴皮带轮、壳体、曲轴皮带轮轮毂、橡胶环等组成，如图 8-94 所示。

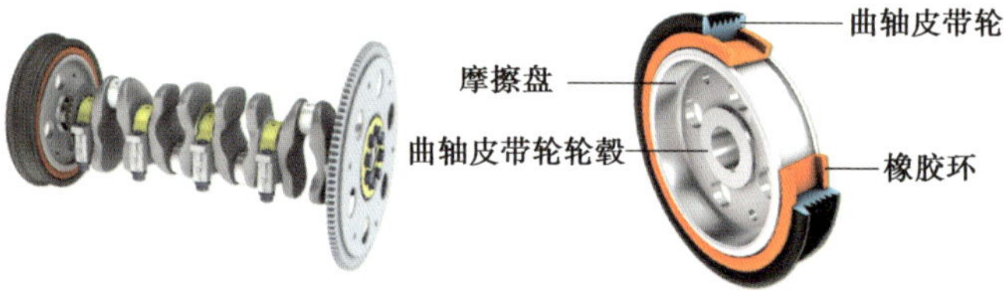

图 8-94　带扭转减振器的皮带轮结构

2.扭转减振器的作用

曲轴扭转减振器用来消减曲轴转动时产生的扭转振动，如图 8-95 所示。连杆作用于曲轴上的力是呈周期性变化的，造成曲轴的扭转振动。汽车发动机常用的曲轴扭转减振器为橡胶式扭转减振器。

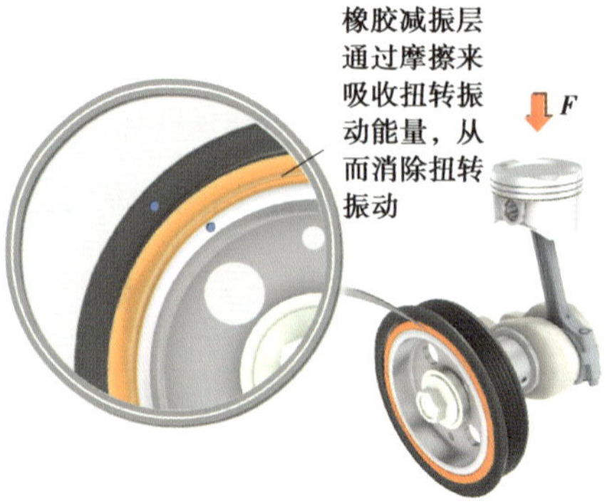

图 8-95　扭转减振器的作用

3.干式缸套与湿式缸套

气缸套有干式和湿式两种形式，如图 8-96 所示。

图 8-96　干式缸套与湿式缸套结构

干式缸套不直接与冷却液接触，壁厚一般为 1～3 mm。它不易漏水、漏气，刚体结构刚度大。但是修理更换不便，散热效果差。

湿式缸套不直接与冷却液接触，壁厚一般为 5～9 mm。缸体上没有封闭的水套，铸造较容易，又便于修理更换，且散热效果较好。但是易漏水、漏气，缸体刚度较差。

4.活塞顶部的结构与类型

根据不同的目的与要求，活塞顶部制成各种不同的形状，它的选用与燃烧室形式有关，如图 8-97 所示。汽油机活塞顶部多采用以下 4 种形式：

①平顶活塞：结构简单，加工方便，受热面积小，在汽油机上广泛采用。

②凸顶活塞：顶部刚度较大，制造时可减薄顶部的厚度，质量较小，但顶部温度较高，主要适用于二冲程发动机。

③凹顶活塞：可以用来调节发动机的压缩比，且可以改善燃烧室形状，但顶部受热量大，易形成积炭，加工制造比较困难。

④成型顶活塞：一般适用于二冲程汽油机，特殊的顶部形状可满足燃烧过程中的不同要求。

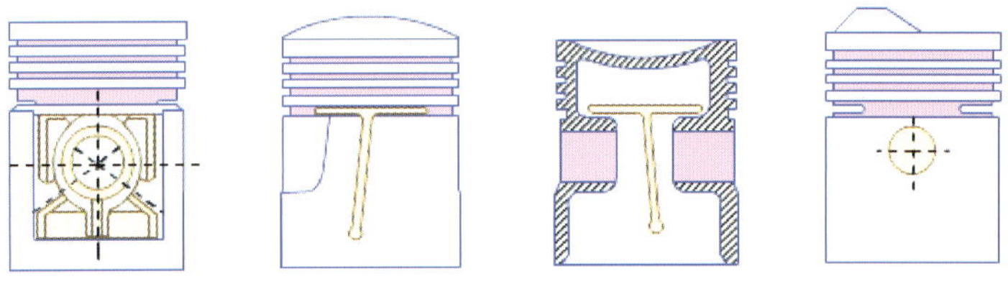

(a)平顶　(b)凸顶　(c)凹顶　(d)成型顶

图 8-97　活塞顶部形式

5.活塞环的结构类型

发动机工作时，活塞和活塞环都会发生热膨胀，且活塞环随活塞在气缸内做往复运动时，有径向张缩变形现象。活塞环在气缸内应有端隙、侧隙和背隙，如图 8-98 所示。

①端隙又称开口间隙，是活塞冷状态下装入气缸后开口处的间隙。

②侧隙又称边隙，是环高方向上与环槽之间的间隙。

③背隙是活塞和活塞环装入气缸后，活塞环背面与环槽底部间的间隙。

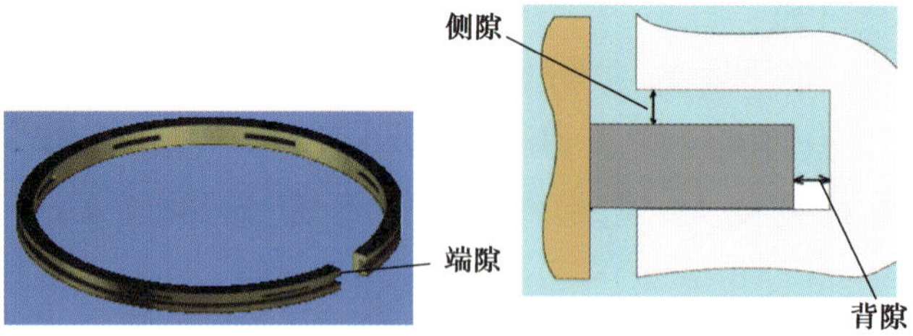

图 8-98　活塞环“三隙”

6.活塞与连杆的连接方式

活塞销、活塞销座孔、连杆小头的连接方式有全浮式和半浮式两种，如图 8-99 所示。

①全浮式活塞销：在发动机正常工作温度下，活塞销在连杆小头孔和活塞销座孔中都能转动。

②半浮式活塞销：销与销座孔和连杆小头两处，一处固定，一处浮动（一般固定连杆小头）。

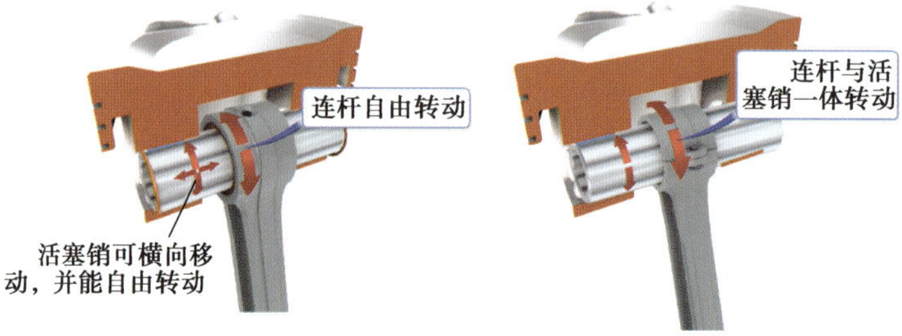

图 8-99　活塞与连杆的连接形式

7.曲轴的支承形式

主轴颈是曲轴的支承部分，如图 8-100 所示。

①全支承曲轴：每个连杆轴颈两边都有一个主轴颈者。

②非全支承曲轴：主轴颈数等于或少于连杆轴颈数者。

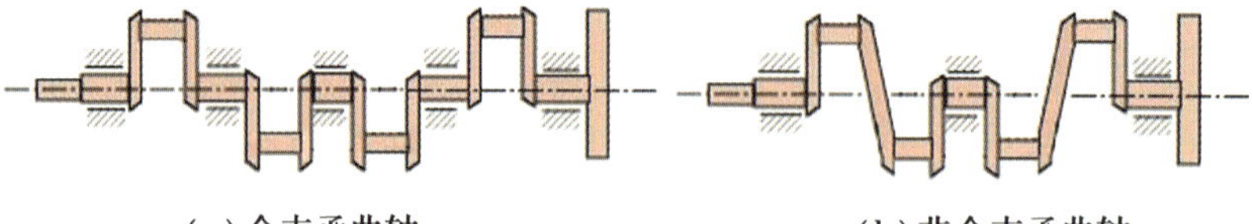

图 8-100　曲轴的支承形式

/ 参考文献 /

[1] 王孝洪,罗彪.汽车发动机构造与拆装[M].重庆:重庆大学出版社,2016.

[2] 单立新,王维先.汽车发动机构造与拆装[M].北京:高等教育出版社,2017.

[3] 上海景格科技股份有限公司.汽车发动机构造与拆装[M].上海:华东师范大学出版社,2018.

[4] 廖晓琼,桂长江.汽车构造与拆装[M].北京:高等教育出版社,2016.